卞尺丹几乙し丹卞と

Translated Language Learning

As Aventuras de Pinóquio

The Adventures of Pinocchio

Carlo Collodi

Português / English

Copyright © 2024 Tranzlaty
All rights reserved
Published by Tranzlaty
ISBN: 978-1-83566-255-7
Le Avventure di Pinocchio. Storia di un Burattino
Original text by Carlo Callodi
First published in Italianin 1883
Illustrated By Alice Carsey
www.tranzlaty.com

O pedaço de madeira que riu e chorou como uma criança
The Piece of Wood that Laughed and Cried like a Child

Séculos atrás viveu...
Centuries ago there lived...
"Um rei!", dirão imediatamente os meus pequenos leitores
"A king!" my little readers will say immediately
Não, crianças, vocês estão enganados
No, children, you are mistaken
Era uma vez um pedaço de madeira
Once upon a time there was a piece of wood
A madeira estava na loja de um velho carpinteiro
the wood was in the shop of an old carpenter
este velho carpinteiro chamava-se Mestre António
this old carpenter was named Master Antonio
Todos, no entanto, o chamavam de Mestre. Cereja
Everybody, however, called him Master. Cherry
chamaram-lhe Mestre. Cereja por conta do nariz
they called him Master. Cherry on account of his nose
seu nariz sempre foi vermelho e polido como uma cereja madura
his nose was always as red and polished as a ripe cherry
Mestre Cerejeira pôs os olhos no pedaço de madeira
Master Cherry set eyes upon the piece of wood
seu rosto brilhava de prazer quando viu o tronco
his face beamed with delight when he saw the log
esfregou as mãos com satisfação
he rubbed his hands together with satisfaction
e o bondoso mestre falou suavemente consigo mesmo
and the kind master softly spoke to himself
"Esta madeira chegou-me no momento certo"
"This wood has come to me at the right moment"
"Tenho planeado fazer uma nova mesa"
"I have been planning to make a new table"
"É perfeito para a perna de uma mesinha"
"it is perfect for the leg of a little table"
Ele imediatamente saiu para encontrar um machado afiado

He immediately went out to find a sharp axe
ele ia remover a casca da madeira primeiro
he was going to remove the bark of the wood first
e então ele iria remover qualquer superfície áspera
and then he was going to remove any rough surface
e ele estava prestes a golpear a madeira com seu machado
and he was just about to strike the wood with his axe
mas pouco antes de bater na madeira, ouviu algo
but just before he struck the wood he heard something
"Não me bata tanto!", implorou uma voz pequena
"Do not strike me so hard!" a small voice implored
Ele virou os olhos apavorados por toda a sala
He turned his terrified eyes all around the room
De onde poderia ter vindo a vozinha?
where could the little voice possibly have come from?
olhou para todo o lado, mas não viu ninguém!
he looked everywhere, but he saw nobody!
Olhou para debaixo do banco, mas não havia ninguém
He looked under the bench, but there was nobody
Olhou para um armário que estava sempre fechado
he looked into a cupboard that was always shut
mas também não havia ninguém dentro do armário
but there was nobody inside the cupboard either
Olhou para um cesto onde guardava serragem
he looked into a basket where he kept sawdust
Também não havia ninguém no cesto de serragem
there was nobody in the basket of sawdust either
Por fim, ele ainda abriu a porta da loja
at last he even opened the door of the shop
e olhou para cima e para baixo na rua vazia
and he glanced up and down the empty street
Mas também não havia ninguém para ser visto na rua
But there was no one to be seen in the street either
"Quem, então, poderia ser?", perguntou-se
"Who, then, could it be?" he asked himself
Por fim, riu e arranhou a peruca
at last he laughed and scratched his wig

"Eu vejo como é", disse ele para si mesmo, divertido
"I see how it is," he said to himself, amused
"evidentemente a vozinha era toda a minha imaginação"
"evidently the little voice was all my imagination"
"Vamos voltar a trabalhar", concluiu
"Let us set to work again," he concluded
Pegou novamente no machado e pôs-se a trabalhar
he picked up his axe again and set to work
desferiu um tremendo golpe no pedaço de madeira
he struck a tremendous blow to the piece of wood
"Ah! Ah! você me magoou!", gritou a vozinha
"Oh! oh! you have hurt me!" cried the little voice
era exatamente a mesma voz de antes
it was exactly the same voice as it was before
Desta vez Mestre. Cereja ficou petrificada
This time Master. Cherry was petrified
Seus olhos saíram de sua cabeça com medo
His eyes popped out of his head with fright
sua boca permaneceu aberta e sua língua ficou para fora
his mouth remained open and his tongue hung out
A língua quase chegou ao fim do queixo
his tongue almost came to the end of his chin
e ele parecia apenas um rosto em uma fonte
and he looked just like a face on a fountain
Mestre. Cereja primeiro teve que se recuperar de seu susto
Master. Cherry first had to recover from his fright
o uso do seu discurso devolveu-lhe
the use of his speech returned to him
e começou a falar gaguejado;
and he began to talk in a stutter;
"De onde poderia ter vindo essa vozinha?"
"where on earth could that little voice have come from?"
"Será que este pedaço de madeira aprendeu a chorar?"
"could it be that this piece of wood has learned to cry?"
"Não consigo acreditar", disse a si mesmo
"I cannot believe it," he said to himself
"Este pedaço de madeira não passa de um tronco para

combustível"
"This piece of wood is nothing but a log for fuel"
"é como todos os troncos de madeira que tenho"
"it is just like all the logs of wood I have"
"bastaria ferver uma panela de feijão"
"it would only just suffice to boil a saucepan of beans"
"Alguém pode estar escondido dentro deste pedaço de madeira?"
"Can anyone be hidden inside this piece of wood?"
"Se alguém está lá dentro, tanto pior para ele"
"If anyone is inside, so much the worse for him"
"Vou acabar com ele de uma vez", ameaçou o lenhador
"I will finish him at once," he threatened the wood
apoderou-se do pobre pedaço de madeira e bateu-lhe
he seized the poor piece of wood and beat it
Ele impiedosamente bateu contra as paredes da sala
he mercilessly hit it against the walls of the room
Depois parou para ver se conseguia ouvir a vozinha
Then he stopped to see if he could hear the little voice
Esperou dois minutos, nada. Cinco minutos, nada
He waited two minutes, nothing. Five minutes, nothing
esperou mais dez minutos, ainda nada!
he waited another ten minutes, still nothing!
"Vejo como é", disse então a si mesmo
"I see how it is," he then said to himself
obrigou-se a rir e empurrou a peruca
he forced himself to laugh and pushed up his wig
"Evidentemente, a vozinha era toda a minha imaginação!"
"evidently the little voice was all my imagination!"
"Vamos começar a trabalhar de novo", decidiu, nervoso
"Let us set to work again," he decided, nervously
Em seguida, ele começou a polir o pedaço de madeira
next he started to polish the bit of wood
mas, enquanto polia, ouviu a mesma vozinha;
but while polishing he heard the same little voice
Desta vez, a vozinha estava rindo incontrolavelmente
this time the little voice was laughing uncontrollably

"Parem! você está me fazendo cócegas toda!", disse
"Stop! you are tickling me all over!" it said
pobre Mestre. Cereja caiu como se fosse atingida por um raio
poor Master. Cherry fell down as if struck by lightning
Algum tempo depois, voltou a abrir os olhos
sometime later he opened his eyes again
viu-se sentado no chão da sua oficina
he found himself seated on the floor of his workshop
Seu rosto estava muito mudado de antes
His face was very changed from before
e até o fim do nariz tinha mudado
and even the end of his nose had changed
seu nariz não era sua cor carmesim brilhante habitual
his nose was not its usual bright crimson colour
seu nariz tornara-se azul gelado pelo susto
his nose had become icy blue from the fright

Mestre. A Cereja dá a madeira
Master. Cherry Gives the Wood Away

Nesse momento alguém bateu à porta
At that moment someone knocked at the door
— Entrem — disse o carpinteiro ao visitante
"Come in," said the carpenter to the visitor
não tinha forças para se levantar
he didn't have the strength to rise to his feet
Um velhinho animado entrou na loja
A lively little old man walked into the shop
este pequeno homem animado chamava-se Gepeto
this lively little man was called Geppetto
embora houvesse outro nome pelo qual ele era conhecido
although there was another name he was known by
havia um grupo de meninos, do bairro;
there was a group of naughty neighbourhood boys
quando quiseram irritá-lo, chamaram-lhe pudim
when they wished to anger him they called him pudding

há um famoso pudim amarelo feito de milho indiano
there is a famous yellow pudding made from Indian corn
e a peruca de Geppetto se parece com este famoso pudim
and Geppetto's wig looks just like this famous pudding
Gepeto era um velhinho muito fogoso
Geppetto was a very fiery little old man
Ai daquele que lhe chamou pudim!
Woe to him who called him pudding!
quando furioso, não havia como segurá-lo
when furious there was no holding him back
"Bom dia, Mestre. Antonio", disse Geppetto
"Good-day, Master. Antonio," said Geppetto
"O que você está fazendo lá no chão?"
"what are you doing there on the floor?"
"Estou a ensinar o alfabeto às formigas"
"I am teaching the alphabet to the ants"
"Não consigo imaginar o bem que isso faz a você"
"I can't imagine what good it does to you"
"O que te trouxe até mim, vizinho Gepeto?"
"What has brought you to me, neighbour Geppetto?"
"As minhas pernas trouxeram-me aqui até ti"
"My legs have brought me here to you"
"Mas deixe-me dizer-lhe a verdade, Mestre. António"
"But let me tell you the truth, Master. Antonio"
"a verdadeira razão pela qual vim é para lhe pedir um favor"
"the real reason I came is to ask a favour of you"
"Aqui estou, pronto para vos servir", respondeu o carpinteiro
"Here I am, ready to serve you," replied the carpenter
e levantou-se do chão e ajoelhou-se
and he got off the floor and onto his knees
"Esta manhã surgiu uma ideia na minha cabeça"
"This morning an idea came into my head"
"Deixe-nos ouvir a ideia que você teve"
"Let us hear the idea that you had"
"Pensei em fazer um lindo boneco de madeira"
"I thought I would make a beautiful wooden puppet"
"uma marioneta que podia dançar e cercar"

"a puppet that could dance and fence"
"uma marioneta que pode saltar como um acrobata"
"a puppet that can leap like an acrobat"
"Com esta marioneta pude viajar pelo mundo!"
"With this puppet I could travel about the world!"
"O boneco deixava-me ganhar um pedaço de pão"
"the puppet would let me earn a piece of bread"
"e o boneco deixava-me ganhar um copo de vinho"
"and the puppet would let me earn a glass of wine"
"O que achas da minha ideia, António?"
"What do you think of my idea, Antonio?"
"Bravo, pudim!", exclamou a vozinha
"Bravo, pudding!" exclaimed the little voice
era impossível saber de onde vinha a voz
it was impossible to know where the voice had came from
Gepeto não gostava de se ouvir chamado de pudim
Geppetto didn't like hearing himself called pudding
você pode imaginar que ele ficou vermelho como um peru
you can imagine he became as red as a turkey
"Por que você me insulta?", perguntou ao amigo
"Why do you insult me?" he asked his friend
"Quem te insulta?", respondeu o amigo
"Who insults you?" his friend replied
"Você me chamou de pudim!" Gepeto acusou-o
"You called me pudding!" Geppetto accused him
"Não fui eu!" Antonio honestamente disse
"It was not I!" Antonio honestly said
"Você acha que eu me chamei de pudim?"
"Do you think I called myself pudding?"
"Foi você, eu digo!", "Não!", "Sim!", "Não!"
"It was you, I say!", "No!", "Yes!", "No!"
cada vez mais zangados, desferiram golpes
becoming more and more angry, they came to blows
voaram uns contra os outros e mordiam, lutaram e arranharam
they flew at each other and bit and fought and scratched
Assim que começou, a luta terminou novamente

as quickly as it had started the fight was over again
Gepeto tinha a peruca cinzenta do carpinteiro entre os dentes
Geppetto had the carpenter's grey wig between his teeth
e Mestre. António tinha a peruca amarela de Gepeto
and Master. Antonio had Geppetto's yellow wig
"Devolva-me a minha peruca", gritou Mestre. António
"Give me back my wig" screamed Master. Antonio
"E você me devolve minha peruca", gritou Mestre. Cereja
"and you give me back my wig" screamed Master. Cherry
"Sejamos amigos novamente", concordaram
"let us be friends again" they agreed
Os dois velhos devolveram as perucas um ao outro
The two old men gave each other their wigs back
e os velhos apertaram as mãos uns dos outros
and the old men shook each other's hands
juraram que tudo tinha sido perdoado
they swore that all had been forgiven
permaneceriam amigos até ao fim das suas vidas
they would remain friends to the end of their lives
— Bem, então, vizinho Gepeto — disse o carpinteiro
"Well, then, neighbour Geppetto" said the carpenter
Ele perguntou: "Qual é o favor que você deseja de mim?"
he asked "what is the favour that you wish of me?"
Isso provaria que a paz foi feita
this would prove that peace was made
"Quero um pouco de madeira para fazer a minha marioneta"
"I want a little wood to make my puppet"
"Você vai me dar um pouco de madeira?"
"will you give me some wood?"
Mestre. António ficou encantado por se livrar da madeira
Master. Antonio was delighted to get rid of the wood
Dirigiu-se imediatamente para a sua bancada de trabalho
he immediately went to his work bench
e trouxe de volta o pedaço de madeira
and he brought back the piece of wood
o pedaço de madeira que lhe causara tanto medo

the piece of wood that had caused him so much fear
Ele estava trazendo o pedaço de madeira para seu amigo
he was bringing the piece of wood to his friend
mas então o pedaço de madeira começou a tremer!
but then the piece of wood started to shake!
O pedaço de madeira se contorceu violentamente de suas mãos
the piece of wood wriggled violently out of his hands
este pedaço de madeira sabia como fazer problemas!
this piece of wood knew how to make trouble!
com todas as suas forças, atacou o pobre Gepeto
with all its might it struck against poor Geppetto
e atingiu-o bem nas suas pobres canelas secas
and it hit him right on his poor dried-up shins
você pode imaginar o grito que Gepeto deu
you can imagine the cry that Geppetto gave
"É essa a maneira cortês de fazer seus presentes?"
"is that the courteous way you make your presents?"
"Você quase me bateu, Mestre. António!"
"You have almost lamed me, Master. Antonio!"
"Juro-vos que não fui eu!"
"I swear to you that it was not I!"
"Você acha que eu fiz isso comigo mesmo?"
"Do you think I did this to myself?"
"A culpa é da madeira!"
"The wood is entirely to blame!"
"Sei que era a madeira"
"I know that it was the wood"
"Mas foi você que bateu nas minhas pernas com ele!"
"but it was you that hit my legs with it!"
"Eu não bati em você com isso!"
"I did not hit you with it!"
"Mentiroso!", exclamou Gepeto
"Liar!" exclaimed Geppetto
"Gepeto, não me insulte ou eu vou chamar-lhe Pudim!"
"Geppetto, don't insult me or I will call you Pudding!"
"Knave!", "Pudim!", "Burro!"

"Knave!", "Pudding!", "Donkey!"
"Pudim!", "Babuíno!", "Pudim!"
"Pudding!", "Baboon!", "Pudding!"
Gepeto estava louco de raiva de novo
Geppetto was mad with rage all over again
ele tinha sido chamado de pudim três vezes!
he had been called been called pudding three times!
caiu sobre o carpinteiro e eles lutaram desesperadamente
he fell upon the carpenter and they fought desperately
Esta batalha durou tanto quanto a primeira
this battle lasted just as long as the first
Mestre. António tinha mais dois arranhões no nariz
Master. Antonio had two more scratches on his nose
o adversário perdera dois botões do colete
his adversary had lost two buttons off his waistcoat
Estando assim as contas ao quadrado, apertaram as mãos
Their accounts being thus squared, they shook hands
e juraram permanecer bons amigos para o resto de suas vidas
and they swore to remain good friends for the rest of their lives
Gepeto carregou seu belo pedaço de madeira
Geppetto carried off his fine piece of wood
agradeceu ao Mestre. Antonio e mancou de volta para sua casa
he thanked Master. Antonio and limped back to his house

Gepeto dá nome ao seu fantoche Pinóquio
Geppetto Names his Puppet Pinocchio

Geppetto vivia num pequeno quarto no rés do chão
Geppetto lived in a small ground-floor room
seu quarto só era iluminado da escadaria
his room was only lighted from the staircase
O mobiliário não poderia ter sido mais simples
The furniture could not have been simpler
uma cadeira frágil, uma cama pobre e uma mesa quebrada
a rickety chair, a poor bed, and a broken table
No final da sala havia uma lareira
At the end of the room there was a fireplace
mas o fogo estava pintado e não dava fogo
but the fire was painted, and gave no fire
e junto ao fogo pintado havia uma panela pintada
and by the painted fire was a painted saucepan
e a panela pintada estava fervendo alegremente
and the painted saucepan was boiling cheerfully
Uma nuvem de fumaça subiu exatamente como fumaça real
a cloud of smoke rose exactly like real smoke
Gepeto chegou em casa e pegou suas ferramentas
Geppetto reached home and took out his tools

e ele imediatamente começou a trabalhar no pedaço de madeira
and he immediately set to work on the piece of wood
ele ia cortar e modelar seu boneco
he was going to cut out and model his puppet
"Que nome lhe darei?", disse-lhe a si mesmo
"What name shall I give him?" he said to himself
"Acho que vou chamá-lo de Pinóquio"
"I think I will call him Pinocchio"
"É um nome que lhe trará sorte"
"It is a name that will bring him luck"
"Uma vez conheci uma família inteira chamada Pinóquio"
"I once knew a whole family called Pinocchio"
"Havia Pinóquio o pai e Pinóquio a mãe"
"There was Pinocchio the father and Pinocchio the mother"
"e lá estavam Pinóquio, as crianças"
"and there were Pinocchio the children"
"e todos eles se deram bem na vida"
"and all of them did well in life"
"O mais rico deles era um mendigo"
"The richest of them was a beggar"
ele tinha encontrado um bom nome para seu fantoche
he had found a good name for his puppet
por isso, começou a trabalhar com seriedade
so he began to work in good earnest
Primeiro fez o cabelo e depois a testa
he first made his hair, and then his forehead
e então ele trabalhou cuidadosamente em seus olhos
and then he worked carefully on his eyes
Gepeto pensou ter notado a coisa mais estranha
Geppetto thought he noticed the strangest thing
ele tinha certeza de que via os olhos se moverem!
he was sure he saw the eyes move!
os olhos pareciam olhar fixamente para ele
the eyes seemed to look fixedly at him
Gepeto ficou irritado ao ser encarado
Geppetto got angry from being stared at

os olhos de madeira não o deixavam escapar da vista
the wooden eyes wouldn't let him out of their sight
"Olhos de madeira perversos, por que você olha para mim?"
"Wicked wooden eyes, why do you look at me?"
mas o pedaço de madeira não deu resposta
but the piece of wood made no answer
Ele então começou a esculpir o nariz
He then proceeded to carve the nose
mas assim que ele fez o nariz ele começou a crescer
but as soon as he had made the nose it began to grow
E o nariz cresceu, e cresceu, e cresceu
And the nose grew, and grew, and grew
em poucos minutos tornou-se um imenso nariz
in a few minutes it had become an immense nose
Parecia que nunca iria parar de crescer
it seemed as if it would never stop growing
O pobre Gepeto cansou-se de cortá-lo
Poor Geppetto tired himself out with cutting it off
mas quanto mais cortava, mais o nariz crescia!
but the more he cut, the longer the nose grew!
A boca ainda nem estava concluída
The mouth was not even completed yet
mas já começou a rir e a ridicularizá-lo
but it already began to laugh and deride him
"Parem de rir!", disse Gepeto, provocado
"Stop laughing!" said Geppetto, provoked
mas ele poderia muito bem ter falado com o muro
but he might as well have spoken to the wall
"Parem de rir, eu digo!", esbravejou em tom ameaçador
"Stop laughing, I say!" he roared in a threatening tone
A boca, então, parou de rir
The mouth then ceased laughing
mas o rosto estendia a língua até onde ia
but the face put out its tongue as far as it would go
Gepeto não queria estragar a sua obra;
Geppetto did not want to spoil his handiwork
então fingiu não ver, e continuou seus trabalhos

so he pretended not to see, and continued his labours
Depois da boca, ele moldou o queixo
After the mouth he fashioned the chin

depois a garganta e depois os ombros
then the throat and then the shoulders
depois esculpiu o estômago e fez as mãos dos braços
then he carved the stomach and made the arms hands
agora Gepeto trabalhava em fazer as mãos para o seu fantoche
now Geppetto worked on making hands for his puppet
e em um momento ele sentiu sua peruca arrancada de sua cabeça
and in a moment he felt his wig snatched from his head
Virou-se e o que viu?
He turned round, and what did he see?
Ele viu sua peruca amarela na mão do boneco
He saw his yellow wig in the puppet's hand
"Pinóquio! Devolva-me a minha peruca instantaneamente!"
"Pinocchio! Give me back my wig instantly!"
Mas Pinóquio fez tudo menos devolver-lhe a peruca
But Pinocchio did anything but return him his wig
Pinóquio colocou a peruca na própria cabeça!
Pinocchio put the wig on his own head instead!

Gepeto não gostou desse comportamento insolente e ridículo
Geppetto didn't like this insolent and derisive behaviour
sentia-se mais triste e melancólico do que alguma vez se sentira
he felt sadder and more melancholy than he had ever felt
voltando-se para Pinóquio, disse: "Seu jovem malandro!"
turning to Pinocchio, he said "You young rascal!"
"Ainda nem te completei"
"I have not even completed you yet"
"E você já está deixando de respeitar seu pai!"
"and you are already failing to respect to your father!"
"Isso é ruim, meu menino, muito ruim!"
"That is bad, my boy, very bad!"
E secou uma lágrima do rosto
And he dried a tear from his cheek
Faltavam fazer as pernas e os pés
The legs and the feet remained to be done
mas logo se arrependeu de ter dado os pés a Pinóquio
but he soon regretted giving Pinocchio feet
Como agradecimento, ele recebeu um chute na ponta do nariz
as thanks he received a kick on the point of his nose
"Eu mereço!", disse a si mesmo
"I deserve it!" he said to himself
"Devia ter pensado nisso mais cedo!"
"I should have thought of it sooner!"
"Agora é tarde demais para fazer qualquer coisa a respeito!"
"Now it is too late to do anything about it!"
Em seguida, pegou o boneco debaixo dos braços
He then took the puppet under the arms
e colocou-o no chão para ensiná-lo a andar
and he placed him on the floor to teach him to walk
As pernas de Pinóquio estavam duras e ele não conseguia se mover
Pinocchio's legs were stiff and he could not move
mas Gepeto conduziu-o pela mão

but Geppetto led him by the hand
e mostrou-lhe como pôr um pé à frente do outro
and he showed him how to put one foot before the other
eventualmente, as pernas de Pinóquio tornaram-se mais límpidas
eventually Pinocchio's legs became limber
e logo começou a andar sozinho
and soon he began to walk by himself
e começou a correr pela sala
and he began to run about the room
Em seguida, saiu pela porta de casa
then he got out of the house door
e saltou para a rua e escapou
and he jumped into the street and escaped
o pobre Gepeto correu atrás dele
poor Geppetto rushed after him
é claro que ele não foi capaz de ultrapassá-lo
of course he was not able to overtake him
porque Pinóquio saltou à sua frente como uma lebre
because Pinocchio leaped in front of him like a hare
e bateu os pés de madeira contra a calçada
and he knocked his wooden feet against the pavement
fazia tanto barulho quanto vinte pares de tamancos de camponeses
it made as much clatter as twenty pairs of peasants' clogs
"Parem com ele! parem com ele!", gritou Gepeto
"Stop him! stop him!" shouted Geppetto
mas as pessoas na rua ficaram paradas de espanto
but the people in the street stood still in astonishment
eles nunca tinham visto um boneco de madeira correndo como um cavalo
they had never seen a wooden puppet running like a horse
e riram e riram da desgraça de Gepeto
and they laughed and laughed at Geppetto's misfortune
Por fim, por sorte, chegou um soldado
At last, as good luck would have it, a soldier arrived
O soldado ouvira o alvoroço

the soldier had heard the uproar
imaginou que um potro tinha escapado ao seu mestre
he imagined that a colt had escaped from his master
Plantou-se no meio da estrada
he planted himself in the middle of the road
Ele esperou com o propósito determinado de detê-lo
he waited with the determined purpose of stopping him
assim, ele evitaria a chance de desastres piores
thus he would prevent the chance of worse disasters
Pinóquio viu o soldado barricando toda a rua
Pinocchio saw the soldier barricading the whole street
por isso, tentou apanhá-lo de surpresa
so he endeavoured to take him by surprise
ele planejava correr entre as pernas
he planned to run between his legs
mas o soldado era esperto demais para Pinóquio
but the soldier was too clever for Pinocchio
O soldado apanhou-o habilmente pelo nariz
The soldier caught him cleverly by the nose
e devolveu Pinóquio a Gepeto
and he gave Pinocchio back to Geppetto
Desejando castigá-lo, Gepeto pretendia puxar-lhe as orelhas
Wishing to punish him, Geppetto intended to pull his ears
Mas não conseguiu encontrar as orelhas de Pinóquio!
But he could not find Pinocchio's ears!
E sabe o porquê?
And do you know the reason why?
esquecera-se de lhe fazer ouvidos
he had forgotten to make him any ears
Então ele o pegou pelo colarinho
so then he took him by the collar
"Vamos para casa imediatamente", ameaçou-o
"We will go home at once," he threatened him
"Assim que chegarmos vamos acertar as contas"
"as soon as we arrive we will settle our accounts"
Com esta informação, Pinóquio atirou-se ao chão
At this information Pinocchio threw himself on the ground

recusou-se a dar mais um passo
he refused to go another step
Uma multidão de curiosos começou a se reunir
a crowd of inquisitive people began to assemble
eles fizeram um anel em torno deles
they made a ring around them
Alguns deles disseram uma coisa, outros
Some of them said one thing, some another
"Pobre marionete!", disseram vários dos espectadores
"Poor puppet!" said several of the onlookers
"Ele tem razão em não querer voltar para casa!"
"he is right not to wish to return home!"
"Quem sabe como Gepeto vai vencê-lo!"
"Who knows how Geppetto will beat him!"
"Gepeto parece um homem bom!"
"Geppetto seems a good man!"
"Mas com os rapazes é um tirano normal!"
"but with boys he is a regular tyrant!"
"Não deixe esse pobre fantoche nas mãos"
"don't leave that poor puppet in his hands"
"Ele é bastante capaz de despedaçá-lo!"
"he is quite capable of tearing him to pieces!"
Pelo que foi dito, o soldado teve que intervir novamente
from what was said the soldier had to step in again
o soldado deu a liberdade a Pinóquio
the soldier gave Pinocchio his freedom
e o soldado levou Gepeto à prisão
and the soldier led Geppetto to prison
O pobre homem não estava pronto para se defender com palavras
The poor man was not ready to defend himself with words
gritou como um bezerro: "Menino miserável!"
he cried like a calf "Wretched boy!"
"pensar como eu trabalhei para fazer dele um bom boneco!"
"to think how I laboured to make him a good puppet!"
"Mas tudo o que fiz serve-me bem!"
"But all I have done serves me right!"

"Devia ter pensado nisso mais cedo!"
"I should have thought of it sooner!"

O Pequeno Grilo Falante Repreende Pinóquio
The Talking Little Cricket Scolds Pinocchio

o pobre Gepeto estava sendo levado para a prisão
poor Geppetto was being taken to prison
Tudo isso não foi culpa dele, claro
all of this was not his fault, of course
ele não tinha feito nada de errado
he had not done anything wrong at all
e aquele pequeno imp Pinóquio encontrou-se livre
and that little imp Pinocchio found himself free
Tinha escapado das garras do soldado
he had escaped from the clutches of the soldier
e ele fugiu tão rápido quanto suas pernas podiam carregá-lo
and he ran off as fast as his legs could carry him
ele queria chegar em casa o mais rápido possível
he wanted to reach home as quickly as possible
por isso, correu pelos campos
therefore he rushed across the fields
Na sua pressa louca, saltou sobre sebes espinhosas
in his mad hurry he jumped over thorny hedges
e saltou por valas cheias de água
and he jumped across ditches full of water
Chegando à casa, encontrou a porta entreaberta
Arriving at the house, he found the door ajar
Ele a abriu, entrou e prendeu a trava
He pushed it open, went in, and fastened the latch
atirou-se ao chão de casa
he threw himself on the floor of his house
e deu um grande suspiro de satisfação
and he gave a great sigh of satisfaction
Mas logo ouviu alguém na sala
But soon he heard someone in the room

algo estava fazendo um som como "Cri-cri-cri!"
something was making a sound like "Cri-cri-cri!"
"Quem me chama?", disse Pinóquio, assustado
"Who calls me?" said Pinocchio in a fright
"Sou eu!", respondeu uma voz
"It is I!" answered a voice
Pinóquio virou-se e viu um pouco de críquete
Pinocchio turned round and saw a little cricket
O grilo estava rastejando lentamente pela parede
the cricket was crawling slowly up the wall
"Diga-me, pequeno grilo, quem você pode ser?"
"Tell me, little cricket, who may you be?"
"quem eu sou é o grilo falante"
"who I am is the talking cricket"
"e eu vivi neste quarto cem anos ou mais"
"and I have lived in this room a hundred years or more"
"Agora, porém, este quarto é meu", disse o fantoche
"Now, however, this room is mine," said the puppet
"Se você quiser me fazer o prazer, vá embora imediatamente"
"if you would do me the pleasure, go away at once"
"E quando você se foi, por favor, nunca mais volte"
"and when you're gone, please never come back"
"Não irei enquanto não vos tiver dito uma grande verdade"
"I will not go until I have told you a great truth"
"Diga-me, então, e seja rápido sobre isso"
"Tell it me, then, and be quick about it"
"Ai dos meninos que se rebelam contra os pais"
"Woe to those boys who rebel against their parents"
"E ai dos meninos que fogem de casa"
"and woe to boys who run away from home"
"Nunca chegarão a nenhum bem no mundo"
"They will never come to any good in the world"
"e, mais cedo ou mais tarde, arrepender-se-ão amargamente"
"and sooner or later they will repent bitterly"
"Canta tudo o que queres o teu pequeno grilo"
"Sing all you want you little cricket"
"e sinta-se livre para cantar o tempo que quiser"

"and feel free to sing as long as you please"
"Por mim, decidi fugir"
"For me, I have made up my mind to run away"
"amanhã ao amanhecer vou fugir de vez"
"tomorrow at daybreak I will run away for good"
"se eu ficar, não escaparei ao meu destino"
"if I remain I shall not escape my fate"
"é o mesmo destino que todos os outros meninos"
"it is the same fate as all other boys"
"se eu ficar, serei mandado para a escola"
"if I stay I shall be sent to school"
"e serei obrigado a estudar por amor ou pela força"
"and I shall be made to study by love or by force"
"Digo-vos com confiança, não tenho vontade de aprender"
"I tell you in confidence, I have no wish to learn"
"É muito mais divertido correr atrás de borboletas"
"it is much more amusing to run after butterflies"
"Prefiro subir a árvores com o meu tempo"
"I prefer climbing trees with my time"
"e gosto de tirar as aves jovens dos seus ninhos"
"and I like taking young birds out of their nests"
"Pobre ganso", interrogou o grilo falante
"Poor little goose" interjected the talking cricket
"Não sabes que vais crescer um burro perfeito?"
"don't you know you will grow up a perfect donkey?"
"e cada um vai tirar sarro de você"
"and every one will make fun of you"
Pinóquio não ficou satisfeito com o que ouviu
Pinocchio was not pleased with what he heard
"Segura a língua, tu malvado e maldoso!"
"Hold your tongue, you wicked, ill-omened croaker!"
Mas o pequeno grilo era paciente e filosófico
But the little cricket was patient and philosophical
Ele não se irritou com essa impertinência
he didn't become angry at this impertinence
continuou no mesmo tom de antes
he continued in the same tone as he had before

"Talvez você realmente não queira ir à escola"
"perhaps you really do not wish to go to school"
"Então, por que não pelo menos aprender um ofício?"
"so why not at least learn a trade?"
"Um emprego permitir-lhe-á ganhar um pedaço de pão!"
"a job will enable you to earn a piece of bread!"
"O que queres que eu te diga?", respondeu Pinóquio
"What do you want me to tell you?" replied Pinocchio
ele estava começando a perder a paciência com o pequeno críquete
he was beginning to lose patience with the little cricket
"há muitos negócios no mundo que eu poderia fazer"
"there are many trades in the world I could do"
"mas só uma chamada realmente me tira a fantasia"
"but only one calling really takes my fancy"
"E que vocação é essa que leva a sua fantasia?"
"And what calling is it that takes your fancy?"
"comer, beber e dormir"
"to eat, and to drink, and to sleep"
"Sou chamado a divertir-me o dia todo"
"I am called to amuse myself all day"
"levar uma vida de manhã à noite"
"to lead a vagabond life from morning to night"
O pequeno grilo falante tinha uma resposta para isso
the talking little cricket had a reply for this
"a maioria dos que seguem esse ofício acaba no hospital ou na prisão"
"most who follow that trade end in hospital or prison"
"Cuide-se, seu malvado e mal-humorado"
"Take care, you wicked, ill-omened croaker"
"Ai de ti se eu voar para uma paixão!"
"Woe to you if I fly into a passion!"
"Pobre Pinóquio, tenho muita pena de ti!"
"Poor Pinocchio I really pity you!"
"Por que você tem pena de mim?"
"Why do you pity me?"
"Tenho pena de ti porque és uma marioneta"

"I pity you because you are a puppet"
"e eu tenho pena de você porque você tem uma cabeça de madeira"
"and I pity you because you have a wooden head"
Nestas últimas palavras, Pinóquio saltou furioso
At these last words Pinocchio jumped up in a rage
arrancou um martelo de madeira do banco
he snatched a wooden hammer from the bench

e atirou o martelo ao grilo falante
and he threw the hammer at the talking cricket
Talvez nunca tenha tido a intenção de o bater
Perhaps he never meant to hit him
mas infelizmente atingiu-o exatamente na cabeça
but unfortunately it struck him exactly on the head
o pobre Grilo mal tinha fôlego para gritar "Cri-cri-cri!"
the poor Cricket had scarcely breath to cry "Cri-cri-cri!"
Ele permaneceu seco e espalmado contra a parede
he remained dried up and flattened against the wall

O Ovo Voador
The Flying Egg

A noite estava rapidamente alcançando Pinóquio
The night was quickly catching up with Pinocchio
Lembrou-se que não tinha comido nada o dia todo
he remembered that he had eaten nothing all day
Começou a sentir um ranger no estômago
he began to feel a gnawing in his stomach
o roer assemelhava-se muito ao apetite
the gnawing very much resembled appetite
Depois de alguns minutos, seu apetite tornou-se fome
After a few minutes his appetite had become hunger
e em pouco tempo a sua fome tornou-se voraz
and in little time his hunger became ravenous
O pobre Pinóquio correu rapidamente para a lareira
Poor Pinocchio ran quickly to the fireplace
a lareira onde uma panela estava fervendo
the fireplace where a saucepan was boiling
ele ia tirar a tampa
he was going to take off the lid
então ele podia ver o que havia nela
then he could see what was in it
mas a panela só foi pintada na parede
but the saucepan was only painted on the wall
Você pode imaginar seus sentimentos quando ele descobriu isso
You can imagine his feelings when he discovered this
Seu nariz, que já era comprido, ficou ainda mais comprido
His nose, which was already long, became even longer
deve ter crescido pelo menos três centímetros
it must have grown by at least three inches
Ele então começou a correr pela sala
He then began to run about the room
procurava nas gavetas e em todos os lugares imagináveis
he searched in the drawers and every imaginable place
ele esperava encontrar um pouco de pão ou crosta

he hoped to find a bit of bread or crust
talvez ele pudesse encontrar um osso deixado por um cão
perhaps he could find a bone left by a dog
um pequeno pudim mofado de milho indiano
a little moldy pudding of Indian corn
Em algum lugar alguém pode ter deixado uma espinha de peixe
somewhere someone might have left a fish bone
até uma pedra de cerejeira seria suficiente
even a cherry stone would be enough
se ao menos houvesse algo que ele pudesse roer
if only there was something that he could gnaw
Mas ele não conseguia encontrar nada para meter os dentes
But he could find nothing to get his teeth into
E, entretanto, a sua fome cresceu e cresceu
And in the meanwhile his hunger grew and grew
O pobre Pinóquio não teve outro alívio senão bocejar
Poor Pinocchio had no other relief than yawning
seus bocejos eram tão grandes que sua boca quase chegou aos seus ouvidos
his yawns were so big his mouth almost reached his ears
e sentiu como se fosse desmaiar
and felt as if he were going to faint
Então ele começou a chorar desesperadamente
Then he began to cry desperately
"O pequeno grilo falante estava certo"
"The talking little cricket was right"
"Fiz mal ao rebelar-me contra o meu pai"
"I did wrong to rebel against my papa"
"Não devia ter fugido de casa"
"I should not have ran away from home"
"Se meu pai estivesse aqui, eu não estaria morrendo de bocejo!"
"If my papa were here I wouldn't be dying of yawning!"
"Ah! que doença terrível é a fome!"
"Oh! what a dreadful illness hunger is!"
Nesse momento, pensou ter visto algo no monte de pó

Just then he thought he saw something in the dust-heap
algo redondo e branco que parecia um ovo de galinha
something round and white that looked like a hen's egg
levantou-se e agarrou-se ao ovo
he sprung up to his feet and seized hold of the egg
Era mesmo um ovo de galinha, como ele pensava
It was indeed a hen's egg, as he thought
A alegria de Pinóquio era indescritível
Pinocchio's joy was beyond description
Ele tinha que ter certeza de que não estava apenas sonhando
he had to make sure that he wasn't just dreaming
então ele continuou virando o ovo em suas mãos
so he kept turning the egg over in his hands
sentiu e beijou o ovo
he felt and kissed the egg
"E agora, como vou cozinhá-lo?"
"And now, how shall I cook it?"
"Devo fazer uma omelete?"
"Shall I make an omelet?"
"Seria melhor cozinhá-lo em um pires!"
"it would be better to cook it in a saucer!"
"Ou não seria mais saboroso fritá-lo?"
"Or would it not be more savory to fry it?"
"Ou vou simplesmente ferver o ovo?"
"Or shall I simply boil the egg?"
"Não, a maneira mais rápida é cozinhá-lo em um pires"
"No, the quickest way is to cook it in a saucer"
"Tenho tanta pressa de comê-lo!"
"I am in such a hurry to eat it!"
Sem perda de tempo, ganhou um pires de barro
Without loss of time he got an earthenware saucer
Ele colocou o pires em um braseiro cheio de brasas vermelhas
he placed the saucer on a brazier full of red-hot embers
ele não tinha nenhum óleo ou manteiga para usar
he didn't have any oil or butter to use
então ele derramou um pouco de água no pires

so he poured a little water into the saucer
e quando a água começou a fumar, crack!
and when the water began to smoke, crack!
Ele quebrou a casca do ovo sobre o pires
he broke the egg-shell over the saucer
e deixou cair o conteúdo do ovo no pires
and he let the contents of the egg drop into the saucer
mas o ovo não estava cheio de clara e gema
but the egg was not full of white and yolk
em vez disso, uma pequena galinha estourou o ovo
instead, a little chicken popped out the egg

era uma galinha muito gay e educada
it was a very gay and polite little chicken
o pequeno frango fez uma bela cortesia
the little chicken made a beautiful courtesy
"Mil agradecimentos, Mestre. Pinóquio"
"A thousand thanks, Master. Pinocchio"
"você me salvou o trabalho de quebrar a casca"
"you have saved me the trouble of breaking the shell"
"Adieu, até nos encontrarmos novamente", disse a galinha
"Adieu, until we meet again" the chicken said
"Mantenham-se bem, e os meus melhores cumprimentos a todos em casa!"
"Keep well, and my best compliments to all at home!"
a galinha abriu as suas pequenas asas
the little chicken spread its little wings
e a galinha atravessou a janela aberta
and the little chicken darted through the open window
e então a pequena galinha voou fora de vista
and then the little chicken flew out of sight
O pobre fantoche ficou como se tivesse sido enfeitiçado
The poor puppet stood as if he had been bewitched
seus olhos estavam fixos e sua boca estava aberta
his eyes were fixed, and his mouth was open
e ainda tinha a casca do ovo na mão
and he still had the egg-shell in his hand
lentamente ele se recuperou de sua estupefação
slowly he Recovered from his stupefaction
e então ele começou a chorar e gritar
and then he began to cry and scream
bateu os pés no chão em desespero
he stamped his feet on the floor in desperation
Entre soluços, reuniu os pensamentos
amidst his sobs he gathered his thoughts
"Ah, de fato, o pequeno grilo falante estava certo"
"Ah, indeed, the talking little cricket was right"
"Não devia ter fugido de casa"
"I should not have run away from home"

"então eu não estaria morrendo de fome!"
"then I would not now be dying of hunger!"
"e se o meu papa estivesse aqui, ele me alimentaria"
"and if my papa were here he would feed me"
"Ah! que doença terrível é a fome!"
"Oh! what a dreadful illness hunger is!"
seu estômago gritou mais do que nunca
his stomach cried out more than ever
e não soube acalmar a fome
and he did not know how to quiet his hunger
pensou em sair de casa
he thought about leaving the house
talvez ele pudesse fazer uma excursão no bairro
perhaps he could make an excursion in the neighborhood
ele esperava encontrar alguma pessoa caridosa
he hoped to find some charitable person
talvez lhe dessem um pedaço de pão
maybe they would give him a piece of bread

Pés de Pinóquio queimam em cinzas
Pinocchio's Feet Burn to Cinders

Foi uma noite especialmente selvagem e tempestuosa
It was an especially wild and stormy night
O trovão era tremendamente alto e assustador
The thunder was tremendously loud and fearful
o relâmpago era tão vívido que o céu parecia em chamas
the lightning was so vivid that the sky seemed on fire
Pinóquio tinha um grande medo do trovão
Pinocchio had a great fear of thunder
Mas a fome pode ser mais forte do que o medo
but hunger can be stronger than fear
Então ele fechou a porta da casa
so he closed the door of the house
e correu desesperadamente pela aldeia
and he made a desperate rush for the village

chegou à aldeia em cem limites
he reached the village in a hundred bounds
sua língua estava saindo de sua boca
his tongue was hanging out of his mouth
e ele estava ofegante para respirar como um cachorro
and he was panting for breath like a dog
Mas encontrou a aldeia toda escura e deserta
But he found the village all dark and deserted
As lojas foram fechadas e as janelas foram fechadas
The shops were closed and the windows were shut
e não havia tanto como um cão na rua
and there was not so much as a dog in the street
Parecia que tinha chegado à terra dos mortos
It seemed like he had arrived in the land of the dead
Pinóquio foi impelido pelo desespero e pela fome
Pinocchio was urged on by desperation and hunger
agarrou-se ao sino de uma casa
he took hold of the bell of a house
e começou a tocar a campainha com todas as suas forças
and he began to ring the bell with all his might
"Isso vai trazer alguém", disse a si mesmo
"That will bring somebody," he said to himself
E trouxe alguém!
And it did bring somebody!
Um velhinho apareceu numa janela
A little old man appeared at a window
O velhinho ainda tinha um boné na cabeça
the little old man still had a night-cap on his head
chamou-o com raiva
he called to him angrily
"O que você quer em uma hora dessas?"
"What do you want at such an hour?"
"Você teria a gentileza de me dar um pouco de pão?"
"Would you be kind enough to give me a little bread?"
o velhinho era muito obrigativo
the little old man was very obliging
"Espere lá, eu voltarei diretamente"

"Wait there, I will be back directly"
ele pensou que era um dos patifes locais
he thought it was one of the local rascals
divertem-se tocando os sinos da casa à noite
they amuse themselves by ringing the house-bells at night
Depois de meio minuto, a janela abriu novamente
After half a minute the window opened again
a voz do mesmo velhinho gritou a Pinóquio
the voice of the same little old man shouted to Pinocchio
"Venha por baixo e segure o boné"
"Come underneath and hold out your cap"
Pinóquio tirou o boné e o segurou
Pinocchio pulled off his cap and held it out
mas o boné de Pinóquio não estava cheio de pão ou comida
but Pinocchio's cap was not filled with bread or food
uma enorme bacia de água foi derramada sobre ele
an enormous basin of water was poured down on him
a água encharcava-o da cabeça aos pés
the water soaked him from head to foot
como se fosse um pote de gerânios secos
as if he had been a pot of dried-up geraniums
Voltou para casa como uma galinha molhada
He returned home like a wet chicken
estava bastante exausto de fadiga e fome
he was quite exhausted with fatigue and hunger
já não tinha forças para se aguentar
he no longer had the strength to stand
então sentou-se e descansou os pés húmidos e enlameados
so he sat down and rested his damp and muddy feet
Pôs os pés num braseiro cheio de brasas acesas
he put his feet on a brazier full of burning embers
e então adormeceu, exausto do dia
and then he fell asleep, exhausted from the day
todos sabemos que Pinóquio tem pés de madeira
we all know that Pinocchio has wooden feet
e sabemos o que acontece com a madeira em brasas em chamas

and we know what happens to wood on burning embers
pouco a pouco os seus pés queimaram e tornaram-se cinzas
little by little his feet burnt away and became cinders
Pinóquio continuou a dormir e a roncar
Pinocchio continued to sleep and snore
seus pés poderiam muito bem ter pertencido a outra pessoa
his feet might as well have belonged to someone else
Por fim, acordou porque alguém batia à porta
At last he awoke because someone was knocking at the door
"Quem está lá?", perguntou, bocejando e esfregando os olhos
"Who is there?" he asked, yawning and rubbing his eyes
"Sou eu!", respondeu uma voz
"It is I!" answered a voice
E Pinóquio reconheceu a voz de Gepeto
And Pinocchio recognized Geppetto's voice

Gepeto dá seu próprio café da manhã a Pinóquio
Geppetto Gives his own Breakfast to Pinocchio

Os olhos do pobre Pinóquio ainda estavam meio fechados do sono
Poor Pinocchio's eyes were still half shut from sleep
ele ainda não tinha descoberto o que tinha acontecido
he had not yet discovered what had happened
seus pés estavam completamente queimados
his feet had were completely burnt off
ouviu a voz do pai à porta
he heard the voice of his father at the door
e saltou da cadeira em que tinha dormido
and he jumped off the chair he had slept on
Ele queria correr para a porta e abri-la
he wanted to run to the door and open it
mas tropeçou e caiu no chão
but he stumbled around and fell on the floor
Imagine ter um saco de conchas de madeira
imagine having a sack of wooden ladles

Imagine jogar o saco da varanda
imagine throwing the sack off the balcony
ou seja, era o som de Pinóquio caindo no chão
that is was the sound of Pinocchio falling to the floor
"Abra a porta!", gritou Gepeto da rua
"Open the door!" shouted Geppetto from the street
"Querido papai, eu não posso", respondeu o fantoche
"Dear papa, I cannot," answered the puppet
e ele chorou e rolou no chão
and he cried and rolled about on the ground
"Por que você não pode abrir a porta?"
"Why can't you open the door?"
"Porque os meus pés foram comidos"
"Because my feet have been eaten"
"E quem comeu os seus pés?"
"And who has eaten your feet?"
Pinóquio olhou em volta em busca de algo para culpar
Pinocchio looked around for something to blame
Por fim, ele respondeu: "O gato comeu meus pés"
eventually he answered "the cat ate my feet"
"Abra a porta, eu te digo!", repetiu Gepeto
"Open the door, I tell you!" repeated Geppetto
"Se não a abrires, terás o gato de mim!"
"If you don't open it, you shall have the cat from me!"
"Não consigo levantar-me, acreditem"
"I cannot stand up, believe me"
"Oh, pobre de mim!", lamentou Pinóquio
"Oh, poor me!" lamented Pinocchio
"Vou ter de andar de joelhos para o resto da vida!"
"I shall have to walk on my knees for the rest of my life!"
Gepeto pensou que este era mais um dos truques do boneco
Geppetto thought this was another one of the puppet's tricks
pensou num meio de pôr fim aos seus truques
he thought of a means of putting an end to his tricks
Ele subiu no muro e entrou pela janela
he climbed up the wall and got in through the window
Ele ficou muito irritado quando viu Pinóquio pela primeira

vez
He was very angry when he first saw Pinocchio
e não fez nada além de repreender o pobre fantoche
and he did nothing but scold the poor puppet

mas depois viu que Pinóquio realmente estava sem pés
but then he saw Pinocchio really was without feet
e ele foi novamente tomado de simpatia
and he was quite overcome with sympathy again
Gepeto pegou seu boneco em seus braços
Geppetto took his puppet in his arms
e começou a beijá-lo e acariciá-lo
and he began to kiss and caress him
disse-lhe mil coisas cativantes
he said a thousand endearing things to him
grandes lágrimas escorreram-lhe pelas bochechas rosadas
big tears ran down his rosy cheeks
"Meu pequeno Pinóquio!", consolou-o
"My little Pinocchio!" he comforted him
"Como conseguiu queimar os pés?"
"how did you manage to burn your feet?"
"Não sei como fiz, papai"
"I don't know how I did it, papa"
"mas foi uma noite tão terrível"

"but it has been such a dreadful night"
"Lembrar-me-ei enquanto viver"
"I shall remember it as long as I live"
"Houve trovões e relâmpagos a noite toda"
"there was thunder and lightning all night"
"e fiquei com muita fome a noite toda"
"and I was very hungry all night"
"e então o grilo falante me repreendeu"
"and then the talking cricket scolded me"
"O críquete falante disse: 'Serve-te bem'"
"the talking cricket said 'it serves you right'"
"Ele disse; ' foste perverso e mereces'"
"he said; 'you have been wicked and deserve it'"
"E eu disse-lhe: 'Cuida-te, pequeno Grilo!'"
"and I said to him: 'Take care, little Cricket!'"
"E ele disse; ' Você é um fantoche'"
"and he said; 'You are a puppet'"
"E ele disse; ' você tem uma cabeça de madeira'"
"and he said; 'you have a wooden head'"
"e atirei-lhe o cabo de um martelo"
"and I threw the handle of a hammer at him"
"e então o pequeno grilo falante morreu"
"and then the talking little cricket died"
"mas a culpa foi dele que morreu"
"but it was his fault that he died"
"porque eu não queria matá-lo"
"because I didn't wish to kill him"
"e tenho provas de que não pretendia"
"and I have proof that I didn't mean to"
"Eu tinha colocado um pires de barro em brasas queimadas"
"I had put an earthenware saucer on burning embers"
"mas uma galinha voou para fora do ovo"
"but a chicken flew out of the egg"
— disse a galinha; ' Adieu, até nos encontrarmos novamente'"
"the chicken said; 'Adieu, until we meet again'"
'Mandar meus cumprimentos a todos em casa'

'send my compliments to all at home'
"e depois fiquei ainda mais faminto"
"and then I got even more hungry"
"então havia aquele velhinho de touca de noite"
"then there was that little old man in a night-cap"
"Ele abriu a janela acima de mim"
"he opened the window up above me"
"e ele disse-me para estender o chapéu"
"and he told me to hold out my hat"
"e derramou-me uma bacia cheia de água"
"and he poured a basinful of water on me"
"Pedir um pouco de pão não é uma vergonha, não é?"
"asking for a little bread isn't a disgrace, is it?"
"e depois voltei para casa imediatamente"
"and then I returned home at once"
"Estava com fome, frio e cansado"
"I was hungry and cold and tired"
"e ponho os pés no braseiro para secá-los"
"and I put my feet on the brazier to dry them"
"e depois voltaste de manhã"
"and then you returned in the morning"
"e descobri que os meus pés estavam queimados"
"and I found my feet were burnt off"
"e ainda estou com fome"
"and I am still hungry"
"mas já não tenho pés!"
"but I no longer have any feet!"
E o pobre Pinóquio começou a chorar e a rugir
And poor Pinocchio began to cry and roar
Ele chorou tão alto que foi ouvido a cinco quilômetros de distância
he cried so loudly that he was heard five miles off
Gepeto, só entendeu uma coisa de tudo isso
Geppetto, only understood one thing from all this
ele entendeu que o boneco estava morrendo de fome
he understood that the puppet was dying of hunger
então tirou do bolso três peras

so he drew from his pocket three pears
e deu as peras a Pinóquio
and he gave the pears to Pinocchio
"Estas três peras destinavam-se ao meu pequeno-almoço"
"These three pears were intended for my breakfast"
"mas dar-te-ei as minhas peras de bom grado"
"but I will give you my pears willingly"
"Coma-os, e espero que lhe façam bem"
"Eat them, and I hope they will do you good"
Pinóquio olhou para as peras com desconfiança
Pinocchio looked at the pears distrustfully
"mas você não pode esperar que eu os coma assim"
"but you can't expect me to eat them like that"
"Seja gentil o suficiente para descascá-los para mim"
"be kind enough to peel them for me"
"Descascá-los?", disse Gepeto, espantado
"Peel them?" said Geppetto, astonished
"Eu não sabia que você era tão gentil e fastidiosa"
"I didn't know you were so dainty and fastidious"
"São maus hábitos para ter, meu menino!"
"These are bad habits to have, my boy!"
"Temos de nos habituar a gostar e a comer de tudo"
"we must accustom ourselves to like and to eat everything"
"não há como saber ao que nos podem ser trazidos"
"there is no knowing to what we may be brought"
"Há tantas chances!"
"There are so many chances!"
"Você sem dúvida tem razão", interrompeu Pinóquio
"You are no doubt right," interrupted Pinocchio
"mas nunca comerei fruta que não tenha sido descascada"
"but I will never eat fruit that has not been peeled"
"Não suporto o sabor da casca"
"I cannot bear the taste of rind"
Tão bom Gepeto descascado as três peras
So good Geppetto peeled the three pears
e colocou as cascas da pera num canto da mesa
and he put the pear's rinds on a corner of the table

Pinóquio tinha comido a primeira pera
Pinocchio had eaten the first pear
estava prestes a deitar fora o miolo da pera
he was about to throw away the pear's core
mas Gepeto agarrou-lhe o braço
but Geppetto caught hold of his arm
"Não deite fora o miolo da pera"
"Do not throw the core of the pear away"
"neste mundo tudo pode ser útil"
"in this world everything may be of use"
Mas Pinóquio recusou-se a ver o sentido nela
But Pinocchio refused to see the sense in it
"Estou determinado a não comer o miolo da pera"
"I am determined I will not eat the core of the pear"
e Pinóquio voltou-se para ele como uma víbora
and Pinocchio turned upon him like a viper
"Quem sabe!", repetiu Gepeto
"Who knows!" repeated Geppetto
"Há tantas chances", disse ele
"there are so many chances," he said
e Gepeto nunca perdeu a paciência nem uma vez
and Geppetto never lost his temper even once
E assim os três núcleos de pera não foram descartados
And so the three pear cores were not thrown out
Eles foram colocados no canto da mesa com as cascas
they were placed on the corner of the table with the rinds
depois de sua pequena festa, Pinóquio bocejou tremendamente
after his small feast Pinocchio yawned tremendously
e voltou a falar em tom aflito
and he spoke again in a fretful tone
"Estou com fome como sempre!"
"I am as hungry as ever!"
"Mas, meu menino, não tenho mais nada para lhe dar!"
"But, my boy, I have nothing more to give you!"
"Não tem nada? Sério? Nada?"
"You have nothing? Really? Nothing?"

"Só tenho a casca e os núcleos das peras"
"I have only the rind and the cores of the pears"
"É preciso ter paciência!", disse Pinóquio
"One must have patience!" said Pinocchio
"se não houver mais nada, comerei a casca da pera"
"if there is nothing else I will eat the pear's rind"
E começou a mastigar a casca da pera
And he began to chew the rind of the pear
No início, ele fez uma cara irônica
At first he made a wry face
mas depois, um após o outro, comeu-os rapidamente
but then, one after the other, he quickly ate them
e depois das cascas da pera até comeu os núcleos
and after the pear's rinds he even ate the cores
quando tinha comido tudo, esfregava a barriga
when he had eaten everything he rubbed his belly
"Ah! agora me sinto confortável novamente"
"Ah! now I feel comfortable again"
"Agora você vê que eu estava certo", sorriu Gepetto
"Now you see I was right," smiled Gepetto
"Não é bom habituarmo-nos aos nossos gostos"
"it's not good to accustom ourselves to our tastes"
"Nunca podemos saber, meu querido menino, o que pode acontecer conosco"
"We can never know, my dear boy, what may happen to us"
"Há tantas chances!"
"There are so many chances!"

Gepeto faz novos pés a Pinóquio
Geppetto Makes Pinocchio New Feet

o fantoche tinha saciado a sua fome
the puppet had satisfied his hunger
mas ele começou a chorar e resmungar novamente
but he began to cry and grumble again
lembrou-se que queria um par de pés novos
he remembered he wanted a pair of new feet
Mas Gepeto o puniu por sua safadeza
But Geppetto punished him for his naughtiness
deixou-o chorar e desesperar um pouco
he allowed him to cry and to despair a little
Pinóquio teve de aceitar o seu destino durante metade do dia
Pinocchio had to accept his fate for half the day
No final do dia, disse-lhe:
at the end of the day he said to him:
"Por que eu deveria fazer você de novos pés?"
"Why should I make you new feet?"
"Para permitir que você escape novamente de casa?"
"To enable you to escape again from home?"
Pinóquio soluçou com a sua situação
Pinocchio sobbed at his situation
"Prometo-vos que para o futuro serei bom"
"I promise you that for the future I will be good"
mas Gepeto já conhecia os truques de Pinóquio
but Geppetto knew Pinocchio's tricks by now
"Todos os rapazes que querem alguma coisa dizem a mesma coisa"
"All boys who want something say the same thing"
"Prometo-vos que vou à escola"
"I promise you that I will go to school"
"e vou estudar e trazer para casa um bom relatório"
"and I will study and bring home a good report"
"Todos os rapazes que querem algo repetem a mesma história"
"All boys who want something repeat the same story"

"Mas eu não sou como os outros meninos!" Pinóquio opôs-se
"But I am not like other boys!" Pinocchio objected
"Sou melhor do que todos eles", acrescentou
"I am better than all of them," he added
"E eu falo sempre a verdade", mentiu
"and I always speak the truth," he lied
"Prometo-lhe, papai, que vou aprender um ofício"
"I promise you, papa, that I will learn a trade"
"Prometo que serei o consolo da vossa velhice"
"I promise that I will be the consolation of your old age"
Os olhos de Gepeto se encheram de lágrimas ao ouvir isso
Geppetto's eyes filled with tears on hearing this
Seu coração estava triste por ver seu filho assim
his heart was sad at seeing his son like this
Pinóquio estava em um estado tão lamentável
Pinocchio was in such a pitiable state
Não disse outra palavra a Pinóquio
He did not say another word to Pinocchio
Ele conseguiu suas ferramentas e dois pequenos pedaços de madeira temperada
he got his tools and two small pieces of seasoned wood
Ele começou a trabalhar com grande diligência
he set to work with great diligence
Em menos de uma hora os pés estavam acabados
In less than an hour the feet were finished
Poderiam ter sido modelados por um artista de génio
They might have been modelled by an artist of genius
Gepeto então falou com o boneco
Geppetto then spoke to the puppet
"Fechem os olhos e vão dormir!"
"Shut your eyes and go to sleep!"
E Pinóquio fechou os olhos e fingiu dormir
And Pinocchio shut his eyes and pretended to sleep
Gepeto pegou uma casca de ovo e derreteu um pouco de cola nela
Geppetto got an egg-shell and melted some glue in it
e prendeu os pés de Pinóquio em seu lugar

and he fastened Pinocchio's feet in their place
foi feito magistralmente por Geppetto
it was masterfully done by Geppetto
não se podia ver um vestígio de onde os pés estavam unidos
not a trace could be seen of where the feet were joined
Pinóquio logo percebeu que tinha pés de novo
Pinocchio soon realized that he had feet again
e então ele pulou da mesa
and then he jumped down from the table
Ele pulou pela sala com energia e alegria
he jumped around the room with energy and joy
Dançou como se tivesse enlouquecido com o seu deleite
he danced as if he had gone mad with his delight
"Obrigado por tudo o que fizeram por mim"
"thank you for all you have done for me"
"Vou à escola imediatamente", prometeu Pinóquio
"I will go to school at once," Pinocchio promised
"mas para ir à escola vou precisar de umas roupas"
"but to go to school I shall need some clothes"
agora você já sabe que Gepeto era um pobre homem
by now you know that Geppetto was a poor man
ele não tinha tanto quanto um centavo no bolso
he had not so much as a penny in his pocket
então fez-lhe um vestidinho de papel florido
so he made him a little dress of flowered paper
um par de sapatos da casca de uma árvore
a pair of shoes from the bark of a tree
e fez um chapéu com o pão
and he made a hat out of the bread

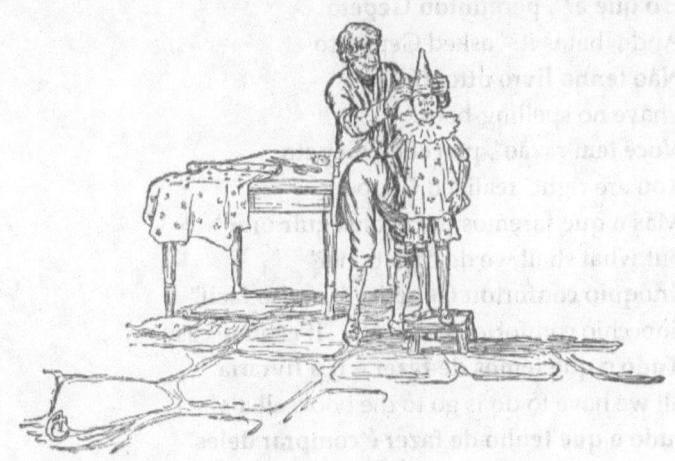

Pinóquio correu para se olhar num barril de água
Pinocchio ran to look at himself in a crock of water
ele estava sempre tão satisfeito com sua aparência
he was ever so pleased with his appearance
e ele se esticou pela sala como um pavão;
and he strutted about the room like a peacock
"Eu pareço um cavalheiro!"
"I look quite like a gentleman!"
"Sim, de fato", respondeu Geppetto
"Yes, indeed," answered Geppetto
"Não é a roupa fina que faz o cavalheiro"
"it is not fine clothes that make the gentleman"
"pelo contrário, são as roupas limpas que fazem um cavalheiro"
"rather, it is clean clothes that make a gentleman"
"By the way", acrescentou o boneco
"By the way," added the puppet
"para ir à escola ainda há algo de que preciso"
"to go to school there's still something I need"
"Ainda estou sem a melhor coisa"
"I am still without the best thing"
"É a coisa mais importante para um menino da escola"
"it is the most important thing for a school boy"

"E o que é?", perguntou Gepeto
"And what is it?" asked Geppetto
"Não tenho livro ortográfico"
"I have no spelling-book"
"Você tem razão", percebeu Gepeto
"You are right" realized Geppetto
"Mas o que faremos para conseguir um?"
"but what shall we do to get one?"
Pinóquio confortou Gepeto: "É muito fácil"
Pinocchio comforted Geppetto, "It is quite easy"
"Tudo o que temos de fazer é ir à livraria"
"all we have to do is go to the bookseller's"
"tudo o que tenho de fazer é comprar deles"
"all I have to do is buy from them"
"Mas como comprá-lo sem dinheiro?"
"but how do we buy it without money?"
"Não tenho dinheiro", disse Pinóquio
"I have got no money," said Pinocchio
"Nem eu", acrescentou o bom velhinho, muito triste
"Neither have I," added the good old man, very sadly
embora fosse um menino muito alegre, Pinóquio ficou triste
although he was a very merry boy, Pinocchio became sad
A pobreza, quando é real, é compreendida por todos
poverty, when it is real, is understood by everybody
"Bem, paciência!", exclamou Gepeto, erguendo-se de pé
"Well, patience!" exclaimed Geppetto, rising to his feet
e vestiu o seu velho casaco corduroy
and he put on his old corduroy jacket
e saiu correndo de casa para a neve
and he ran out of the house into the snow
Ele voltou para a casa logo depois
He returned back to the house soon after
na mão segurava um livro de ortografia para Pinóquio
in his hand he held a spelling-book for Pinocchio
mas o velho casaco com que deixara tinha desaparecido
but the old jacket he had left with was gone
O pobre homem estava em mangas de camisa

The poor man was in his shirt-sleeves
e ao ar livre estava frio e nevando
and outdoors it was cold and snowing
"E sua jaqueta, papai?", perguntou Pinóquio
"And your jacket, papa?" asked Pinocchio
"Eu vendi", confirmou o velho Gepeto
"I have sold it," confirmed old Geppetto
"Por que você vendeu?", perguntou Pinóquio
"Why did you sell it?" asked Pinocchio
"Porque achei que o meu casaco estava demasiado quente"
"Because I found my jacket was too hot"
Pinóquio compreendeu esta resposta num instante
Pinocchio understood this answer in an instant
Pinóquio foi incapaz de conter o impulso de seu coração
Pinocchio was unable to restrain the impulse of his heart
Porque Pinóquio tinha um bom coração, afinal
Because Pinocchio did have a good heart after all
levantou-se e jogou os braços em torno do pescoço de Gepeto
he sprang up and threw his arms around Geppetto's neck
e beijou-o vezes sem conta mil vezes
and he kissed him again and again a thousand times

Pinóquio vai ver um espetáculo de marionetas
Pinocchio Goes to See a Puppet Show

eventualmente parou de nevar lá fora
eventually it stopped snowing outside
e Pinóquio partiu para a escola
and Pinocchio set out to go to school
e tinha o seu belo livro ortográfico debaixo do braço
and he had his fine spelling-book under his arm
andava com mil ideias na cabeça
he walked along with a thousand ideas in his head
seu pequeno cérebro pensou em todas as possibilidades
his little brain thought of all the possibilities

e construiu mil castelos no ar
and he built a thousand castles in the air
cada castelo era mais bonito do que o outro
each castle was more beautiful than the other
E, falando consigo mesmo, disse;
And, talking to himself, he said;
"Hoje na escola vou aprender a ler de uma vez"
"Today at school I will learn to read at once"
"então amanhã vou começar a escrever"
"then tomorrow I will begin to write"
"e depois de amanhã vou aprender os números"
"and the day after tomorrow I will learn the numbers"
"todas estas coisas serão muito úteis"
"all of these things will prove very useful"
"e então vou ganhar muito dinheiro"
"and then I will earn a great deal of money"
"Já sei o que vou fazer com o primeiro dinheiro"
"I already know what I will do with the first money"
"Vou comprar imediatamente um belo casaco de pano novo"
"I will immediately buy a beautiful new cloth coat"
"O meu papa já não vai ter de estar frio"
"my papa will not have to be cold anymore"
"Mas o que estou dizendo?", ele percebeu
"But what am I saying?" he realized
"Será tudo feito de ouro e prata"
"It shall be all made of gold and silver"
"e terá botões de diamante"
"and it shall have diamond buttons"
"Esse pobre homem realmente merece"
"That poor man really deserves it"
"comprou-me livros e está a dar-me aulas"
"he bought me books and is having me taught"
"e para isso ficou de camisa"
"and to do so he has remained in a shirt"
"Ele fez tudo isso por mim em um clima tão frio"
"he has done all this for me in such cold weather"
"Só Papais são capazes de tais sacrifícios!"

"only papas are capable of such sacrifices!"
disse tudo isto a si mesmo com grande emoção
he said all this to himself with great emotion
mas, ao longe, pensava ouvir música
but in the distance he thought he heard music
soava como tubos e o bater de um grande tambor
it sounded like pipes and the beating of a big drum
Ele parou e ouviu para ouvir o que poderia ser
He stopped and listened to hear what it could be
Os sons vinham do fim de uma rua
The sounds came from the end of a street
e a rua levava a uma pequena aldeia à beira-mar
and the street led to a little village on the seashore
"O que pode ser essa música?", questionou-se
"What can that music be?" he wondered
"Que pena ter de ir à escola"
"What a pity that I have to go to school"
"se eu não tivesse que ir à escola..."
"if only I didn't have to go to school..."
E manteve-se irresoluto
And he remained irresolute
Era, no entanto, necessário tomar uma decisão
It was, however, necessary to come to a decision
"Devo ir à escola?", perguntou-se
"Should I go to school?" he asked himself
"ou devo ir atrás da música?"
"or should I go after the music?"
"Hoje vou ouvir a música", decidiu
"Today I will go and hear the music" he decided
"e amanhã vou à escola"
"and tomorrow I will go to school"
A jovem Scapegrace de um rapaz tinha decidido
the young scapegrace of a boy had decided
e encolheu os ombros à sua escolha
and he shrugged his shoulders at his choice
Quanto mais corria, mais se aproximavam os sons da música
The more he ran the nearer came the sounds of the music

e o bater do grande tambor tornou-se cada vez mais alto
and the beating of the big drum became louder and louder
Finalmente, encontrou-se no meio de uma praça da cidade
At last he found himself in the middle of a town square
a praça estava bastante cheia de pessoas
the square was quite full of people
todas as pessoas estavam aglomeradas ao redor de um prédio
all the people were all crowded round a building
e o edifício era feito de madeira e lona
and the building was made of wood and canvas
e o edifício foi pintado com mil cores
and the building was painted a thousand colours
"Que edifício é esse?", perguntou Pinóquio
"What is that building?" asked Pinocchio
e virou-se para um menino
and he turned to a little boy
"Leia o cartaz", disse-lhe o rapaz
"Read the placard," the boy told him
"Está tudo escrito lá", acrescentou
"it is all written there," he added
"leia-o e depois saberá"
"read it and and then you will know"
— Eu o leria de bom grado — disse Pinóquio
"I would read it willingly," said Pinocchio
"mas acontece que hoje não sei ler"
"but it so happens that today I don't know how to read"
"Bravo, cabeça de bloco! Então eu vou ler para você"
"Bravo, blockhead! Then I will read it to you"
"Você vê essas palavras tão vermelhas quanto fogo?"
"you see those words as red as fire?"
"O Grande Teatro de Marionetas", leu-lhe
"The Great Puppet Theatre," he read to him
"A peça já começou?"
"Has the play already begun?"
"Está começando agora", confirmou o rapaz
"It is beginning now," confirmed the boy
"Quanto custa entrar?"

"How much does it cost to go in?"
"Um tostão é o que lhe custa"
"A dime is what it costs you"
Pinóquio estava numa febre de curiosidade
Pinocchio was in a fever of curiosity
cheio de excitação, ele perdeu todo o controle de si mesmo
full of excitement he lost all control of himself
e Pinóquio perdeu todo o sentido de vergonha
and Pinocchio lost all sense of shame
"Você me emprestaria um centavo até amanhã?"
"Would you lend me a dime until tomorrow?"
"Eu te emprestaria de bom grado", disse o rapaz
"I would lend it to you willingly," said the boy
"mas infelizmente hoje não posso dá-lo"
"but unfortunately today I cannot give it to you"
Pinóquio teve outra ideia para conseguir o dinheiro
Pinocchio had another idea to get the money
"Vou vender-lhe o meu casaco por um tostão"
"I will sell you my jacket for a dime"
"mas o seu casaco é feito de papel florido"
"but your jacket is made of flowered paper"
"Que utilidade eu poderia ter para uma jaqueta dessas?"
"what use could I have for such a jacket?"
"Imagine que choveu e o casaco ficou molhado"
"imagine it rained and the jacket got wet"
"Seria impossível tirá-lo das minhas costas"
"it would be impossible to get it off my back"
"Você vai comprar meus sapatos?", tentou Pinóquio
"Will you buy my shoes?" tried Pinocchio
"Só serviriam para acender o fogo"
"They would only be of use to light the fire"
"Quanto você vai me dar pelo meu boné?"
"How much will you give me for my cap?"
"Seria uma aquisição maravilhosa!"
"That would be a wonderful acquisition indeed!"
"Um boné feito de miolo de pão!", brincou o rapaz
"A cap made of bread crumb!" joked the boy

"Haveria o risco de os ratos virem comê-lo"
"There would be a risk of the mice coming to eat it"
"Eles poderiam comê-lo enquanto ainda estava na minha cabeça!"
"they might eat it whilst it was still on my head!"
Pinóquio estava em espinhos sobre sua situação
Pinocchio was on thorns about his predicament
Estava prestes a fazer outra oferta
He was on the point of making another offer
mas não teve coragem de lhe perguntar
but he had not the courage to ask him
Hesitou, sentiu-se irresoluto e arrependido
He hesitated, felt irresolute and remorseful
Por fim, levantou a coragem de perguntar
At last he raised the courage to ask
"Você vai me dar um centavo por este novo livro ortográfico?"
"Will you give me a dime for this new spelling-book?"
Mas o rapaz também recusou essa oferta
but the boy declined this offer too
"Sou menino e não compro de meninos"
"I am a boy and I don't buy from boys"
um vendedor ambulante de roupas velhas ouviu-os
a hawker of old clothes had overheard them
"Vou comprar o livro ortográfico por um tostão"
"I will buy the spelling-book for a dime"
E o livro foi vendido lá e depois
And the book was sold there and then
o pobre Gepeto permanecera em casa tremendo de frio
poor Geppetto had remained at home trembling with cold
para que o filho pudesse ter um livro ortográfico
in order that his son could have a spelling-book

Os bonecos reconhecem seu irmão Pinóquio
The Puppets Recognize their Brother Pinocchio

Pinóquio estava no pequeno teatro de marionetas
Pinocchio was in the little puppet theatre
ocorreu um incidente que quase produziu uma revolução
an incident occurred that almost produced a revolution
A cortina tinha subido e a peça já tinha começado
The curtain had gone up and the play had already begun
Arlequim e Punch estavam brigando um com o outro
Harlequin and Punch were quarrelling with each other
a todo momento ameaçavam desferir golpes
every moment they were threatening to come to blows
De repente, Arlequim parou e virou-se para o público
All at once Harlequin stopped and turned to the public
Ele apontou com a mão para alguém lá embaixo no poço
he pointed with his hand to someone far down in the pit
e exclamou em tom dramático
and he exclaimed in a dramatic tone
"Deuses do firmamento!"
"Gods of the firmament!"
"Sonho ou estou acordado?"
"Do I dream or am I awake?"
"Mas, com certeza, isso é Pinóquio!"
"But, surely that is Pinocchio!"
"É mesmo Pinóquio!", gritou Punch
"It is indeed Pinocchio!" cried Punch
E Rose espreitou dos bastidores
And Rose peeped out from behind the scenes
"É mesmo ele mesmo!", gritou Rose
"It is indeed himself!" screamed Rose
e todos os bonecos gritavam em coro
and all the puppets shouted in chorus
"É Pinóquio! é Pinóquio!"
"It is Pinocchio! it is Pinocchio!"
e saltaram de todos os lados para o palco
and they leapt from all sides onto the stage

"É Pinóquio!", exclamaram todos os bonecos
"It is Pinocchio!" all the puppets exclaimed
"É o nosso irmão Pinóquio!"
"It is our brother Pinocchio!"
"Viva Pinóquio!", aplaudiram juntos
"Long live Pinocchio!" they cheered together
"Pinóquio, vem aqui até mim", gritou Arlequim
"Pinocchio, come up here to me," cried Harlequin
"Atire-se para os braços dos seus irmãos de madeira!"
"throw yourself into the arms of your wooden brothers!"
Pinóquio não podia recusar este convite carinhoso
Pinocchio couldn't decline this affectionate invitation
saltou do fim da fossa para os lugares reservados
he leaped from the end of the pit into the reserved seats
Outro salto o colocou na cabeça do baterista
another leap landed him on the head of the drummer
e ele então subiu ao palco
and he then sprang upon the stage
Os abraços e os beliscões amigáveis
The embraces and the friendly pinches
e as demonstrações de afeto fraterno caloroso
and the demonstrations of warm brotherly affection
Pinóquio receção dos bonecos foi além da descrição
Pinocchio reception from the puppets was beyond description
A visão era, sem dúvida, comovente
The sight was doubtless a moving one
mas o público no poço tornara-se impaciente
but the public in the pit had become impatient
Começaram a gritar: "Viemos assistir a uma peça"
they began to shout, "we came to watch a play"
"Prossigam com a peça!", exigiram
"go on with the play!" they demanded
Mas os bonecos não continuaram o recital
but the puppets didn't continue the recital
Os bonecos dobraram o barulho e os gritos
the puppets doubled their noise and outcries
eles colocaram Pinóquio em seus ombros

they put Pinocchio on their shoulders
e levaram-no em triunfo diante das luzes de pé
and they carried him in triumph before the footlights
Nesse momento, o ringmaster saiu
At that moment the ringmaster came out
Era um homem grande e feio
He was a big and ugly man
a visão dele era suficiente para assustar qualquer um
the sight of him was enough to frighten anyone
Sua barba era preta como tinta e comprida
His beard was as black as ink and long
e a barba estendeu-se do queixo ao chão
and his beard reached from his chin to the ground
e pisava na barba quando andava
and he trod upon his beard when he walked
Sua boca era tão grande quanto um forno
His mouth was as big as an oven
e seus olhos eram como duas lanternas de vidro vermelho ardente
and his eyes were like two lanterns of burning red glass
Ele carregava um grande chicote de cobras retorcidas e caudas de raposas
He carried a large whip of twisted snakes and foxes' tails
e ele estalava o chicote constantemente
and he cracked his whip constantly
Na sua inesperada aparição houve um profundo silêncio
At his unexpected appearance there was a profound silence
ninguém ousava sequer respirar
no one dared to even breathe
Uma mosca poderia ter sido ouvida na quietude
A fly could have been heard in the stillness
Os pobres bonecos de ambos os sexos tremiam como folhas
The poor puppets of both sexes trembled like leaves
"Você veio levantar uma perturbação no meu teatro?"
"have you come to raise a disturbance in my theatre?"
ele tinha a voz rouca de um duende
he had the gruff voice of a goblin

um duende que sofre de uma constipação severa
a goblin suffering from a severe cold
"Acredite, honrado senhor, a culpa não é minha!"
"Believe me, honoured sir, it it not my fault!"
"Isso é o suficiente de você!", gritou ele
"That is enough from you!" he blared
"Esta noite vamos acertar as contas"
"Tonight we will settle our accounts"
Logo a peça acabou e os convidados foram embora
soon the play was over and the guests left
O mestre do anel foi para a cozinha
the ringmaster went into the kitchen
uma bela ovelha estava sendo preparada para sua ceia
a fine sheep was being prepared for his supper
estava a acender lentamente o fogo
it was turning slowly on the fire
não havia madeira suficiente para terminar de assar o cordeiro
there was not enough wood to finish roasting the lamb
então ele chamou Arlequim e Soco
so he called for Harlequin and Punch
"Tragam esse boneco aqui", ordenou-lhes
"Bring that puppet here," he ordered them
"Você vai encontrá-lo pendurado em um prego"
"you will find him hanging on a nail"
"Parece-me que ele é feito de madeira muito seca"
"It seems to me that he is made of very dry wood"
"Tenho certeza de que ele faria um belo incêndio"
"I am sure he would make a beautiful blaze"
No início, Arlequim e Punch hesitaram
At first Harlequin and Punch hesitated
mas ficaram chocados com um olhar severo de seu mestre
but they were appalled by a severe glance from their master
e eles não tiveram escolha a não ser obedecer aos seus desejos
and they had no choice but to obey his wishes
Em pouco tempo voltaram à cozinha

In a short time they returned to the kitchen
desta vez carregavam o pobre Pinóquio
this time they were carrying poor Pinocchio
ele estava se contorcendo como uma enguia fora d'água
he was wriggling like an eel out of water
e ele gritava desesperadamente
and he was screaming desperately
"Papai! Papai! Salva-me! Eu não vou morrer!"
"Papa! papa! save me! I will not die!"

O Devorador de Fogo espirra e perdoa Pinóquio
The Fire-Eater Sneezes and Pardons Pinocchio

O dono do ringue parecia um homem perverso
The ringmaster looked like a wicked man
e era conhecido por todos como comedor de fogo
and he was known by all as Fire-eater
sua barba negra cobria seu peito e pernas
his black beard covered his chest and legs
era como se estivesse usando um avental
it was like he was wearing an apron
e isso o fez parecer especialmente perverso
and this made him look especially wicked
No geral, no entanto, ele não tinha um coração ruim
On the whole, however, he did not have a bad heart
viu o pobre Pinóquio trazido à sua frente
he saw poor Pinocchio brought before him
Ele viu o boneco lutando e gritando
he saw the puppet struggling and screaming
"Não vou morrer, não vou morrer!"
"I will not die, I will not die!"
e ficou bastante comovido com o que viu
and he was quite moved by what he saw
sentia muita pena do fantoche indefeso
he felt very sorry for the helpless puppet
ele tentou manter suas simpatias dentro de si mesmo

he tried to hold his sympathies within himself
mas depois de um pouco todos saíram
but after a little they all came out
já não conseguia conter a sua simpatia
he could contain his sympathy no longer
e soltou um enorme espirro violento
and he let out an enormous violent sneeze
até aquele momento Arlequim estava preocupado
up until that moment Harlequin had been worried
curvava-se como um salgueiro chorando
he had been bowing down like a weeping willow
mas quando ouviu o espirro ficou alegre
but when he heard the sneeze he became cheerful
inclinou-se para Pinóquio e sussurrou;
he leaned towards Pinocchio and whispered;
"Boa notícia, irmão, o dono do ringue espirrou"
"Good news, brother, the ringmaster has sneezed"
"isso é um sinal de que ele tem pena de você"
"that is a sign that he pities you"
"e se ele tiver pena de ti, então tu és salvo"
"and if he pities you, then you are saved"
A maioria dos homens chora quando sente compaixão
most men weep when they feel compassion
ou, pelo menos, fingem secar os olhos
or at least they pretend to dry their eyes
O comedor de fogo, no entanto, tinha um hábito diferente
Fire-Eater, however, had a different habit
quando movido pela emoção, seu nariz fazia cócegas nele
when moved by emotion his nose would tickle him
O ringmaster não parou de atuar como o rufião
the ringmaster didn't stop acting the ruffian
"Você está bem acabado com todo o seu choro?"
"are you quite done with all your crying?"
"Meu estômago dói com suas lamentações"
"my stomach hurts from your lamentations"
"Sinto um espasmo que quase..."
"I feel a spasm that almost..."

e o dono do ringue soltou outro espirro alto
and the ringmaster let out another loud sneeze
"Abençoa-te!", disse Pinóquio, bastante alegre
"Bless you!" said Pinocchio, quite cheerfully
"Obrigado! E o seu pai e a sua mãe?"
"Thank you! And your papa and your mamma?"
"Eles ainda estão vivos?", perguntou Devorador de Fogo
"are they still alive?" asked Fire-Eater
"Meu papa ainda está vivo e bem", disse Pinóquio
"My papa is still alive and well," said Pinocchio
"mas minha mãe eu nunca conheci", acrescentou
"but my mamma I have never known," he added
"Ainda bem que não te mandei atirar ao fogo"
"good thing I did not have you thrown on the fire"
"o teu pai teria perdido tudo o que ainda tinha"
"your father would have lost all who he still had"
"Coitado do velhinho! Tenho pena dele!"
"Poor old man! I pity him!"
"Etchoo! etchoo! etchoo!" Devorador de fogo espirrou
"Etchoo! etchoo! etchoo!" Fire-eater sneezed
e espirrou novamente três vezes
and he sneezed again three times
"Abençoai-vos", dizia Pinóquio de cada vez
"Bless you," said Pinocchio each time
"Obrigado! Alguma compaixão me é devida"
"Thank you! Some compassion is due to me"
"como podem ver, não tenho mais madeira"
"as you can see I have no more wood"
"então vou lutar para terminar de assar meu carneiro"
"so I will struggle to finish roasting my mutton"
"Você teria sido de grande utilidade para mim!"
"you would have been of great use to me!"
"No entanto, tive pena de ti"
"However, I have had pity on you"
"então eu devo ter paciência com você"
"so I must have patience with you"
"Em vez de ti, vou queimar outra marioneta"

"Instead of you I will burn another puppet"
A esta chamada apareceram imediatamente dois gendarmes de madeira
At this call two wooden gendarmes immediately appeared
Eram marionetas muito longas e muito finas
They were very long and very thin puppets
e eles tinham chapéus malucos na cabeça
and they had wonky hats on their heads
e seguravam espadas desembainhadas nas mãos
and they held unsheathed swords in their hands
O mestre dos anéis disse-lhes com voz rouca:
The ringmaster said to them in a hoarse voice:
"Pegue Arlequim e amarre-o com segurança"
"Take Harlequin and bind him securely"
"e depois atirá-lo ao fogo para queimar"
"and then throw him on the fire to burn"
"Estou determinado a que o meu carneiro seja bem assado"
"I am determined that my mutton shall be well roasted"
imagine o quão pobre Arlequim deve ter se sentido!
imagine how poor Harlequin must have felt!
Seu terror era tão grande que suas pernas se dobraram sob ele
His terror was so great that his legs bent under him
e caiu com o rosto no chão
and he fell with his face on the ground
Pinóquio estava agoniado com o que estava vendo
Pinocchio was agonized by what he was seeing
atirou-se aos pés do mestre do ringue
he threw himself at the ringmaster's feet
banhou a longa barba com as lágrimas
he bathed his long beard with his tears
e tentou implorar pela vida de Arlequim
and he tried to beg for Harlequin's life
"Tenha piedade, Sir Devorador de Fogo!" Pinóquio implorou
"Have pity, Sir Fire-Eater!" Pinocchio begged
"Aqui não há senhores", respondeu severamente o dono do ringue

"Here there are no sirs," the ringmaster answered severely
"Tenha pena, Sir Knight!" Pinóquio tentou
"Have pity, Sir Knight!" Pinocchio tried
"Aqui não há cavaleiros!", respondeu o mestre do ringue
"Here there are no knights!" the ringmaster answered
"Tem pena, Comendador!" Pinóquio tentou
"Have pity, Commander!" Pinocchio tried
"Aqui não há comandantes!"
"Here there are no commanders!"
"Tenha piedade, Excelência!" Pinóquio suplicou
"Have pity, Excellence!" Pinocchio pleaded
Devorador de fogo gostou bastante do que acabara de ouvir
Fire-eater quite liked what he had just heard
A excelência era algo a que aspirava
Excellence was something he did aspire to
e o mestre do ringue começou a sorrir novamente
and the ringmaster began to smile again
e tornou-se ao mesmo tempo mais gentil e tratável
and he became at once kinder and more tractable
Voltando-se para Pinóquio, perguntou:
Turning to Pinocchio, he asked:
"Bem, o que você quer de mim?"
"Well, what do you want from me?"
"Imploro-vos que perdoeis o pobre Arlequim"
"I implore you to pardon poor Harlequin"
"Para ele não pode haver perdão"
"For him there can be no pardon"
"Eu te poupei, se você se lembra"
"I have spared you, if you remember"
"então ele deve ser colocado no fogo"
"so he must be put on the fire"
"Estou determinado a que o meu carneiro seja bem assado"
"I am determined that my mutton shall be well roasted"
Pinóquio levantou-se orgulhoso para o mestre do ringue
Pinocchio stood up proudly to the ringmaster
e deitou fora a sua touca de miolo de pão
and he threw away his cap of bread crumb

"Nesse caso, sei o meu dever"
"In that case I know my duty"
"Vamos lá, gendarmes!", ele chamou os soldados
"Come on, gendarmes!" he called the soldiers
"Liga-me e lança-me entre as chamas"
"Bind me and throw me amongst the flames"
"não seria só Arlequim morrer por mim!"
"it would not be just for Harlequin to die for me!"
"Ele tem sido um verdadeiro amigo para mim"
"he has been a true friend to me"
Pinóquio falara em voz alta e heroica
Pinocchio had spoken in a loud, heroic voice
e suas ações heroicas fizeram todos os bonecos chorarem
and his heroic actions made all the puppets cry
Mesmo que os gendarmes fossem feitos de madeira
Even though the gendarmes were made of wood
choraram como dois cordeiros recém-nascidos
they wept like two newly born lambs
O comedor de fogo, no início, permaneceu tão duro e imóvel quanto o gelo
Fire-eater at first remained as hard and unmoved as ice
mas pouco a pouco começou a derreter e a espirrar
but little by little he began to melt and sneeze
espirrou novamente quatro ou cinco vezes
he sneezed again four or five times
e abriu os braços carinhosamente
and he opened his arms affectionately
"Você é um menino bom e corajoso!", elogiou Pinóquio
"You are a good and brave boy!" he praised Pinocchio
"Vem cá e dá-me um beijo"
"Come here and give me a kiss"
Pinóquio correu imediatamente para o mestre do ringue
Pinocchio ran to the ringmaster at once
Ele subiu na barba do mestre do ringue como um esquilo
he climbed up the ringmaster's beard like a squirrel
e depositou um beijo caloroso na ponta do nariz
and he deposited a hearty kiss on the point of his nose

"Então o indulto é concedido?", perguntou o pobre Arlequim
"Then the pardon is granted?" asked poor Harlequin
numa voz fraca que era pouco audível
in a faint voice that was scarcely audible
"O perdão é concedido!", respondeu Devorador de Fogo
"The pardon is granted!" answered Fire-Eater
Ele então acrescentou, suspirando e balançando a cabeça:
he then added, sighing and shaking his head:
"Tenho de ter paciência com as minhas marionetas!"
"I must have patience with my puppets!"
"Esta noite terei de comer o carneiro meio cru";
"Tonight I shall have to eat the mutton half raw;"
"Mas outra vez, ai daquele que me desagrada!"
"but another time, woe to him who displeases me!"
Com a notícia do indulto, os bonecos correram todos para o palco
At the news of the pardon the puppets all ran to the stage
eles acenderam todas as lâmpadas e lustres do show
they lit all the lamps and chandeliers of the show
era como se houvesse uma performance de vestido completo
it was as if there was a full-dress performance
Começaram a saltar e a dançar alegremente
they began to leap and to dance merrily
Quando amanheceu ainda estavam dançando
when dawn had come they were still dancing

Pinóquio recebe cinco peças de ouro
Pinocchio Receives Five Gold Pieces

No dia seguinte, o devorador de fogo chamou Pinóquio
The following day Fire-eater called Pinocchio over
"Qual é o nome do seu pai?", perguntou a Pinóquio
"What is your father's name?" he asked Pinocchio
"Meu pai se chama Gepeto", respondeu Pinóquio
"My father is called Geppetto," Pinocchio answered
"E que comércio ele segue?", perguntou o bombeiro
"And what trade does he follow?" asked Fire-eater
"Não tem comércio, é mendigo"
"He has no trade, he is a beggar"
"Será que ele ganha muito?", perguntou o bombeiro
"Does he earn much?" asked Fire-eater
"Não, ele nunca tem um tostão no bolso"
"No, he has never a penny in his pocket"
"Uma vez comprou-me um livro ortográfico"
"once he bought me a spelling-book"
"mas teve de vender o único casaco que tinha"
"but he had to sell the only jacket he had"
"Pobre diabo! Tenho quase pena dele!"
"Poor devil! I feel almost sorry for him!"
"Aqui estão cinco peças de ouro para ele"
"Here are five gold pieces for him"
"Vá imediatamente e leve o ouro para ele"
"Go at once and take the gold to him"
Pinóquio estava muito feliz com o presente
Pinocchio was overjoyed by the present
Ele agradeceu mil vezes ao ringmaster
he thanked the ringmaster a thousand times
Abraçou todas as marionetas da empresa
He embraced all the puppets of the company
até abraçou a tropa de gendarmes
he even embraced the troop of gendarmes
e então ele partiu para voltar direto para casa
and then he set out to return straight home

Mas Pinóquio não foi muito longe
But Pinocchio didn't get very far
na estrada encontrou uma Raposa com o pé coxo
on the road he met a Fox with a lame foot
e encontrou um gato cego em ambos os olhos
and he met a Cat blind in both eyes
eles estavam indo junto ajudando um ao outro
they were going along helping each other
foram bons companheiros no seu infortúnio
they were good companions in their misfortune
A Raposa, que era manca, andava apoiada no Gato
The Fox, who was lame, walked leaning on the Cat
e o Gato, que era cego, foi guiado pela Raposa
and the Cat, who was blind, was guided by the Fox
a Raposa cumprimentou Pinóquio muito educadamente
the Fox greeted Pinocchio very politely
"Bom dia, Pinóquio", disse a Raposa
"Good-day, Pinocchio," said the Fox
"Como é que sabes o meu nome?", perguntou o boneco
"How do you come to know my name?" asked the puppet
"Conheço bem o seu pai", disse a raposa
"I know your father well," said the fox
"Onde você o viu?", perguntou Pinóquio
"Where did you see him?" asked Pinocchio
"Vi-o ontem, à porta de casa"
"I saw him yesterday, at the door of his house"
"E o que ele estava fazendo?", perguntou Pinóquio
"And what was he doing?" asked Pinocchio
"Ele estava de camisa e tremendo de frio"
"He was in his shirt and shivering with cold"
"Coitado do papai! Mas o seu sofrimento acabou agora"
"Poor papa! But his suffering is over now"
"No futuro não se arrepiará mais!"
"in the future he shall shiver no more!"
"Por que ele não vai tremer mais?", perguntou a raposa
"Why will he shiver no more?" asked the fox
**"Porque me tornei um cavalheiro", respondeu Pinóquio;

"Because I have become a gentleman" replied Pinocchio
"Um cavalheiro, você!", disse a Raposa
"A gentleman—you!" said the Fox
e começou a rir rudemente e com desprezo
and he began to laugh rudely and scornfully
O Gato também começou a rir com a raposa
The Cat also began to laugh with the fox
mas ela fez melhor em esconder seu riso
but she did better at concealing her laughter
e penteou os bigodes com as patas dianteiras
and she combed her whiskers with her forepaws
"Há pouco para rir", gritou Pinóquio, irritado
"There is little to laugh at," cried Pinocchio angrily
"Lamento muito dar água na boca"
"I am really sorry to make your mouth water"
"se você sabe alguma coisa, então você sabe o que são"
"if you know anything then you know what these are"
"Vê-se que são cinco peças de ouro"
"you can see that they are five pieces of gold"
E sacou o dinheiro que o comedor de fogo lhe tinha dado
And he pulled out the money that Fire-eater had given him
Por um momento a raposa e o gato fizeram uma coisa estranha
for a moment the fox and the cat did a strange thing
O jingling do dinheiro realmente chamou a atenção deles
the jingling of the money really got their attention
a Raposa esticou a pata que parecia aleijada;
the Fox stretched out the paw that seemed crippled
e o Gato abriu bem os dois olhos
and the Cat opened wide her two eyes
seus olhos pareciam duas lanternas verdes
her eyes looked like two green lanterns

É verdade que ela fechou os olhos novamente
it is true that she shut her eyes again
ela foi tão rápida que Pinóquio não percebeu
she was so quick that Pinocchio didn't notice
a Raposa estava muito curiosa sobre o que tinha visto
the Fox was very curious about what he had seen
"O que você vai fazer com todo esse dinheiro?"
"what are you going to do with all that money?"
Pinóquio estava orgulhoso demais para lhes contar seus planos
Pinocchio was all too proud to tell them his plans
"Em primeiro lugar, pretendo comprar um casaco novo para o meu pai"
"First of all, I intend to buy a new jacket for my papa"
"o casaco será feito de ouro e prata"
"the jacket will be made of gold and silver"
"e o casaco virá com botões de diamante"
"and the coat will come with diamond buttons"
"e depois vou comprar um livro de ortografia para mim"
"and then I will buy a spelling-book for myself"
"Você vai comprar um livro de ortografia para si mesmo?"
"You will buy a spelling book for yourself?"
"Sim, pois quero estudar a sério"
"Yes indeed, for I wish to study in earnest"
"Olhe para mim!", disse a Raposa

"Look at me!" said the Fox
"Por causa da minha paixão tola pelo estudo, perdi uma perna"
"Through my foolish passion for study I have lost a leg"
"Olhe para mim!", disse o gato
"Look at me!" said the Cat
"Por causa da minha paixão tola pelo estudo, perdi os olhos"
"Through my foolish passion for study I have lost my eyes"
Nesse momento um melro branco começou o seu canto habitual
At that moment a white Blackbird began his usual song
"Pinóquio, não dê ouvidos aos conselhos dos maus companheiros"
"Pinocchio, don't listen to the advice of bad companions"
"Se ouvires os seus conselhos, arrepender-te-ás!"
"if you listen to their advice you will repent it!"
Pobre Blackbird! Se ao menos ele não tivesse falado!
Poor Blackbird! If only he had not spoken!
O Gato, com um grande salto, brotou sobre ele
The Cat, with a great leap, sprang upon him
ela nem sequer lhe deu tempo de dizer "Oh!"
she didn't even give him time to say "Oh!"
comeu-o numa só boquinha, penas e tudo
she ate him in one mouthful, feathers and all
Depois de o ter comido, limpou a boca
Having eaten him, she cleaned her mouth
e então ela fechou os olhos novamente
and then she shut her eyes again
e fingiu cegueira como antes
and she feigned blindness just as before
"Pobre melro!", disse Pinóquio ao Gato
"Poor Blackbird!" said Pinocchio to the Cat
"Por que você o tratou tão mal?"
"why did you treat him so badly?"
"Fi-lo para lhe dar uma lição"
"I did it to give him a lesson"
"Ele vai aprender a não se intrometer nos assuntos dos

outros"
"He will learn not to meddle in other people's affairs"
a essa altura, já tinham ido quase a meio caminho de casa
by now they had gone almost half-way home
a Raposa, parou subitamente, e falou com o fantoche
the Fox, halted suddenly, and spoke to the puppet
"Gostaria de duplicar o seu dinheiro?"
"Would you like to double your money?"
"De que forma eu poderia dobrar meu dinheiro?"
"In what way could I double my money?"
"Você gostaria de multiplicar suas cinco moedas miseráveis?"
"Would you like to multiply your five miserable coins?"
"Eu gostaria muito disso! mas como?"
"I would like that very much! but how?"
"A maneira de fazê-lo é bastante fácil"
"The way to do it is easy enough"
"Em vez de regressar a casa, tem de ir connosco"
"Instead of returning home you must go with us"
"E para onde me queres levar?"
"And where do you wish to take me?"
"Vamos levá-lo para a terra das Corujas"
"We will take you to the land of the Owls"
Pinóquio refletiu um momento para pensar
Pinocchio reflected a moment to think
e então ele disse resolutamente "Não, eu não vou"
and then he said resolutely "No, I will not go"
"Já estou perto de casa"
"I am already close to the house"
"e voltarei para casa do meu pai"
"and I will return home to my papa"
"Ele tem estado à minha espera no frio"
"he has been waiting for me in the cold"
"todo o dia de ontem não voltei para ele"
"all day yesterday I did not come back to him"
"Quem pode dizer quantas vezes ele suspirou!"
"Who can tell how many times he sighed!"

"**Fui de facto um mau filho**"
"I have indeed been a bad son"
"**e o pequeno grilo falante estava certo**"
"and the talking little cricket was right"
"**Meninos desobedientes nunca chegam a nada de bom**"
"Disobedient boys never come to any good"
"**O que o pequeno grilo falante disse é verdade**"
"what the talking little cricket said is true"
"**Muitos infortúnios aconteceram comigo**"
"many misfortunes have happened to me"
"**Ainda ontem em casa de bombeiro arrisquei**"
"Even yesterday in fire-eater's house I took a risk"
"**Ah! Faz-me estremecer pensar nisso!**"
"Oh! it makes me shudder to think of it!"
"**Bem, então**", disse a Raposa, "**você decidiu ir para casa?**"
"Well, then," said the Fox, "you've decided to go home?"
"**Vai, então, e tanto pior para ti**"
"Go, then, and so much the worse for you"
"**Tanto pior para você!**", repetiu o Gato
"So much the worse for you!" repeated the Cat
"**Pense bem, Pinóquio**", aconselharam-no
"Think well of it, Pinocchio," they advised him
"**porque estás a dar um pontapé na fortuna**"
"because you are giving a kick to fortune"
"**Um chute na fortuna!**", repetiu o Gato
"a kick to fortune!" repeated the Cat
"**Tudo o que teria sido necessário teria sido um dia**"
"all it would have taken would have been a day"
"**até amanhã as vossas cinco moedas poderão ter-se multiplicado**"
"by tomorrow your five coins could have multiplied"
"**As suas cinco moedas poderiam ter-se tornado duas mil**"
"your five coins could have become two thousand"
"**Dois mil soberanos!**", repetiu o Gato
"Two thousand sovereigns!" repeated the Cat
"**Mas como é possível?**", perguntou Pinóquio
"But how is it possible?" asked Pinocchio

e permaneceu com a boca aberta de espanto
and he remained with his mouth open from astonishment
"Vou te explicar de uma vez", disse a Raposa
"I will explain it to you at once," said the Fox
"na terra das Corujas há um campo sagrado"
"in the land of the Owls there is a sacred field"
"toda a gente lhe chama o campo dos milagres"
"everybody calls it the field of miracles"
"Neste campo é preciso cavar um buraquinho"
"In this field you must dig a little hole"
"e você deve colocar uma moeda de ouro no buraco"
"and you must put a gold coin into the hole"
"Então você cobre o buraco com um pouco de terra"
"then you cover up the hole with a little earth"
"Você deve obter água da fonte nas proximidades"
"you must get water from the fountain nearby"
"é preciso regar o buraco com dois baldes de água"
"you must water they hole with two pails of water"
"depois polvilhe o buraco com duas pitadas de sal"
"then sprinkle the hole with two pinches of salt"
"e quando a noite chega você pode ir tranquilamente para a cama"
"and when night comes you can go quietly to bed"
"Durante a noite o milagre vai acontecer"
"during the night the miracle will happen"
"as peças de ouro que você plantou crescerão e florescerão"
"the gold pieces you planted will grow and flower"
"E o que você acha que vai encontrar pela manhã?"
"and what do you think you will find in the morning?"
"Você vai encontrar uma bela árvore onde você plantou"
"You will find a beautiful tree where you planted it"
"Vão estar carregados de moedas de ouro"
"they tree will be laden with gold coins"
Pinóquio ficou cada vez mais desnorteado
Pinocchio grew more and more bewildered
"vamos supor que eu enterre minhas cinco moedas nesse campo"

"let's suppose I bury my five coins in that field"
"quantas moedas posso encontrar na manhã seguinte?"
"how many coins might I find the following morning?"
"Esse é um cálculo extremamente fácil", respondeu a Raposa
"That is an exceedingly easy calculation," replied the Fox
"um cálculo que se pode fazer com as mãos"
"a calculation you can make with your hands"
"Cada moeda vai dar-te um aumento de quinhentos"
"Every coin will give you an increase of five-hundred"
"multiplica quinhentos por cinco e tens a tua resposta"
"multiply five hundred by five and you have your answer"
"encontrarás duas mil e quinhentas peças de ouro brilhantes"
"you will find two-thousand-five-hundred shining gold pieces"
"Ah! que delícia!", exclamou Pinóquio, dançando de alegria
"Oh! how delightful!" cried Pinocchio, dancing for joy
"Vou guardar dois mil para mim"
"I will keep two thousand for myself"
"e os outros quinhentos vos darei dois"
"and the other five hundred I will give you two"
"Um presente para nós?", gritou a Raposa indignada
"A present to us?" cried the Fox with indignation
e quase pareceu ofendido com a oferta
and he almost appeared offended at the offer
"Com o que você está sonhando?", perguntou a Raposa
"What are you dreaming of?" asked the Fox
"Com o que você está sonhando?", repetiu o gato
"What are you dreaming of?" repeated the Cat
"Não trabalhamos para acumular juros"
"We do not work to accumulate interest"
"trabalhamos apenas para enriquecer os outros"
"we work solely to enrich others"
"para enriquecer os outros!", repetiu o Gato
"to enrich others!" repeated the Cat
"Que gente boa!", pensou Pinóquio para si mesmo
"What good people!" thought Pinocchio to himself

e esqueceu-se de tudo sobre o seu papa e o casaco novo
and he forgot all about his papa and the new jacket
e esqueceu-se do livro ortográfico
and he forgot about the spelling-book
e esqueceu-se de todas as suas boas resoluções
and he forgot all of his good resolutions
"Vamos sair imediatamente", sugeriu
"Let us be off at once" he suggested
"Vou com vocês dois para o campo das Corujas"
"I will go with you two to the field of Owls"

A Pousada do Lagostim Vermelho
The Inn of the Red Craw-Fish

Andavam, andavam e caminhavam, e caminhavam
They walked, and walked, and walked
Todos cansados, eles finalmente chegaram a uma pousada
all tired out, they finally arrived at an inn
A Pousada do Lagostim Vermelho
The Inn of The Red Craw-Fish
"Vamos parar um pouco por aqui", disse a Raposa
"Let us stop here a little," said the Fox
"Devemos ter algo para comer", acrescentou
"we should have something to eat," he added
"precisamos de descansar uma ou duas horas"
"we need to rest ourselves for an hour or two"
"e depois recomeçaremos à meia-noite"
"and then we will start again at midnight"
"Chegaremos ao Campo dos Milagres de manhã"
"we'll arrive at the Field of Miracles in the morning"
Pinóquio também estava cansado de toda a caminhada
Pinocchio was also tired from all the walking
então ele foi facilmente convencido a ir para a pousada
so he was easily convinced to go into the inn
os três sentaram-se à mesa
all three of them sat down at a table

mas nenhum deles tinha realmente apetite
but none of them really had any appetite

O gato sofria de indigestão
The Cat was suffering from indigestion
e sentia-se seriamente indisposta
and she was feeling seriously indisposed
ela só podia comer trinta e cinco peixes com molho de tomate
she could only eat thirty-five fish with tomato sauce
e ela tinha apenas quatro porções de macarrão com parmesão
and she had just four portions of noodles with Parmesan
mas ela achava que o macarrão não era temperado o suficiente
but she thought the noodles weres not seasoned enough
Então ela pediu três vezes a manteiga e o queijo ralado!
so she asked three times for the butter and grated cheese!
A Raposa também poderia ter ficado sem comer
The Fox could also have gone without eating
mas o seu médico ordenara-lhe uma dieta rigorosa
but his doctor had ordered him a strict diet
por isso, foi forçado a contentar-se simplesmente com uma lebre
so he was forced to content himself simply with a hare
A lebre estava vestida com um molho doce e azedo
the hare was dressed with a sweet and sour sauce

Foi decorado levemente com galinhas gordas
it was garnished lightly with fat chickens
depois pediu um prato de perdizes e coelhos
then he ordered a dish of partridges and rabbits
e também comeu alguns sapos, lagartos e outras iguarias
and he also ate some frogs, lizards and other delicacies
ele realmente não podia comer mais nada
he really could not eat anything else
Ele se importava muito pouco com a comida, disse ele
He cared very little for food, he said
e ele disse que lutou para colocá-lo em seus lábios
and he said he struggled to put it to his lips
Quem menos comia era Pinóquio
The one who ate the least was Pinocchio
Pediu umas nozes e um palpite de pão
He asked for some walnuts and a hunch of bread
e deixou tudo no prato
and he left everything on his plate
Os pensamentos do pobre menino não estavam com a comida
The poor boy's thoughts were not with the food
fixou continuamente os seus pensamentos no Campo dos Milagres
he continually fixed his thoughts on the Field of Miracles
Quando se abasteceram, a Raposa falou com o apresentador
When they had supped, the Fox spoke to the host
"Dê-nos dois bons quartos, querido estalajadeiro"
"Give us two good rooms, dear inn-keeper"
"por favor, forneça-nos um quarto para o Sr. Pinóquio"
"please provide us one room for Mr. Pinocchio"
"e vou partilhar o outro quarto com o meu companheiro"
"and I will share the other room with my companion"
"Vamos dormir um pouco antes de partir"
"We will snatch a little sleep before we leave"
"Lembre-se, no entanto, que queremos sair à meia-noite"
"Remember, however, that we wish to leave at midnight"
"Então, por favor, ligue-nos, para continuar nossa jornada"

"so please call us, to continue our journey"
"Sim, senhores", respondeu o apresentador
"Yes, gentlemen," answered the host
e piscou para a Raposa e o Gato
and he winked at the Fox and the Cat
era como se ele dissesse "Eu sei o que você está fazendo"
it was as if he said "I know what you are up to"
A piscadela parecia dizer: "Nós nos entendemos!"
the wink seemed to say, "we understand one another!"
Pinóquio estava muito cansado do dia
Pinocchio was very tired from the day
adormeceu assim que se deitou
he fell asleep as soon as he got into his bed
e assim que começou a dormir começou a sonhar
and as soon as he started sleeping he started to dream
Sonhou que estava no meio de um campo
he dreamed that he was in the middle of a field
O campo estava cheio de arbustos até onde a vista alcançava
the field was full of shrubs as far as the eye could see
os arbustos estavam cobertos com cachos de moedas de ouro
the shrubs were covered with clusters of gold coins
as moedas de ouro balançavam ao vento e tremiam
the gold coins swung in the wind and rattled
E eles fizeram um som como, "Tzinn, Tzinn, Tzinn"
and they made a sound like, "tzinn, tzinn, tzinn"
soaram como se estivessem falando com Pinóquio
they sounded as if they were speaking to Pinocchio
"Que quem quiser venha levar-nos"
"Let who whoever wants to come and take us"
Pinóquio estava prestes a estender a mão
Pinocchio was just about to stretch out his hand
ele ia colher punhados daquelas lindas peças de ouro
he was going to pick handfuls of those beautiful gold pieces
e quase conseguiu colocá-los no bolso
and he almost was able to put them in his pocket
mas foi subitamente acordado por três batidas à porta
but he was suddenly awakened by three knocks on the door

Foi o anfitrião que veio acordá-lo
It was the host who had come to wake him up
"Vim avisar que é meia-noite"
"I have come to let you know it's midnight"
"Os meus companheiros estão prontos?", perguntou o boneco
"Are my companions ready?" asked the puppet
"Pronto! Ora, saíram há duas horas"
"Ready! Why, they left two hours ago"
"Por que eles estavam com tanta pressa?"
"Why were they in such a hurry?"
"Porque o gato tinha recebido uma mensagem"
"Because the Cat had received a message"
"Ela recebeu a notícia de que seu gatinho mais velho estava doente"
"she got news that her eldest kitten was ill"
"Pagaram a ceia?"
"Did they pay for the supper?"
"O que você está pensando?"
"What are you thinking of?"
"Eles são muito bem educados para sonhar em insultá-lo"
"They are too well educated to dream of insulting you"
"um cavalheiro como você não deixaria seus amigos pagarem"
"a gentleman like you would not let his friends pay"
"Que pena!", pensou Pinóquio
"What a pity!" thought Pinocchio
"Tal insulto teria me dado muito prazer!"
"such an insult would have given me much pleasure!"
"E onde é que os meus amigos disseram que me esperariam?"
"And where did my friends say they would wait for me?"
"No Campo dos Milagres, amanhã de manhã ao amanhecer"
"At the Field of Miracles, tomorrow morning at daybreak"
Pinóquio pagou uma moeda pela ceia de seus companheiros
Pinocchio paid a coin for the supper of his companions
e depois partiu para o campo dos Milagres

and then he left for the field of Miracles
Do lado de fora da pousada era quase breu preto
Outside the inn it was almost pitch black
Pinóquio só podia progredir tateando seu caminho
Pinocchio could only make progress by groping his way
era impossível ver a mão dele à sua frente
it was impossible to see his hand's in front of him
Alguns pássaros noturnos voaram através da estrada
Some night-birds flew across the road
roçavam o nariz de Pinóquio com as asas
they brushed Pinocchio's nose with their wings
causou-lhe um terrível susto
it caused him a terrible fright
Voltando atrás, gritou: "Quem vai lá?"
springing back, he shouted: "who goes there?"
e o eco nas colinas repetido ao longe
and the echo in the hills repeated in the distance
"Quem vai lá?" - "Quem vai lá?" - "Quem vai lá?"
"Who goes there?" - "Who goes there?" - "Who goes there?"
no tronco da árvore viu um pouco de luz
on the trunk of the tree he saw a little light
era um pequeno inseto que ele via brilhando vagamente
it was a little insect he saw shining dimly
como uma luz noturna em uma lâmpada de porcelana transparente
like a night-light in a lamp of transparent china
"Quem é você?", perguntou Pinóquio
"Who are you?" asked Pinocchio
o inseto respondeu em voz baixa;
the insect answered in a low voice;
"Eu sou o fantasma do pequeno grilo falante"
"I am the ghost of the talking little cricket"
a voz era mais fraca do que se pode descrever
the voice was fainter than can be described
a voz parecia vir do outro mundo
the voice seemed to come from the other world
"O que você quer comigo?", disse o fantoche

"What do you want with me?" said the puppet
"Quero dar-lhe alguns conselhos"
"I want to give you some advice"
"Volte e pegue as quatro moedas que lhe restam"
"Go back and take the four coins that you have left"
"Leva as tuas moedas ao teu pobre pai"
"take your coins to your poor father"
"Ele está chorando e em desespero em casa"
"he is weeping and in despair at home"
"porque não voltaste a ele"
"because you have not returned to him"
mas Pinóquio já tinha pensado nisso
but Pinocchio had already thought of this
"Até amanhã o meu papa será um cavalheiro"
"By tomorrow my papa will be a gentleman"
"estas quatro moedas tornar-se-ão duas mil"
"these four coins will become two thousand"
"Não confie naqueles que prometem enriquecer em um dia"
"Don't trust those who promise to make you rich in a day"
"Geralmente ou são loucos ou malandros!"
"Usually they are either mad or rogues!"
"Dá-me ouvidos e volta, meu menino"
"Give ear to me, and go back, my boy"
"Pelo contrário, estou determinado a continuar"
"On the contrary, I am determined to go on"
"A hora está atrasada!", disse o grilo
"The hour is late!" said the cricket
"Estou determinado a continuar"
"I am determined to go on"
"A noite está escura!", disse o grilo
"The night is dark!" said the cricket
"Estou determinado a continuar"
"I am determined to go on"
"A estrada é perigosa!", disse o grilo
"The road is dangerous!" said the cricket
"Estou determinado a continuar"
"I am determined to go on"

"Os rapazes estão empenhados em seguir os seus desejos"
"boys are bent on following their wishes"
"mas lembrem-se, mais cedo ou mais tarde eles se arrependem"
"but remember, sooner or later they repent it"
"Sempre as mesmas histórias. Boa noite, pequeno críquete"
"Always the same stories. Good-night, little cricket"
O Grilo desejou a Pinóquio uma boa noite também
The Cricket wished Pinocchio a good night too
"que o Céu vos preserve dos perigos e dos assassinos"
"may Heaven preserve you from dangers and assassins"
então o pequeno grilo falante desapareceu de repente
then the talking little cricket vanished suddenly
como uma luz que foi apagada
like a light that has been blown out
e a estrada tornou-se mais escura do que nunca
and the road became darker than ever

Pinóquio cai nas mãos dos assassinos
Pinocchio Falls into the Hands of the Assassins

Pinóquio retomou a viagem e falou consigo mesmo
Pinocchio resumed his journey and spoke to himself
"Como somos infelizes nós, meninos pobres"
"how unfortunate we poor boys are"
"Toda a gente nos repreende e dá-nos bons conselhos"
"Everybody scolds us and gives us good advice"
"mas eu não escolho ouvir aquele pequeno grilo cansativo"
"but I don't choose to listen to that tiresome little cricket"
"Quem sabe quantos infortúnios vão acontecer comigo!"
"who knows how many misfortunes are to happen to me!"
"Ainda nem conheci nenhum assassino!"
"I haven't even met any assassins yet!"
"Isso é, no entanto, de pouca importância"
"That is, however, of little consequence"
"porque eu não acredito em assassinos"

"for I don't believe in assassins"
"Nunca acreditei em assassinos"
"I have never believed in assassins"
"Acho que os assassinos foram inventados propositadamente"
"I think that assassins have been invented purposely"
"Papas usam-nos para assustar os meninos"
"papas use them to frighten little boys"
"e depois os meninos têm medo de sair à noite"
"and then little boys are scared of going out at night"
"De qualquer forma, vamos supor que eu fosse encontrar assassinos"
"Anyway, let's suppose I was to come across assassins"
"Você imagina que eles me assustariam?"
"do you imagine they would frighten me?"
"Não me assustariam minimamente"
"they would not frighten me in the least"
"Vou ao encontro deles e chamá-los"
"I will go to meet them and call to them"
"Senhores assassinos, o que querem comigo?"
'Gentlemen assassins, what do you want with me?'
"Lembrem-se que comigo não há brincadeira"
'Remember that with me there is no joking'
'Portanto, vá para o seu negócio e fique quieto!'
'Therefore, go about your business and be quiet!'
"Neste discurso fugiam como o vento"
"At this speech they would run away like the wind"
"Pode ser que sejam assassinos mal educados"
"it could be that they are badly educated assassins"
"então os assassinos não podem fugir"
"then the assassins might not run away"
"mas mesmo isso não é um grande problema"
"but even that isn't a great problem"
"então eu simplesmente fugiria de mim mesmo"
"then I would just run away myself"
"e isso seria o fim disso"
"and that would be the end of that"

Mas Pinóquio não teve tempo de terminar o seu raciocínio
But Pinocchio had no time to finish his reasoning
pensou ter ouvido um ligeiro farfalhar de folhas
he thought that he heard a slight rustle of leaves
Virou-se para ver de onde vinha o barulho
He turned to look where the noise had come from
e viu na escuridão duas figuras negras de aparência maligna
and he saw in the gloom two evil-looking black figures
estavam completamente envoltos em sacos de carvão
they were completely enveloped in charcoal sacks
Eles estavam correndo atrás dele na ponta dos pés
They were running after him on their tiptoes
e eles estavam dando grandes saltos como dois fantasmas
and they were making great leaps like two phantoms
"Aqui estão eles na realidade!", disse a si mesmo
"Here they are in reality!" he said to himself
ele não tinha onde esconder suas peças de ouro
he didn't have anywhere to hide his gold pieces
Por isso, colocou-os na boca, debaixo da língua
so he put them in his mouth, under his tongue
Em seguida, ele voltou sua atenção para escapar
Then he turned his attention to escaping
Mas não conseguiu chegar muito longe
But he did not manage to get very far
sentiu-se agarrado pelo braço
he felt himself seized by the arm

e ouviu duas vozes horríveis ameaçando-o
and he heard two horrid voices threatening him
"O seu dinheiro ou a sua vida!", ameaçaram
"Your money or your life!" they threatened
Pinóquio não foi capaz de responder em palavras
Pinocchio was not able to answer in words
porque tinha posto o dinheiro na boca
because he had put his money in his mouth
então ele fez mil arcos baixos
so he made a thousand low bows
e ofereceu mil pantomimas
and he offered a thousand pantomimes
Tentou fazer entender as duas figuras
He tried to make the two figures understand
ele era apenas um pobre fantoche sem dinheiro
he was just a poor puppet without any money
não tinha tanto como um níquel no bolso
he had not as much as a nickel in his pocket
mas os dois ladrões não ficaram convencidos
but the two robbers were not convinced
"Menos disparates e fora com o dinheiro!"
"Less nonsense and out with the money!"
E o boneco fez um gesto com as mãos
And the puppet made a gesture with his hands
fingiu virar os bolsos do avesso
he pretended to turn his pockets inside out
Claro que Pinóquio não tinha bolsos
Of course Pinocchio didn't have any pockets
mas ele estava tentando significar: "Eu não tenho dinheiro"
but he was trying to signify, "I have no money"
Lentamente, os ladrões foram perdendo a paciência
slowly the robbers were losing their patience
"Entregue seu dinheiro ou você está morto", disse o mais alto
"Deliver up your money or you are dead," said the taller one
"Morto!", repetiu o menor
"Dead!" repeated the smaller one
"E então também mataremos o seu pai!"

"And then we will also kill your father!"
"Também seu pai!", repetiu novamente o menor
"Also your father!" repeated the smaller one again
"Não, não, não, meu pobre papai!", exclamou Pinóquio, desesperado
"No, no, no, not my poor papa!" cried Pinocchio in despair
e como ele disse as moedas piscaram em sua boca
and as he said it the coins clinked in his mouth
"Ah! seu patife!", perceberam os ladrões
"Ah! you rascal!" realized the robbers
"Escondeste o teu dinheiro debaixo da língua!"
"you have hidden your money under your tongue!"
"Cuspir de uma vez!", ordenou-lhe
"Spit it out at once!" he ordered him
"Cuspir", repetiu o menor
"spit it out," repeated the smaller one
Pinóquio era obstinado aos seus comandos;
Pinocchio was obstinate to their commands
"Ah! você finge ser surdo, não é?"
"Ah! you pretend to be deaf, do you?"
"deixem-nos encontrar um meio"
"leave it to us to find a means"
"vamos encontrar uma maneira de fazer você desistir do seu dinheiro"
"we will find a way to make you give up your money"
"Vamos dar um jeito", repetiu o menor
"We will find a way," repeated the smaller one
E um deles agarrou o boneco pelo nariz
And one of them seized the puppet by his nose
e o outro levou-o pelo queixo
and the other took him by the chin
e começaram a puxar brutalmente
and they began to pull brutally
um puxado para cima e o outro puxado para baixo
one pulled up and the other pulled down
tentaram forçá-lo a abrir a boca
they tried to force him to open his mouth

Mas foi tudo sem propósito
But it was all to no purpose
A boca de Pinóquio parecia estar pregada
Pinocchio's mouth seemed to be nailed together
Em seguida, o assassino mais curto sacou uma faca feia
Then the shorter assassin drew out an ugly knife
e tentou pô-la entre os lábios
and he tried to put it between his lips
Mas Pinóquio, tão rápido quanto um raio, pegou sua mão
But Pinocchio, as quick as lightning, caught his hand
e mordeu-o com os dentes
and he bit him with his teeth
e com uma mordida ele mordeu a mão limpa
and with one bite he bit the hand clean off
mas não foi uma mão que cuspiu
but it wasn't a hand that he spat out
era mais peludo do que uma mão, e tinha garras
it was hairier than a hand, and had claws
imagine o espanto de Pinóquio ao ver a pata de um gato
imagine Pinocchio's astonishment when saw a cat's paw
ou pelo menos era o que ele pensava ter visto
or at least that's what he thought he saw
Pinóquio ficou animado com esta primeira vitória
Pinocchio was encouraged by this first victory
agora usava as unhas para se libertar
now he used his fingernails to break free
conseguiu libertar-se dos seus agressores
he succeeded in liberating himself from his assailants
saltou sobre a sebe à beira da estrada
he jumped over the hedge by the roadside
e começou a correr pelos campos
and began to run across the fields
Os assassinos correram atrás dele como dois cães perseguindo uma lebre
The assassins ran after him like two dogs chasing a hare
e aquele que tinha perdido uma pata correu sobre uma perna
and the one who had lost a paw ran on one leg

e ninguém nunca soube como ele conseguiu isso
and no one ever knew how he managed it
Depois de uma corrida de alguns quilômetros, Pinóquio não podia mais correr
After a race of some miles Pinocchio could run no more
pensou que a sua situação estava perdida
he thought his situation was lost
subiu ao tronco de um pinheiro muito alto
he climbed the trunk of a very high pine tree
e sentou-se nos ramos mais altos
and he seated himself in the topmost branches
Os assassinos tentaram subir atrás dele
The assassins attempted to climb after him
quando chegaram a meio caminho da árvore, deslizaram novamente para baixo
when they reached half-way up the tree they slid down again
e chegaram ao chão com a pele roída
and they arrived on the ground with their skin grazed
Mas não desistiram tão facilmente
But they didn't give up so easily
Eles empilharam um pouco de madeira seca sob o pinheiro
they piled up some dry wood beneath the pine
e depois incendiaram a madeira
and then they set fire to the wood
muito rapidamente o pinheiro começou a arder mais alto
very quickly the pine began to burn higher
como uma vela soprada pelo vento
like a candle blown by the wind
Pinóquio viu as chamas subirem cada vez mais alto
Pinocchio saw the flames rising higher and higher
não queria acabar com a sua vida como um pombo assado
he did not wish to end his life like a roasted pigeon
Então ele deu um salto estupendo do topo da árvore
so he made a stupendous leap from the top of the tree
e correu pelos campos e vinhas
and he ran across the fields and vineyards
Os assassinos o seguiram novamente

The assassins followed him again
e mantiveram-se atrás dele sem desistir
and they kept behind him without giving up
O dia começou a quebrar e eles ainda o perseguiam
The day began to break and they were still pursuing him
De repente, Pinóquio encontrou seu caminho barrado por uma vala
Suddenly Pinocchio found his way barred by a ditch
estava cheio de água estagnada da cor do café
it was full of stagnant water the colour of coffee
O que era o nosso Pinóquio fazer agora?
What was our Pinocchio to do now?
"Um! Dois! três!", gritou o fantoche
"One! two! three!" cried the puppet
Fazendo uma correria, ele partiu para o outro lado
making a rush, he sprang to the other side
Os assassinos também tentaram pular a vala
The assassins also tried to jump over the ditch
mas não tinham medido a distância
but they had not measured the distance
salpicos de splish! caíram no meio da vala
splish splash! they fell into the middle of the ditch

Pinóquio ouviu o mergulho e os salpicos
Pinocchio heard the plunge and the splashing
"Um bom banho para vocês, cavalheiros assassinos"
"A fine bath to you, gentleman assassins"
E sentiu-se convencido de que estavam afogados
And he felt convinced that they were drowned
mas é bom que Pinóquio tenha olhado para trás
but it's good that Pinocchio did look behind him
porque os seus dois assassinos não se tinham afogado
because his two assassins had not drowned
Os dois assassinos tinham saído da água novamente

the two assassins had got out the water again
e ambos ainda corriam atrás dele
and they were both still running after him
eles ainda estavam envoltos em seus sacos
they were still enveloped in their sacks
e a água escorria deles
and the water was dripping from them
como se fossem dois cestos ocos
as if they had been two hollow baskets

Os assassinos penduram Pinóquio no grande carvalho
The Assassins Hang Pinocchio to the Big Oak Tree

Perante esta visão, a coragem do boneco falhou-lhe
At this sight, the puppet's courage failed him
estava a ponto de se atirar ao chão
he was on the point of throwing himself on the ground
e queria entregar-se por perdidos
and he wanted to give himself over for lost
virou os olhos em todas as direções
he turned his eyes in every direction
viu uma pequena casa tão branca como a neve
he saw a small house as white as snow
"Se ao menos eu tivesse fôlego para chegar àquela casa"
"If only I had breath to reach that house"
"talvez então eu possa ser salvo"
"perhaps then I might be saved"
sem demora um instante recomeçou a correr
without delaying an instant he recommenced running
pobre pequeno Pinóquio corria pela vida
poor little Pinocchio was running for his life
ele correu através da madeira com os assassinos atrás dele
he ran through the wood with the assassins after him
Houve uma corrida desesperada de quase duas horas
there was a desperate race of nearly two hours
e finalmente chegou sem fôlego à porta

and finally he arrived quite breathless at the door
Bateu desesperadamente à porta da casa
he desperately knocked on the door of the house
mas ninguém respondeu à batida de Pinóquio
but no one answered Pinocchio's knock
Bateu novamente à porta com grande violência
He knocked at the door again with great violence
porque ouviu o som dos passos que se aproximavam dele
because he heard the sound of steps approaching him
e ouviu o pesado ofegante dos seus perseguidores
and he heard the the heavy panting of his persecutors
Houve o mesmo silêncio de antes
there was the same silence as before
viu que bater era inútil
he saw that knocking was useless
então ele começou em desespero a chutar e arombar a porta
so he began in desperation to kick and pommel the door
A janela ao lado da porta então se abriu
The window next to the door then opened
e uma bela criança apareceu na janela
and a beautiful Child appeared at the window
a bela criança tinha cabelo azul
the beautiful child had blue hair
e seu rosto era branco como uma imagem de cera
and her face was as white as a waxen image
seus olhos estavam fechados como se estivesse dormindo
her eyes were closed as if she was asleep
e suas mãos estavam cruzadas em seu peito
and her hands were crossed on her breast
Sem mexer minimamente os lábios, falou
Without moving her lips in the least, she spoke
"Nesta casa não há ninguém, estão todos mortos"
"In this house there is no one, they are all dead"
e a sua voz parecia vir do outro mundo
and her voice seemed to come from the other world
mas Pinóquio gritou, chorou e implorou
but Pinocchio shouted and cried and implored

"Então, pelo menos, abra a porta para mim"
"Then at least open the door for me"
"Eu também estou morto", disse a imagem de cera
"I am also dead," said the waxen image
"Então o que você está fazendo lá na janela?"
"Then what are you doing there at the window?"
"Estou à espera de ser levado"
"I am waiting to be taken away"
Dito isto, desapareceu imediatamente
Having said this she immediately disappeared
e a janela foi fechada novamente sem o menor barulho
and the window was closed again without the slightest noise
"Ah! Criança linda de cabelos azuis", gritou Pinóquio.
"Oh! beautiful Child with blue hair," cried Pinocchio"
"Abra a porta, pelo amor de Deus!"
"open the door, for pity's sake!"
"Tende compaixão de um pobre rapaz perseguido..."
"Have compassion on a poor boy pursued..."
Mas não conseguiu terminar a frase
But he could not finish the sentence
porque se sentiu agarrado pelo colarinho
because he felt himself seized by the collar
As mesmas duas vozes horríveis disseram-lhe ameaçadoramente:
the same two horrible voices said to him threateningly:
"Não escaparás de nós novamente!"
"You shall not escape from us again!"
"Não escaparás", ofegou o pequeno assassino
"You shall not escape," panted the little assassin
O boneco viu que a morte o encarava na cara
The puppet saw death was staring him in the face
foi levado com um violento ataque de tremores
he was taken with a violent fit of trembling
as articulações de suas pernas de madeira começaram a ranger
the joints of his wooden legs began to creak
e as moedas escondidas sob sua língua começaram a piscar

and the coins hidden under his tongue began to clink
"Você vai abrir a boca, sim ou não?", exigiram os assassinos
"will you open your mouth—yes or no?" demanded the assassins
"Ah! Sem resposta? Deixem connosco"
"Ah! no answer? Leave it to us"
"Desta vez, vamos forçá-lo a abri-lo!"
"this time we will force you to open it!"
"Vamos forçá-lo", repetiu o segundo assassino
"we will force you," repeated the second assassin
E sacaram duas facas longas e horríveis
And they drew out two long, horrid knives
e as facas eram tão afiadas como lâminas de barbear
and the knifes were as sharp as razors
tentaram esfaqueá-lo duas vezes
they attempted to stab him twice
mas o fantoche teve sorte em um aspeto
but the puppet was lucky in one regard
ele tinha sido feito de madeira muito dura
he had been made from very hard wood
as facas partiram-se em mil pedaços
the knives broke into a thousand pieces
e os assassinos ficaram apenas com as alças
and the assassins were left with just the handles
Por um momento, eles só podiam olhar um para o outro
for a moment they could only stare at each other
"Vejo o que devemos fazer", disse um deles
"I see what we must do," said one of them
"Ele deve ser enforcado! Vamos enforcá-lo!"
"He must be hung! Let us hang him!"
"Vamos enforcá-lo!", repetiu o outro
"Let us hang him!" repeated the other
Sem perda de tempo, amarraram-lhe os braços atrás dele
Without loss of time they tied his arms behind him
e eles passaram um laço correndo em torno de sua garganta
and they passed a running noose round his throat
e penduraram-no no ramo do Carvalho Grande;

and they hung him to the branch of the Big Oak
Em seguida, sentaram-se na grama observando Pinóquio
They then sat down on the grass watching Pinocchio
e esperaram que a sua luta terminasse
and they waited for his struggle to end
mas já tinham passado três horas
but three hours had already passed
os olhos do boneco ainda estavam abertos
the puppet's eyes were still open
sua boca estava fechada como antes
his mouth was closed just as before
e ele estava chutando mais do que nunca
and he was kicking more than ever
tinham finalmente perdido a paciência com ele
they had finally lost their patience with him
viraram-se para Pinóquio e falaram em tom de brincadeira
they turned to Pinocchio and spoke in a bantering tone
"Adeus Pinóquio, até amanhã"
"Good-bye Pinocchio, see you again tomorrow"
"Espero que você seja gentil o suficiente para estar morto"
"hopefully you'll be kind enough to be dead"
"e espero que você esteja com a boca bem aberta"
"and hopefully you will have your mouth wide open"
E eles saíram em uma direção diferente
And they walked off in a different direction
Entretanto, um vento de norte começou a soprar e rugir
In the meantime a northerly wind began to blow and roar
e o vento batia o pobre fantoche de um lado para o outro
and the wind beat the poor puppet from side to side

o vento fê-lo balançar violentamente
the wind made him swing about violently
como o barulho de um sino tocando para um casamento
like the clatter of a bell ringing for a wedding
E o balanço deu-lhe espasmos atrozes
And the swinging gave him atrocious spasms
e o laço tornou-se cada vez mais apertado em torno de sua garganta
and the noose became tighter and tighter around his throat
e, finalmente, tirou-lhe o fôlego
and finally it took away his breath
Pouco a pouco, os seus olhos começaram a escurecer
Little by little his eyes began to grow dim
sentia que a morte estava próxima
he felt that death was near
mas Pinóquio nunca perdeu a esperança
but Pinocchio never gave up hope
"talvez alguma pessoa caridosa venha em meu auxílio"
"perhaps some charitable person will come to my assistance"
Mas ele esperou, esperou e esperou
But he waited and waited and waited
e no final ninguém veio, absolutamente ninguém
and in the end no one came, absolutely no one

depois lembrou-se do pobre pai
then he remembered his poor father
Pensando que estava morrendo, gaguejou
thinking he was dying, he stammered out
"Oh, papai! Papai! Se ao menos você estivesse aqui!"
"Oh, papa! papa! if only you were here!"
A respiração falhou-lhe e ele não podia dizer mais nada
His breath failed him and he could say no more
Fechou os olhos e abriu a boca
He shut his eyes and opened his mouth
e estendeu os braços e as pernas
and he stretched out his arms and legs
ele deu um último susto longo
he gave one final long shudder
e então ele se pendurou duro e insensível
and then he hung stiff and insensible

A Bela Criança Resgata o Fantoche
The Beautiful Child Rescues the Puppet

o pobre Pinóquio ainda estava suspenso do Carvalho Grande;
poor Pinocchio was still suspended from the Big Oak tree
mas, aparentemente, Pinóquio estava mais morto do que vivo
but apparently Pinocchio was more dead than alive
a bela Criança de cabelos azuis veio à janela novamente
the beautiful Child with blue hair came to the window again
Ela viu o fantoche infeliz pendurado pela garganta
she saw the unhappy puppet hanging by his throat
Viu-o a dançar para cima e para baixo nas rajadas de vento
she saw him dancing up and down in the gusts of the wind
e ela foi movida pela compaixão por ele
and she was moved by compassion for him
A bela criança bateu as mãos juntas
the beautiful child struck her hands together

e deu três palminhas
and she gave three little claps
Ouviu-se um som de asas voando rapidamente
there came a sound of wings flying rapidly
um grande Falcão voou para o parapeito da janela
a large Falcon flew on to the window-sill

"Quais são as suas ordens, fada graciosa?", perguntou
"What are your orders, gracious Fairy?" he asked
e inclinou o bico em sinal de reverência
and he inclined his beak in sign of reverence
"Você vê aquele boneco pendurado no carvalho grande?"
"Do you see that puppet dangling from the Big Oak tree?"
"Eu o vejo", confirmou o falcão
"I see him," confirmed the falcon
"Voe para ele imediatamente", ordenou-lhe ela
"Fly over to him at once," she ordered him
"Use seu bico forte para quebrar o nó"
"use your strong beak to break the knot"
"deite-o suavemente na relva ao pé da árvore"
"lay him gently on the grass at the foot of the tree"
O Falcão voou para cumprir suas ordens
The Falcon flew away to carry out his orders
e passados dois minutos voltou para a criança

and after two minutes he returned to the child
"Fiz o que tu mandaste"
"I have done as you commanded"
"E como o encontrou?"
"And how did you find him?"
"quando o vi pela primeira vez, ele apareceu morto"
"when I first saw him he appeared dead"
"mas ele realmente não poderia estar inteiramente morto"
"but he couldn't really have been entirely dead"
"Soltei o laço à volta da garganta"
"I loosened the noose around his throat"
"e depois deu um suspiro suave"
"and then he gave soft a sigh"
"murmurou-me com uma voz fraca"
"he muttered to me in a faint voice"
"'Agora eu me sinto melhor!', disse ele"
"'Now I feel better!' he said"
A Fada então bateu as mãos duas vezes
The Fairy then struck her hands together twice
assim que ela fez isso, um Poodle magnífico apareceu
as soon as she did this a magnificent Poodle appeared
O poodle andava ereto sobre as patas traseiras
the poodle walked upright on his hind legs
era exatamente como se ele fosse um homem
it was exactly as if he had been a man
Ele estava com a pintura completa de um cocheiro
He was in the full-dress livery of a coachman
Na cabeça tinha um boné de três pontas trançado com ouro
On his head he had a three-cornered cap braided with gold
sua peruca branca encaracolada desceu sobre seus ombros
his curly white wig came down on to his shoulders
ele tinha um colete de gola de chocolate com botões de diamante
he had a chocolate-collared waistcoat with diamond buttons
e tinha dois grandes bolsos para conter ossos;
and he had two large pockets to contain bones
os ossos que a amante lhe deu no jantar

the bones that his mistress gave him at dinner
Ele também tinha um par de calças curtas de veludo carmesim
he also had a pair of short crimson velvet breeches
e usava umas meias de seda
and he wore some silk stockings
e usava sapatos de couro italianos inteligentes
and he wore smart Italian leather shoes
pendurado atrás dele estava uma espécie de estojo guarda-chuva
hanging behind him was a species of umbrella case
a caixa do guarda-chuva era feita de cetim azul
the umbrella case was made of blue satin
Ele colocou o rabo nela quando o tempo estava chuvoso
he put his tail into it when the weather was rainy
"Seja rápido, Medoro, como um bom cão!"
"Be quick, Medoro, like a good dog!"
e a fada deu-lhe os comandos do poodle
and the fairy gave her poodle the commands
"Aproveite a carruagem mais bonita"
"get the most beautiful carriage harnessed"
"e tenho a carruagem à espera na minha carruagem"
"and have the carriage waiting in my coach-house"
"e vá ao longo da estrada para a floresta"
"and go along the road to the forest"
"Quando você vem para o carvalho grande, você vai encontrar um pobre fantoche"
"When you come to the Big Oak tree you will find a poor puppet"
"Ele será esticado na grama meio morto"
"he will be stretched on the grass half dead"
"você vai ter que pegá-lo gentilmente"
"you will have to pick him up gently"
"deite-o nas almofadas da carruagem"
"lay him flat on the cushions of the carriage"
"Quando você tiver feito isso, traga-o aqui para mim"
"when you have done this bring him here to me"

"Entendeu?", perguntou uma última vez
"Do you understand?" she asked one last time
O Poodle mostrou que tinha entendido
The Poodle showed that he had understood
sacudiu a caixa do cetim azul três ou quatro vezes
he shook the case of blue satin three or four times
e então ele fugiu como um cavalo de corrida
and then he ran off like a race-horse
Logo uma bela carruagem saiu da cocheira
soon a beautiful carriage came out of the coach-house
As almofadas foram recheadas com penas de canário
The cushions were stuffed with canary feathers
A carruagem estava forrada no interior com chantilly
the carriage was lined on the inside with whipped cream
e pastéis de nata e baunilha faziam o assento
and custard and vanilla wafers made the seating
A carruagem foi puxada por uma centena de ratos brancos
The little carriage was drawn by a hundred white mice
e o Poodle estava sentado na caixa do ônibus
and the Poodle was seated on the coach-box
Ele quebrou o chicote de um lado para o outro
he cracked his whip from side to side
como um motorista quando tem medo de estar atrasado no tempo
like a driver when he is afraid that he is behind time
passou menos de um quarto de hora
less than a quarter of an hour passed
e a carruagem voltou para a casa
and the carriage returned to the house
A Fada estava esperando na porta da casa
The Fairy was waiting at the door of the house
Pegou o pobre boneco nos braços
she took the poor puppet in her arms
e ela o carregou para uma salinha
and she carried him into a little room
o quarto estava coberto de madrepérola
the room was wainscoted with mother-of-pearl

Ela chamou os médicos mais famosos do bairro
she called for the most famous doctors in the neighbourhood
Eles vieram imediatamente, um após o outro
They came immediately, one after the other
um corvo, uma coruja e um pequeno grilo falante
a Crow, an Owl, and a talking little cricket
— Quero saber algo de vocês, senhores — disse a Fada
"I wish to know something from you, gentlemen," said the Fairy
"Este infeliz fantoche está vivo ou morto?"
"is this unfortunate puppet alive or dead?"
o Corvo começou por sentir o pulso de Pinóquio
the Crow started by feeling Pinocchio's pulse
Em seguida, sentiu o nariz e o dedinho do pé
he then felt his nose and his little toe
ele cuidadosamente fez seu diagnóstico do boneco
he carefully made his diagnosis of the puppet
e, em seguida, pronunciou solenemente as seguintes palavras:
and then he solemnly pronounced the following words:
"Na minha opinião, o boneco já está morto"
"To my belief the puppet is already dead"
"mas há sempre a possibilidade de ele ainda estar vivo"
"but there is always the chance he's still alive"
"Lamento", disse a Coruja, "contradizer o Corvo"
"I regret," said the Owl, "to contradict the Crow"
"meu ilustre amigo e colega"
"my illustrious friend and colleague"
"Na minha opinião, o boneco ainda está vivo"
"in my opinion the puppet is still alive"
"mas há sempre a possibilidade de ele já estar morto"
"but there's always a chance he's already dead"
por fim, a Fada perguntou ao pequeno Grilo falante
lastly the Fairy asked the talking little Cricket
"E você, não tem nada a dizer?"
"And you, have you nothing to say?"
"Os médicos nem sempre são chamados a falar"

"doctors are not always called upon to speak"
"Às vezes, o mais sensato é ficar calado"
"sometimes the wisest thing is to be silent"
"mas deixe-me dizer-lhe o que sei"
"but let me tell you what I know"
"esse boneco tem um rosto que não é novo para mim"
"that puppet has a face that is not new to me"
"Conheço-o há algum tempo!"
"I have known him for some time!"
Pinóquio tinha permanecido imóvel até aquele momento
Pinocchio had lain immovable up to that moment
ele era como um verdadeiro pedaço de madeira
he was just like a real piece of wood
mas então ele foi tomado por um ataque de tremor convulsivo
but then he was seized with a fit of convulsive trembling
e toda a cama tremeu de seu tremor
and the whole bed shook from his shaking
o pequeno Grilo falante continuou falando
the talking little Cricket continued talking
"Aquele fantoche aí é um malandro confirmado"
"That puppet there is a confirmed rogue"
Pinóquio abriu os olhos, mas fechou-os de novo imediatamente
Pinocchio opened his eyes, but shut them again immediately
"Ele não serve para nada ragamuffin"
"He is a good for nothing ragamuffin vagabond"
Pinóquio escondeu o rosto debaixo da roupa
Pinocchio hid his face beneath the clothes
"Aquele fantoche lá é um filho desobediente"
"That puppet there is a disobedient son"
"Ele fará seu pobre pai morrer de coração partido!"
"he will make his poor father die of a broken heart!"
Naquele instante todos podiam ouvir algo
At that instant everyone could hear something
ouviu-se um som sufocado de soluços e choro
suffocated sound of sobs and crying was heard

Os médicos levantaram um pouco os lençóis
the doctors raised the sheets a little
Imagine o espanto deles quando viram Pinóquio
Imagine their astonishment when they saw Pinocchio
O corvo foi o primeiro a dar o seu parecer médico
the crow was the first to give his medical opinion
"Quando um morto chora, está a caminho da recuperação"
"When a dead person cries he's on the road to recovery"
Mas a coruja tinha uma opinião médica diferente
but the owl was of a different medical opinion
"Lamento contradizer o meu ilustre amigo"
"I grieve to contradict my illustrious friend"
"quando o morto chora significa que está arrependido de morrer"
"when the dead person cries it means he's is sorry to die"

Pinóquio recusa-se a tomar o seu medicamento
Pinocchio Refuses to Take his Medicine

Os médicos tinham feito tudo o que podiam
The doctors had done all that they could
então deixaram Pinóquio com a fada
so they left Pinocchio with the fairy
a Fada tocou a testa de Pinóquio
the Fairy touched Pinocchio's forehead
Ela podia dizer que ele estava com febre alta
she could tell that he had a high fever
a Fada sabia exatamente o que dar a Pinóquio;
the Fairy knew exactly what to give Pinocchio
Ela dissolveu um pó branco em um pouco de água
she dissolved a white powder in some water
e ofereceu a Pinóquio o copo de água
and she offered Pinocchio the tumbler of water
e ela tranquilizou-o dizendo que tudo ficaria bem
and she reassured him that everything would fine
"Beba e em poucos dias estará curado"

"Drink it and in a few days you will be cured"
Pinóquio olhou para o copo da medicina
Pinocchio looked at the tumbler of medicine
e fez cara de irônico com o remédio
and he made a wry face at the medicine
"É doce ou amargo?", perguntou sem rodeios
"Is it sweet or bitter?" he asked plaintively
"É amargo, mas vai te fazer bem"
"It is bitter, but it will do you good"
"Se for amargo, não vou beber"
"If it is bitter, I will not drink it"
"Ouça-me", disse a Fada, "beba"
"Listen to me," said the Fairy, "drink it"
"Não gosto de nada amargo", objetou
"I don't like anything bitter," he objected
"Vou dar-lhe um pedaço de açúcar"
"I will give you a lump of sugar"
vai tirar o sabor amargo"
"it will take away the bitter taste"
mas primeiro você tem que beber seu remédio"
"but first you have to drink your medicine"
"Onde está o pedaço de açúcar?", perguntou Pinóquio
"Where is the lump of sugar?" asked Pinocchio
"Aqui está o pedaço de açúcar", disse a Fada
"Here is the lump of sugar," said the Fairy
e ela tirou um pedaço de uma bacia de açúcar de ouro
and she took out a piece from a gold sugar-basin
"por favor, dê-me o pedaço de açúcar primeiro"
"please give me the lump of sugar first"
"e então beberei aquela água amarga ruim"
"and then I will drink that bad bitter water"
"Você me promete?", perguntou a Pinóquio
"Do you promise me?" she asked Pinocchio
"Sim, prometo", respondeu Pinóquio
"Yes, I promise," answered Pinocchio
então a Fada deu a Pinóquio o pedaço de açúcar
so the Fairy gave Pinocchio the piece of sugar

e Pinóquio amassou o açúcar e engoliu-o
and Pinocchio crunched up the sugar and swallowed it
lambeu os lábios e apreciou o sabor
he licked his lips and enjoyed the taste
"Seria bom se o açúcar fosse remédio!"
"It would be a fine thing if sugar were medicine!"
"então tomava remédio todos os dias"
"then I would take medicine every day"
a Fada não esquecera a promessa de Pinóquio
the Fairy had not forgotten Pinocchio's promise
"Cumpra a sua promessa e beba este medicamento"
"keep your promise and drink this medicine"
"Vai restaurá-lo de volta à saúde"
"it will restore you back to health"
Pinóquio levou o tumbler sem querer
Pinocchio took the tumbler unwillingly
Ele colocou a ponta do nariz no copo
he put the point of his nose to the tumbler
e baixou o copo até aos lábios
and he lowered the tumbler to his lips
e então novamente ele colocou o nariz para isso
and then again he put his nose to it
e, finalmente, disse: "É amargo demais!"
and at last he said, "It is too bitter!"
"Não posso beber nada tão amargo"
"I cannot drink anything so bitter"
"Você ainda não sabe se não pode", disse a Fada
"you don't know yet if you can't," said the Fairy
"Ainda nem provou"
"you have not even tasted it yet"
"Imagino como vai ser o sabor!"
"I can imagine how it's going to taste!"
"Eu sei pelo cheiro", objetou Pinóquio
"I know it from the smell," objected Pinocchio
"primeiro eu quero outro pedaço de açúcar, por favor"
"first I want another lump of sugar please"
"e então eu prometo que vai beber!"

"and then I promise that will drink it!"
A Fada tinha toda a paciência de uma boa mamãe
The Fairy had all the patience of a good mamma
e ela colocou outro pedaço de açúcar em sua boca
and she put another lump of sugar in his mouth
e, novamente, ela lhe apresentou o copo
and again, she presented the tumbler to him
"Ainda não consigo beber!", disse o boneco
"I still cannot drink it!" said the puppet
e Pinóquio fez mil caretas
and Pinocchio made a thousand grimaced faces
"Por que você não pode beber?", perguntou a fada
"Why can't you drink it?" asked the fairy
"Porque aquele travesseiro nos meus pés me incomoda"
"Because that pillow on my feet bothers me"
A Fada tirou o travesseiro de seus pés
The Fairy removed the pillow from his feet
Pinóquio voltou a pedir desculpas
Pinocchio excused himself again
"Já dei o meu melhor, mas não me ajuda"
"I've tried my best but it doesn't help me"
"Mesmo sem o travesseiro não posso beber"
"Even without the pillow I cannot drink it"
"Qual é o problema agora?", perguntou a fada
"What is the matter now?" asked the fairy
"A porta da sala está meio aberta"
"The door of the room is half open"
"Incomoda-me quando as portas estão meio abertas"
"it bothers me when doors are half open"
A Fada foi e fechou a porta para Pinóquio
The Fairy went and closed the door for Pinocchio
mas isso não ajudou, e ele caiu em lágrimas
but this didn't help, and he burst into tears
"Eu não vou beber essa água amarga – não, não, não!"
"I will not drink that bitter water—no, no, no!"
"Meu menino, você vai se arrepender se não o fizer"
"My boy, you will repent it if you don't"

"Não me importo se vou me arrepender", respondeu
"I don't care if I will repent it," he replied
"Sua doença é grave", alertou a Fada
"Your illness is serious," warned the Fairy
"Não me importo se a minha doença é grave"
"I don't care if my illness is serious"
"A febre vai levá-lo para o outro mundo"
"The fever will carry you into the other world"
"então que a febre me leve para o outro mundo"
"then let the fever carry me into the other world"
"Você não tem medo da morte?"
"Are you not afraid of death?"
"Não tenho o menor medo da morte!"
"I am not in the least afraid of death!"
"Prefiro morrer a beber remédio amargo"
"I would rather die than drink bitter medicine"
Nesse momento, a porta da sala se abriu
At that moment the door of the room flew open
Quatro coelhos pretos como tinta entraram na sala
four rabbits as black as ink entered the room
nos ombros carregavam um pequeno bier
on their shoulders they carried a little bier

"O que você quer comigo?", gritou Pinóquio
"What do you want with me?" cried Pinocchio
e sentou-se na cama num grande susto
and he sat up in bed in a great fright
"Viemos para te levar", disse o maior coelho
"We have come to take you," said the biggest rabbit
"Ainda não me podes levar; Eu não estou morto"
"you cannot take me yet; I am not dead"
"Para onde você está planejando me levar?"
"where are you planning to take me to?"
"Não, você ainda não morreu", confirmou o coelho
"No, you are not dead yet," confirmed the rabbit
"mas restam-lhe apenas alguns minutos de vida"
"but you have only a few minutes left to live"
"porque recusaste o remédio amargo"

"because you refused the bitter medicine"
"O remédio amargo teria curado sua febre"
"the bitter medicine would have cured your fever"
"Oh, Fada, Fada!", começou a gritar o boneco
"Oh, Fairy, Fairy!" the puppet began to scream
"Dá-me o copo de uma vez", implorou
"give me the tumbler at once," he begged
"sê rápido, por piedade, não quero morrer"
"be quick, for pity's sake, I do not want die"
"não, não vou morrer hoje"
"no, I will not die today"
Pinóquio levou o tumbler com as duas mãos
Pinocchio took the tumbler with both hands

e esvaziou a água um grande gole
and he emptied the water one one big gulp
"Temos de ter paciência!", disseram os coelhos
"We must have patience!" said the rabbits
"Desta vez fizemos a nossa viagem em vão"
"this time we have made our journey in vain"
eles pegaram o pequeno bier em seus ombros novamente
they took the little bier on their shoulders again
e eles deixaram o quarto de volta para onde vieram
and they left the room back to where they came from

e resmungavam e murmuravam entre os dentes
and they grumbled and murmured between their teeth
A recuperação de Pinóquio não demorou muito
Pinocchio's recovery did not take long at all
Alguns minutos depois, saltou da cama
a few minutes later he jumped down from the bed
Marionetas de madeira têm um privilégio especial
wooden puppets have a special privilege
raramente adoecem gravemente como nós
they seldom get seriously ill like us
e eles têm sorte de serem curados muito rapidamente
and they are lucky to be cured very quickly
"O meu remédio te fez bem?", perguntou a fada
"has my medicine done you good?" asked the fairy
"O teu remédio fez-me mais do que bem"
"your medicine has done me more than good"
"O teu medicamento salvou a minha vida"
"your medicine has saved my life"
"Por que não tomou o medicamento mais cedo?"
"why didn't you take your medicine sooner?"
"Bem, Fada, nós meninos somos todos assim!"
"Well, Fairy, we boys are all like that!"
"Temos mais medo da medicina do que da doença"
"We are more afraid of medicine than of the illness"
"Vergonhoso!", gritou a fada indignada
"Disgraceful!" cried the fairy in indignation
"Os rapazes deviam conhecer o poder da medicina"
"Boys ought to know the power of medicine"
"um bom remédio pode salvá-los de uma doença grave"
"a good remedy may save them from a serious illness"
"e talvez até te salve da morte"
"and perhaps it even saves you from death"
"da próxima vez não vou precisar de tanta persuasão"
"next time I shall not require so much persuasion"
"Vou lembrar-me daqueles coelhos pretos"
"I shall remember those black rabbits"
"e lembrar-me-ei do bier sobre os ombros"

"and I shall remember the bier on their shoulders"
"e então tomarei imediatamente o copo"
"and then I shall immediately take the tumbler"
"e beberei todos os remédios de uma só vez!"
"and I will drink all the medicine in one go!"
A Fada ficou feliz com as palavras de Pinóquio
The Fairy was happy with Pinocchio's words
"Agora, vem cá para mim e senta-te no meu colo"
"Now, come here to me and sit on my lap"
"e conte-me tudo sobre os assassinos"
"and tell me all about the assassins"
"como você acabou pendurado no grande carvalho?"
"how did you end up hanging from the big Oak tree?"
E Pinóquio ordenou todos os eventos que aconteceram
And Pinocchio ordered all the events that happened
"Veja, havia um mestre de ringue; Comedor de fogo"
"You see, there was a ringmaster; Fire-eater"
"Devorador de fogo deu-me umas peças de ouro"
"Fire-eater gave me some gold pieces"
"Ele disse-me para levar o ouro ao meu pai"
"he told me to take the gold to my father"
"mas eu não levei o ouro direto para o meu pai"
"but I didn't take the gold straight to my father"
"a caminho de casa encontrei uma raposa e um gato"
"on the way home I met a Fox and a Cat"
"fizeram-me uma oferta que não podia recusar"
"they made me an offer I couldn't refuse"
"Você gostaria que esses pedaços de ouro se multiplicassem?"
'Would you like those pieces of gold to multiply?'
"'Vem com a gente e', eles disseram"
"'Come with us and,' they said"
'Vamos levá-lo ao Campo dos Milagres'
'we will take you to the Field of Miracles'
"E eu disse: 'Vamos para o Campo dos Milagres'"
"and I said, 'Let's go to the Field of Miracles'"
"E eles disseram: 'Vamos parar nesta pousada'"

"And they said, 'Let us stop at this inn'"
"e nós paramos no Red Craw-Fish em"
"and we stopped at the Red Craw-Fish in"
"Todos nós fomos dormir depois da nossa comida"
"all of us went to sleep after our food"
"quando acordei, já não estavam lá"
"when I awoke they were no longer there"
"porque tinham de sair antes de mim"
"because they had to leave before me"
"Depois comecei a viajar à noite"
"Then I began to travel by night"
"Você não pode imaginar o quão escuro era"
"you cannot imagine how dark it was"
"foi quando conheci os dois assassinos"
"that's when I met the two assassins"
"e usavam sacos de carvão"
"and they were wearing charcoal sacks"
"disseram-me: 'Fora com o teu dinheiro'"
"they said to me: 'Out with your money'"
"E eu disse-lhes: 'Não tenho dinheiro'"
"and I said to them, 'I have no money'"
"porque eu tinha escondido as quatro peças de ouro"
"because I had hidden the four gold pieces"
"Tinha posto o dinheiro na boca"
"I had put the money in my mouth"
"um tentou meter a mão na minha boca"
"one tried to put his hand in my mouth"
"e eu mordi a mão dele e cuspi"
"and I bit his hand off and spat it out"
"mas em vez de uma mão era uma pata de gato"
"but instead of a hand it was a cat's paw"
"e então os assassinos correram atrás de mim"
"and then the assassins ran after me"
"e corri e corri o mais rápido que pude"
"and I ran and ran as fast as I could"
"mas no final eles me pegaram de qualquer maneira"
"but in the end they caught me anyway"

"e amarraram um laço no meu pescoço"
"and they tied a noose around my neck"
"e eles me penduraram no carvalho grande"
"and they hung me from the Big Oak tree"
"Esperaram que eu parasse de me mexer"
"they waited for me to stop moving"
"mas nunca parei de me mexer"
"but I never stopped moving at all"
"e depois chamaram-me"
"and then they called up to me"
"Amanhã voltaremos aqui"
'Tomorrow we shall return here'
'Então você estará morto com a boca aberta'
'then you will be dead with your mouth open'
"E teremos o ouro debaixo da tua língua"
'and we will have the gold under your tongue'
a Fada estava interessada na história
the Fairy was interested in the story
"E onde você colocou os pedaços de ouro agora?"
"And where have you put the pieces of gold now?"
"Perdi-os!", disse Pinóquio, desonesto
"I have lost them!" said Pinocchio, dishonestly
tinha as peças de ouro no bolso
he had the pieces of gold in his pocket
como sabem, Pinóquio já tinha um nariz comprido
as you know Pinocchio already had a long nose
mas mentir fez seu nariz crescer ainda mais
but lying made his nose grow even longer
e seu nariz cresceu mais dois centímetros
and his nose grew another two inches
"E onde você perdeu o ouro?"
"And where did you lose the gold?"
"Perdi-o na floresta", mentiu novamente
"I lost it in the woods," he lied again
e seu nariz também cresceu em sua segunda mentira
and his nose also grew at his second lie
"Não se preocupe com o ouro", disse a fada

"worry not about the gold," said the fairy
"Vamos para a floresta e encontrar o seu ouro"
"we will go to the woods and find your gold"
"tudo o que se perde naquelas matas é sempre encontrado"
"all that is lost in those woods is always found"
Pinóquio ficou bastante confuso sobre sua situação
Pinocchio got quite confused about his situation
"Ah! agora lembro-me de tudo", respondeu
"Ah! now I remember all about it," he replied
"Não perdi as quatro peças de ouro"
"I didn't lose the four gold pieces at all"
"Acabei de engolir seu remédio, não é?"
"I just swallowed your medicine, didn't I?"
"Eu engoli as moedas com o remédio"
"I swallowed the coins with the medicine"
com essa ousadia de mentira, seu nariz ficou ainda mais comprido
at this daring lie his nose grew even longer
agora Pinóquio não podia mover-se em nenhuma direção
now Pinocchio could not move in any direction
Tentou virar para o lado esquerdo
he tried to turn to his left side
mas o nariz bateu na cama e nas vidraças das janelas
but his nose struck the bed and window-panes
Tentou virar para o lado direito
he tried to turn to the right side
mas agora seu nariz bateu contra as paredes
but now his nose struck against the walls
e também não conseguia levantar a cabeça
and he could not raise his head either
porque seu nariz era longo e pontiagudo
because his nose was long and pointy
e seu nariz poderia ter cutucado a Fada no olho
and his nose could have poke the Fairy in the eye
a Fada olhou para ele e riu
the Fairy looked at him and laughed
Pinóquio estava muito confuso sobre sua situação

Pinocchio was very confused about his situation
ele não sabia por que seu nariz tinha crescido
he did not know why his nose had grown
"Do que você está rindo?", perguntou o fantoche
"What are you laughing at?" asked the puppet
"Estou a rir-me das mentiras que me disseste"
"I am laughing at the lies you've told me"
"como você pode saber que eu contei mentiras?"
"how can you know that I have told lies?"
"As mentiras, meu querido menino, são descobertas imediatamente"
"Lies, my dear boy, are found out immediately"
"Neste mundo há dois tipos de mentiras"
"in this world there are two sorts of lies"
"Há mentiras que têm pernas curtas"
"There are lies that have short legs"
"e há mentiras que têm narizes compridos"
"and there are lies that have long noses"
"A tua mentira é daquelas que tem nariz comprido"
"Your lie is one of those that has a long nose"
Pinóquio não sabia onde se esconder
Pinocchio did not know where to hide himself
ele tinha vergonha de suas mentiras serem descobertas
he was ashamed of his lies being discovered
ele tentou sair correndo do quarto
he tried to run out of the room
mas não conseguiu escapar
but he did not succeed at escaping
seu nariz tinha ficado muito longo para escapar
his nose had gotten too long to escape
e já não podia passar pela porta
and he could no longer pass through the door

Pinóquio reencontra a raposa e o gato
Pinocchio Meets the Fox and the Cat Again

a Fada entendeu a importância da lição
the Fairy understood the importance of the lesson
Ela deixou o boneco chorar por uma boa meia hora
she let the puppet to cry for a good half-hour
seu nariz não podia mais passar pela porta
his nose could no longer pass through the door
Contar mentiras é a pior coisa que um menino pode fazer
telling lies is the worst thing a boy can do
e ela queria que ele aprendesse com seus erros
and she wanted him to learn from his mistakes
mas ela não suportava vê-lo chorando
but she could not bear to see him weeping
sentia-se cheia de compaixão pelo boneco
she felt full of compassion for the puppet
então ela bateu palmas novamente
so she clapped her hands together again
mil grandes pica-paus voaram pela janela
a thousand large Woodpeckers flew in from the window
Os pica-paus imediatamente se empoleiraram no nariz de Pinóquio
The woodpeckers immediately perched on Pinocchio's nose
e começaram a bicar-lhe o nariz com grande zelo
and they began to peck at his nose with great zeal
você pode imaginar a velocidade de mil pica-paus
you can imagine the speed of a thousand woodpeckers
em pouco tempo, o nariz de Pinóquio estava normal
within no time at all Pinocchio's nose was normal
é claro que você se lembra que ele sempre teve um nariz grande
of course you remember he always had a big nose
"Que boa fada você é", disse o fantoche
"What a good Fairy you are," said the puppet
e Pinóquio secou os olhos lacrimejantes
and Pinocchio dried his tearful eyes

"**E o quanto eu te amo!**", **acrescentou**
"and how much I love you!" he added
"**Eu te amo também**", **respondeu a Fada**
"I love you also," answered the Fairy
"**Se ficares comigo, serás meu irmãozinho**"
"if you remain with me you shall be my little brother"
"**e eu serei sua boa irmãzinha**"
"and I will be your good little sister"
"**Gostaria muito de permanecer**", **disse Pinóquio**
"I would like to remain very much," said Pinocchio
"**mas eu tenho que voltar para o meu pobre papai**"
"but I have to go back to my poor papa"
"**Já pensei em tudo**", **disse a fada**
"I have thought of everything," said the fairy
"**Já avisei o teu pai**"
"I have already let your father know"
"**e ele virá aqui esta noite**"
"and he will come here tonight"
"**Sério?**", **gritou Pinóquio, pulando de alegria**
"Really?" shouted Pinocchio, jumping for joy
"**Então, pequena fada, eu tenho um desejo**"
"Then, little Fairy, I have a wish"
"**Gostaria muito de ir conhecê-lo**"
"I would very much like to go and meet him"
"**Quero dar um beijo naquele pobre velhinho**"
"I want to give a kiss to that poor old man"
"**Ele sofreu tanto por minha conta**"
"he has suffered so much on my account"
"**Vá, mas cuidado para não perder o rumo**"
"Go, but be careful not to lose your way"
"**Pegue a estrada que atravessa a floresta**"
"Take the road that goes through the woods"
"**Tenho certeza de que você vai encontrá-lo lá**"
"I am sure that you will meet him there"
Pinóquio partiu para a floresta
Pinocchio set out to go through the woods
Uma vez na floresta, começou a correr como uma criança

once in the woods he began to run like a kid
Mas então ele tinha chegado a um certo ponto na floresta
But then he had reached a certain spot in the woods
ele estava quase em frente ao carvalho grande
he was almost in front of the Big Oak tree
ele pensou que ouvia pessoas entre os arbustos
he thought he heard people amongst the bushes
Na verdade, duas pessoas saíram para a estrada
In fact, two persons came out on to the road
Consegue adivinhar quem eram?
Can you guess who they were?
eram seus dois companheiros de viagem
they were his two travelling companions
à sua frente estava a Raposa e o Gato
in front of him was the Fox and the Cat
seus companheiros que o haviam levado para a pousada
his companions who had taken him to the inn

"Ora, aqui está o nosso querido Pinóquio!", gritou a Raposa
"Why, here is our dear Pinocchio!" cried the Fox
e beijou e abraçou o velho amigo
and he kissed and embraced his old friend
"Como é que você chegou aqui?", perguntou a raposa
"How came you to be here?" asked the fox
"Como é que você está aqui?", repetiu o Gato
"How come you to be here?" repeated the Cat
"É uma longa história", respondeu o fantoche
"It is a long story," answered the puppet

"Vou contar a história quando tiver tempo"
"I will tell you the story when I have time"
"mas devo dizer-vos o que me aconteceu"
"but I must tell you what happened to me"
"Sabe que na outra noite me encontrei com assassinos?"
"do you know that the other night I met with assassins?"
"Assassinos! Ah, pobre Pinóquio!", preocupou-se a Raposa
"Assassins! Oh, poor Pinocchio!" worried the Fox
"E o que eles queriam?", perguntou
"And what did they want?" he asked
"Queriam roubar-me as minhas peças de ouro"
"They wanted to rob me of my gold pieces"
"Vilões!", disse a Raposa
"Villains!" said the Fox
"Vilões infames!", repetiu o Gato
"Infamous villains!" repeated the Cat
"Mas eu fugi deles", continuou o boneco
"But I ran away from them," continued the puppet
"Eles fizeram o seu melhor para me pegar"
"they did their best to catch me"
"e depois de uma longa perseguição, eles me pegaram"
"and after a long chase they did catch me"
"Penduraram-me num galho daquele carvalho"
"they hung me from a branch of that oak tree"
E Pinóquio apontou para o carvalho grande
And Pinocchio pointed to the Big Oak tree
a Raposa ficou chocada com o que ouvira
the Fox was appalled by what he had heard
"É possível ouvir falar de algo mais terrível?"
"Is it possible to hear of anything more dreadful?"
"Em que mundo estamos condenados a viver!"
"In what a world we are condemned to live!"
"Onde podem pessoas respeitáveis como nós encontrar um refúgio seguro?"
"Where can respectable people like us find a safe refuge?"
A conversa continuou assim por algum tempo
the conversation went on this way for some time

neste tempo, Pinóquio observou algo sobre o Gato
in this time Pinocchio observed something about the Cat
a gata estava coxa da perna direita dianteira
the Cat was lame of her front right leg
na verdade, ela tinha perdido a pata e todas as suas garras
in fact, she had lost her paw and all its claws
Pinóquio queria saber o que tinha acontecido
Pinocchio wanted to know what had happened
"O que você fez com a sua pata?"
"What have you done with your paw?"
O Gato tentou responder, mas ficou confuso
The Cat tried to answer, but became confused
a Raposa entrou para explicar o que tinha acontecido
the Fox jumped in to explain what had happened
"Você deve saber que meu amigo é muito modesto"
"you must know that my friend is too modest"
"A modéstia dela é o motivo pelo qual ela não costuma falar"
"her modesty is why she doesn't usually speak"
"Então deixe-me contar a história para ela"
"so let me tell the story for her"
"Há uma hora encontrámos um velho lobo na estrada"
"an hour ago we met an old wolf on the road"
"estava quase a desmaiar por falta de comida"
"he was almost fainting from want of food"
"e pediu-nos esmola"
"and he asked alms of us"
"não tínhamos tanto como uma espinha de peixe para lhe dar"
"we had not so much as a fish-bone to give him"
"Mas o que meu amigo fez?"
"but what did my friend do?"
"bem, ela realmente tem o coração de um César"
"well, she really has the heart of a César"
"Mordeu uma das patas dianteiras"
"She bit off one of her fore paws"
"e atirou a pata à pobre besta"
"and the threw her paw to the poor beast"

"para apaziguar a fome"
"so that he might appease his hunger"
E a Raposa foi levada às lágrimas pela sua história
And the Fox was brought to tears by his story
Pinóquio também se emocionou com a história
Pinocchio was also touched by the story
aproximando-se do gato, ele sussurrou em seu ouvido
approaching the Cat, he whispered into her ear
"Se todos os gatos se parecessem consigo, quão afortunados seriam os ratos!"
"If all cats resembled you, how fortunate the mice would be!"
"E agora, o que você está fazendo aqui?", perguntou a Raposa
"And now, what are you doing here?" asked the Fox
"Estou à espera do meu pai", respondeu o boneco
"I am waiting for my papa," answered the puppet
"Espero que ele chegue a qualquer momento"
"I am expecting him to arrive at any moment now"
"E os seus pedaços de ouro?"
"And what about your pieces of gold?"
"Tenho no bolso", confirmou Pinóquio
"I have got them in my pocket," confirmed Pinocchio
embora tivesse de explicar que tinha gasto uma moeda
although he had to explain that he had spent one coin
o custo da sua refeição tinha chegado a um pedaço de ouro
the cost of their meal had come to one piece of gold
mas disse-lhes para não se preocuparem com isso
but he told them not to worry about that
mas a Raposa e o Gato se preocuparam com isso
but the Fox and the Cat did worry about it
"Por que não ouvem os nossos conselhos?"
"Why do you not listen to our advice?"
"Até amanhã poderá ter um ou dois mil!"
"by tomorrow you could have one or two thousand!"
"Por que você não os enterra no Campo dos Milagres?"
"Why don't you bury them in the Field of Miracles?"
"Hoje é impossível", objetou Pinóquio
"Today it is impossible," objected Pinocchio

"mas não se preocupe, eu vou outro dia"
"but don't worry, I will go another day"
"Outro dia será tarde demais!", disse a Raposa
"Another day it will be too late!" said the Fox
"Por que seria tarde demais?", perguntou Pinóquio
"Why would it be too late?" asked Pinocchio
"Porque o campo foi comprado por um cavalheiro"
"Because the field has been bought by a gentleman"
"Depois de amanhã ninguém vai poder enterrar dinheiro lá"
"after tomorrow no one will be allowed to bury money there"
"Quão longe está o Campo dos Milagres?"
"How far off is the Field of Miracles?"
"Fica a menos de duas milhas daqui"
"It is less than two miles from here"
"Você vai vir com a gente?", perguntou a Raposa
"Will you come with us?" asked the Fox
"Em meia hora podemos estar lá"
"In half an hour we can be there"
"Você pode enterrar seu dinheiro imediatamente"
"You can bury your money straight away"
"e em poucos minutos recolherá duas mil moedas"
"and in a few minutes you will collect two thousand coins"
"e esta noite voltareis com os bolsos cheios"
"and this evening you will return with your pockets full"
"Você vai vir com a gente?", perguntou novamente a Raposa
"Will you come with us?" the Fox asked again
Pinóquio pensou na boa Fada
Pinocchio thought of the good Fairy
e Pinóquio pensou no velho Gepeto
and Pinocchio thought of old Geppetto
e lembrou-se dos avisos do pequeno grilo falante
and he remembered the warnings of the talking little cricket
e hesitou um pouco antes de responder
and he hesitated a little before answering
agora você já sabe que tipo de menino Pinóquio é
by now you know what kind of boy Pinocchio is
Pinóquio é um daqueles meninos sem muito sentido

Pinocchio is one of those boys without much sense
Terminou dando um pequeno abanão na cabeça
he ended by giving his head a little shake
e então ele disse à Raposa e ao Gato seus planos
and then he told the Fox and the Cat his plans
"Vamos: Eu virei convosco"
"Let us go: I will come with you"
e foram para o campo dos milagres
and they went to the field of miracles
Eles caminharam por meio dia e chegaram a uma cidade
they walked for half a day and reached a town
a cidade era a armadilha para cabeças de bloco
the town was the Trap for Blockheads
Pinóquio notou algo interessante sobre esta cidade
Pinocchio noticed something interesting about this town
Em todos os lugares onde você olhava havia cães
everywhere where you looked there were dogs
todos os cães bocejavam de fome
all the dogs were yawning from hunger
e viu ovelhas tosquiadas tremerem de frio
and he saw shorn sheep trembling with cold
até os galos imploravam por milho indiano
even the cockerels were begging for Indian corn
havia grandes borboletas que já não podiam voar
there were large butterflies that could no longer fly
porque tinham vendido as suas belas asas coloridas
because they had sold their beautiful coloured wings
havia pavões que tinham vergonha de serem vistos
there were peacocks that were ashamed to be seen
porque tinham vendido as suas belas caudas coloridas
because they had sold their beautiful coloured tails
e os faisões coçavam-se de forma moderada
and pheasants went scratching about in a subdued fashion
eles estavam de luto por suas penas de ouro e prata
they were mourning for their gold and silver feathers
a maioria eram mendigos e criaturas envergonhadas
most were beggars and shamefaced creatures

mas entre eles passou alguma carruagem senhorial
but among them some lordly carriage passed
as carruagens continham uma Raposa, ou um Magpie ladrão
the carriages contained a Fox, or a thieving Magpie
ou a carruagem sentada alguma outra ave de rapina voraz
or the carriage seated some other ravenous bird of prey
"E onde está o Campo dos Milagres?", perguntou Pinóquio
"And where is the Field of Miracles?" asked Pinocchio
"Está aqui, não a dois passos de nós"
"It is here, not two steps from us"
Atravessaram a cidade e ultrapassaram um muro
They crossed the town and and went over a wall
e então eles vieram para um campo solitário
and then they came to a solitary field
— Aqui estamos — disse a Raposa ao fantoche
"Here we are," said the Fox to the puppet
"Agora incline-se e cave com as mãos um buraquinho"
"Now stoop down and dig with your hands a little hole"
"e coloque suas peças de ouro no buraco"
"and put your gold pieces into the hole"
Pinóquio obedeceu ao que a raposa lhe dissera
Pinocchio obeyed what the fox had told him
Ele cavou um buraco e colocou nele as quatro peças de ouro
He dug a hole and put into it the four gold pieces
e então encheu o buraco com um pouco de terra
and then he filled up the hole with a little earth
"Agora, então", disse a Raposa, "vá para aquele canal perto de nós"
"Now, then," said the Fox, "go to that canal close to us"
"buscar um balde de água no canal"
"fetch a bucket of water from the canal"
"regar a terra onde semeaste o ouro"
"water the ground where you have sowed the gold"
Pinóquio foi para o canal sem balde
Pinocchio went to the canal without a bucket
Como não tinha balde, tirou um dos sapatos velhos
as he had no bucket, he took off one of his old shoes

e encheu o sapato de água
and he filled his shoe with water
e então regou o chão sobre o buraco
and then he watered the ground over the hole
Ele então perguntou: "Há mais alguma coisa a ser feita?
He then asked, "Is there anything else to be done?
"você não precisa fazer mais nada", respondeu a Raposa
"you need not do anything else," answered the Fox
"Não há necessidade de ficarmos aqui"
"there is no need for us to stay here"
"Você pode voltar em cerca de vinte minutos"
"you can return in about twenty minutes"
"e então você vai encontrar um arbusto no chão"
"and then you will find a shrub in the ground"
"os ramos da árvore serão carregados de dinheiro"
"the tree's branches will be loaded with money"
O pobre fantoche estava ao seu lado com alegria
The poor puppet was beside himself with joy
agradeceu mil vezes à Raposa e ao Gato
he thanked the Fox and the Cat a thousand times
e prometeu-lhes muitos presentes bonitos
and he promised them many beautiful presents
"Não desejamos presentes", responderam os dois patifes
"We wish for no presents," answered the two rascals
"Basta que te ensinemos a enriquecer"
"It is enough for us to have taught you how to enrich yourself"
"Não há nada pior do que ver os outros a trabalhar arduamente"
"there is nothing worse than seeing others do hard work"
"e estamos tão felizes como as pessoas que saem de férias"
"and we are as happy as people out for a holiday"
Assim dizendo, despediram-se de Pinóquio
Thus saying, they took leave of Pinocchio
e desejaram-lhe uma boa colheita
and they wished him a good harvest
e depois seguiram os seus negócios
and then they went about their business

Pinóquio é roubado de seu dinheiro
Pinocchio is Robbed of his Money

O boneco voltou para a cidade
The puppet returned to the town
e começou a contar os minutos, um a um;
and he began to count the minutes one by one
e logo pensou que tinha contado tempo suficiente
and soon he thought he had counted long enough
então ele tomou a estrada que levava ao Campo dos Milagres
so he took the road leading to the Field of Miracles
E caminhou com passos apressados
And he walked along with hurried steps
e seu coração batia rápido com grande excitação
and his heart beat fast with great excitement
como um relógio de sala de desenho indo muito bem
like a drawing-room clock going very well
Enquanto isso, pensava consigo mesmo:
Meanwhile he was thinking to himself:
"E se eu não encontrar mil peças de ouro?"
"what if I don't find a thousand gold pieces?"
"e se eu encontrar duas mil peças de ouro?"
"what if I find two thousand gold pieces instead?"
"mas e se eu não encontrar duas mil peças de ouro?"
"but what if I don't find two thousand gold pieces?"
"e se eu encontrar cinco mil peças de ouro!"
"what if I find five thousand gold pieces!"
"e se eu encontrar cem mil peças de ouro??"
"what if I find a hundred thousand gold pieces??"
"Ah! que belo cavalheiro eu deveria então tornar-me!"
"Oh! what a fine gentleman I should then become!"
"Eu poderia viver em um belo palácio"
"I could live in a beautiful palace"
"e eu teria mil cavalinhos de madeira"
"and I would have a thousand little wooden horses"
"uma adega cheia de vinho de groselha e xaropes doces"
"a cellar full of currant wine and sweet syrups"

"e uma biblioteca bastante cheia de doces e tortas"
"and a library quite full of candies and tarts"
"e eu teria bolos de ameixa e macarons"
"and I would have plum-cakes and macaroons"
"e eu teria biscoitos com creme"
"and I would have biscuits with cream"
Ele caminhou ao longo da construção de castelos no céu
he walked along building castles in the sky
e ele construiu muitos desses castelos no céu
and he build many of these castles in the sky
e finalmente chegou à beira do campo
and eventually he arrived at the edge of the field
e parou para procurar uma árvore
and he stopped to look about for a tree
havia outras árvores no campo
there were other trees in the field
mas eles estavam lá quando ele partiu
but they had been there when he had left
e não viu nenhuma árvore de dinheiro em todo o campo
and he saw no money tree in all the field
Caminhou ao longo do campo mais cem passos
He walked along the field another hundred steps
mas não conseguiu encontrar a árvore que procurava
but he couldn't find the tree he was looking for
Em seguida, entrou em campo
he then entered into the field
e subiu ao buraquinho
and he went up to the little hole
o buraco onde ele tinha enterrado suas moedas
the hole where he had buried his coins
e olhou para o buraco com muito cuidado
and he looked at the hole very carefully
mas definitivamente não havia nenhuma árvore crescendo lá
but there was definitely no tree growing there
Ele então ficou muito pensativo
He then became very thoughtful
e esquece as regras da sociedade

and he forget the rules of society
e ele não se importou com boas maneiras por um momento
and he didn't care for good manners for a moment
tirou as mãos do bolso
he took his hands out of his pocket
e deu um longo arranhão na cabeça
and he gave his head a long scratch
Nesse momento, ouviu uma explosão de risos
At that moment he heard an explosion of laughter
Alguém por perto estava rindo de si mesmo bobo
someone close by was laughing himself silly
Ele olhou para uma das árvores próximas
he looked up one of the nearby trees
viu um grande papagaio empoleirado num galho
he saw a large Parrot perched on a branch
O papagaio foi escovado as poucas penas que lhe restaram;
the parrot was brushed the few feathers he had left
Pinóquio perguntou ao papagaio com voz irritada;
Pinocchio asked the parrot in an angry voice;
"Por que você está aqui rindo tão alto?"
"Why are you here laughing so loud?"
"Estou a rir-me porque ao escovar as minhas penas"
"I am laughing because in brushing my feathers"
"Estava apenas a roçar um pouco debaixo das asas"
"I was just brushing a little under my wings"
"e enquanto escovava as penas fazia cócegas em mim mesmo"
"and while brushing my feathers I tickled myself"
O boneco não respondeu ao papagaio
The puppet did not answer the parrot
mas em vez disso Pinóquio foi para o canal
but instead Pinocchio went to the canal
voltou a encher o sapato velho cheio de água
he filled his old shoe full of water again
e voltou a regar o buraco
and he proceeded to water the hole once more
Enquanto estava ocupado fazendo isso, ouviu mais risadas

While he was busy doing this he heard more laughter
O riso foi ainda mais impertinente do que antes
the laughter was even more impertinent than before
ressoou no silêncio daquele lugar solitário
it rang out in the silence of that solitary place
Pinóquio gritou ainda mais irritado do que antes
Pinocchio shouted out even angrier than before
"De uma vez por todas, posso saber do que você está rindo?"
"Once for all, may I know what you are laughing at?"
"Estou rindo dos simplórios", respondeu o papagaio
"I am laughing at simpletons," answered the parrot
"Simplórios que acreditam em coisas tolas
"simpletons who believe in foolish things
"as coisas tolas que as pessoas lhes dizem"
"the foolish things that people tell them"
"Ri-me de quem se deixa enganar"
"I laugh at those who let themselves be fooled"
"enganados pelos mais astutos do que eles"
"fooled by those more cunning than they are"
"Estás talvez a falar de mim?"
"Are you perhaps speaking of me?"
"Sim, falo de ti, pobre Pinóquio"
"Yes, I am speaking of you, poor Pinocchio"
"você acreditou em uma coisa muito tola"
"you have believed a very foolish thing"
"Acreditava que o dinheiro pode ser cultivado nos campos"
"you believed that money can be grown in fields"
"Você pensou que o dinheiro pode ser cultivado como feijão"
"you thought money can be grown like beans"
"Eu também acreditei uma vez", admitiu o papagaio
"I also believed it once," admitted the parrot
"e hoje sofro por ter acreditado"
"and today I am suffering for having believed it"
"mas aprendi a lição com esse truque"
"but I have learned my lesson from that trick"
"Voltei os meus esforços para o trabalho honesto"

"I turned my efforts to honest work"
"e juntei uns tostões"
"and I have put a few pennies together"
"É preciso saber ganhar tostões"
"it is necessary to know how to earn your pennies"
"Você tem que ganhá-los com as mãos"
"you have to earn them either with your hands"
"ou você tem que ganhá-los com seus cérebros"
"or you have to earn them with your brains"
"Eu não te entendo", disse o fantoche
"I don't understand you," said the puppet
e ele já tremia de medo
and he was already trembling with fear
"Tenha paciência!", reagiu o papagaio
"Have patience!" rejoined the parrot
"Vou explicar-me melhor, se me deixarem"
"I will explain myself better, if you let me"
"há algo que você deve saber"
"there is something that you must know"
"algo aconteceu enquanto você estava na cidade"
"something happened while you were in the town"
"a Raposa e o Gato voltaram ao campo"
"the Fox and the Cat returned to the field"
"levaram o dinheiro que você tinha enterrado"
"they took the money you had buried"
"e depois fugiram do local do crime"
"and then they fled from the scene of the crime"
"E agora quem os apanhar será inteligente"
"And now he that catches them will be clever"
Pinóquio permaneceu de boca aberta
Pinocchio remained with his mouth open
e optou por não acreditar nas palavras do Papagaio
and he chose not to believe the Parrot's words
começou com as mãos a desenterrar a terra
he began with his hands to dig up the earth
E cavou fundo no chão
And he dug deep into the ground

um pedaço de palha poderia ter ficado no buraco
a rick of straw could have stood in the hole
mas o dinheiro já não estava lá
but the money was no longer there
Ele correu de volta para a cidade em estado de desespero
He rushed back to the town in a state of desperation
e dirigiu-se imediatamente aos Tribunais de Justiça
and he went at once to the Courts of Justice
e falou diretamente com o juiz
and he spoke directly with the judge
denunciou os dois knaves que o tinham roubado
he denounced the two knaves who had robbed him
O juiz era um grande macaco da tribo dos gorilas
The judge was a big ape of the gorilla tribe
um velho macaco respeitável por causa de sua barba branca
an old ape respectable because of his white beard
e era respeitável por outras razões
and he was respectable for other reasons
porque tinha óculos de ouro no nariz
because he had gold spectacles on his nose
embora, seus óculos estavam sem vidro
although, his spectacles were without glass
mas era sempre obrigado a usá-las
but he was always obliged to wear them
devido a uma inflamação dos olhos
on account of an inflammation of the eyes

Pinóquio contou-lhe tudo sobre o crime
Pinocchio told him all about the crime
o crime de que tinha sido vítima
the crime of which he had been the victim of
Deu-lhe os nomes e os apelidos
He gave him the names and the surnames
e deu todos os detalhes dos patifes
and he gave all the details of the rascals
e terminou exigindo justiça
and he ended by demanding to have justice
O juiz ouviu com grande benignidade
The judge listened with great benignity
Ele se interessou pela história
he took a lively interest in the story
ficou muito emocionado e comovido com o que ouviu
he was much touched and moved by what he heard
Finalmente, o fantoche não tinha mais nada a dizer
finally the puppet had nothing further to say
e então o gorila tocou um sino
and then the gorilla rang a bell
Dois Mastiffs apareceram na porta
two mastiffs appeared at the door
Os cães estavam vestidos de gendarmes
the dogs were dressed as gendarmes
O juiz, então, apontou para Pinóquio
The judge then pointed to Pinocchio
"Esse pobre diabo foi roubado"
"That poor devil has been robbed"
"Os malandros tiraram-lhe quatro peças de ouro"
"rascals took four gold pieces from him"
"Leve-o para a prisão imediatamente", ordenou
"take him away to prison immediately," he ordered
O boneco ficou petrificado ao ouvir isso
The puppet was petrified on hearing this
Não foi de todo o julgamento que ele esperava
it was not at all the judgement he had expected
e tentou protestar contra o juiz

and he tried to protest the judge
mas os gendarmes pararam-lhe a boca
but the gendarmes stopped his mouth
eles não queriam perder tempo
they didn't want to lose any time
e levaram-no para a prisão
and they carried him off to the prison
E lá permaneceu por quatro longos meses
And there he remained for four long months
e ele teria permanecido lá ainda mais tempo
and he would have remained there even longer
Mas os bonecos às vezes também têm boa sorte
but puppets do sometimes have good fortune too
um jovem Rei governou a Armadilha para Cabeças de Bloco
a young King ruled over the Trap for Blockheads
ele tinha obtido uma esplêndida vitória na batalha
he had won a splendid victory in battle
por causa disso, ordenou grandes regozijos públicos
because of this he ordered great public rejoicings
Houve iluminações e fogos de artifício
There were illuminations and fireworks
e havia corridas de cavalos e velocípedes
and there were horse and velocipede races
o rei ficou tão feliz que libertou todos os prisioneiros
the King was so happy he released all prisoners
Pinóquio ficou muito feliz com esta notícia
Pinocchio was very happy at this news
"se eles são libertados, eu também estou"
"if they are freed, then so am I"
mas o carcereiro tinha outras ordens
but the jailor had other orders
"Não, você não", disse o carcereiro
"No, not you," said the jailor
"porque você não pertence à classe dos afortunados"
"because you do not belong to the fortunate class"
— Peço perdão — respondeu Pinóquio
"I beg your pardon," replied Pinocchio

"Eu também sou um criminoso", disse orgulhoso
"I am also a criminal," he proudly said
o carcereiro olhou novamente para Pinóquio
the jailor looked at Pinocchio again
"Nesse caso, tem toda a razão"
"In that case you are perfectly right"
e tirou o chapéu
and he took off his hat
e curvou-se respeitosamente a ele
and he bowed to him respectfully
e abriu as portas da prisão
and he opened the prison doors
e deixou escapar o pequeno boneco
and he let the little puppet escape

Pinóquio volta à Casa das Fadas
Pinocchio Goes back to the Fairy's House

Você pode imaginar a alegria de Pinóquio
You can imagine Pinocchio's joy
finalmente ele estava livre depois de quatro meses
finally he was free after four months
Mas não parou para comemorar
but he didn't stop in order to celebrate
em vez disso, ele imediatamente deixou a cidade
instead, he immediately left the town
tomou a estrada que levava à casa da Fada
he took the road that led to the Fairy's house
Choveu muito nos últimos dias
there had been a lot of rain in recent days
Assim, a estrada tornou-se um pântano e pantanoso
so the road had become a went boggy and marsh
e Pinóquio afundou o joelho na lama
and Pinocchio sank knee deep into the mud

Mas o boneco não era de desistir
But the puppet was not one to give up
Foi atormentado pelo desejo de ver o pai
he was tormented by the desire to see his father
e ele queria ver sua irmã mais nova novamente também
and he wanted to see his little sister again too
e correu pelo pântano como um galgo
and he ran through the marsh like a greyhound
e, enquanto corria, foi salpicado de lama
and as he ran he was splashed with mud
e estava coberto da cabeça aos pés
and he was covered from head to foot
E disse a si mesmo, enquanto avançava:
And he said to himself as he went along:
"Quantos infortúnios me aconteceram"
"How many misfortunes have happened to me"
"Mas eu merecia esses infortúnios"
"But I deserved these misfortunes"
"porque sou uma marioneta obstinada e apaixonada"
"because I am an obstinate, passionate puppet"
"Estou sempre empenhado em ter o meu próprio caminho"
"I am always bent upon having my own way"
"e não ouço quem me deseja o bem"
"and I don't listen to those who wish me well"

"**eles têm mil vezes mais sentido do que eu!**"
"they have a thousand times more sense than I!"
"**Mas a partir de agora estou determinado a mudar**"
"But from now I am determined to change"
"**Tornar-me-ei ordeiro e obediente**"
"I will become orderly and obedient"
"**porque eu vi o que aconteceu**"
"because I have seen what happened"
"**Meninos desobedientes não têm vida fácil**"
"disobedient boys do not have an easy life"
"**não servem para nada e não ganham nada**"
"they come to no good and gain nothing"
"**E será que o meu pai me esperou?**"
"And has my papa waited for me?"
"**Vou encontrá-lo na casa da Fada?**"
"Shall I find him at the Fairy's house?"
"**faz tanto tempo que não o vejo pela última vez**"
"it has been so long since I last saw him"
"**Estou louca para abraçá-lo novamente**"
"I am dying to embrace him again"
"**Mal posso esperar para cobri-lo de beijos!**"
"I can't wait to cover him with kisses!"
"**E será que a Fada me perdoará a minha má conduta?**"
"And will the Fairy forgive me my bad conduct?"
"**Pensar em toda a gentileza que recebi dela**"
"To think of all the kindness I received from her"
"**oh como ela carinhosamente cuidou de mim**"
"oh how lovingly did she care for me"
"**que agora estou vivo devo a ela!**"
"that I am now alive I owe to her!"
"**Você poderia encontrar um menino mais ingrato**"
"could you find a more ungrateful boy"
"**Há um rapaz com menos coração do que eu?**"
"is there a boy with less heart than I have?"
Enquanto dizia isto, parou subitamente
Whilst he was saying this he stopped suddenly
Ele estava morrendo de medo

he was frightened to death
e deu quatro passos para trás
and he made four steps backwards
O que Pinóquio tinha visto?
What had Pinocchio seen?
Ele tinha visto uma imensa Serpente
He had seen an immense Serpent
a cobra estava esticada do outro lado da estrada
the snake was stretched across the road
a pele da cobra era de cor verde gramínea
the snake's skin was a grass green colour
e tinha olhos vermelhos na cabeça
and it had red eyes in its head
e tinha uma cauda longa e pontiaguda
and it had a long and pointed tail
e a cauda fumava como uma chaminé
and the tail was smoking like a chimney

Seria impossível imaginar o terror do boneco
It would be impossible to imagine the puppet's terror
Ele se afastou para uma distância segura
He walked away to a safe distance
e sentou-se sobre um monte de pedras
and he sat on a heap of stones
lá esperou até que a Serpente tivesse terminado
there he waited until the Serpent had finished
em breve os negócios da Serpente devem ser feitos
soon the Serpent's business should be done
Esperou uma hora; Duas horas; Três horas
He waited an hour; two hours; three hours
mas a Serpente estava sempre lá
but the Serpent was always there
Mesmo de longe, ele podia ver seus olhos ardentes
even from a distance he could see his fiery eyes
e ele podia ver a coluna de fumaça
and he could see the column of smoke
a fumaça que subia da ponta de sua cauda
the smoke that ascended from the end of his tail
Por fim, Pinóquio tentou sentir-se corajoso
At last Pinocchio tried to feel courageous
e aproximou-se a poucos passos
and he approached to within a few steps
falou à Serpente com uma voz suave
he spoke to the Serpent in a little soft voice
"Com licença, Sir Serpent", insinuou
"Excuse me, Sir Serpent," he insinuated
"Você seria tão bom a ponto de se mexer um pouco?"
"would you be so good as to move a little?"
"apenas um passo para o lado, se pudesse"
"just a step to the side, if you could"
Ele poderia muito bem ter falado com a parede
He might as well have spoken to the wall
Começou de novo com a mesma voz suave:
He began again in the same soft voice:
"por favor, saiba, Sir Serpent, estou a caminho de casa"

"please know, Sir Serpent, I am on my way home"
"O meu pai está à minha espera"
"my father is waiting for me"
"e faz tanto tempo que não o vejo!"
"and it has been such a long time since I saw him!"
"Permitir-me-ás, pois, continuar?"
"Will you, therefore, allow me to continue?"
Esperou por um sinal em resposta a este pedido
He waited for a sign in answer to this request
mas a cobra não respondeu
but the snake made no answer
até aquele momento a serpente tinha sido esplêndida
up to that moment the serpent had been sprightly
até então estava cheio de vida
up until then it had been full of life
mas agora tornou-se imóvel e quase rígido
but now he became motionless and almost rigid
Fechou os olhos e o rabo parou de fumar
He shut his eyes and his tail ceased smoking
"Será que ele pode realmente estar morto?", perguntou Pinóquio
"Can he really be dead?" said Pinocchio
e esfregou as mãos com prazer
and he rubbed his hands with delight
Decidiu saltar por cima dele
He decided to jump over him
e então ele poderia chegar ao outro lado da estrada
and then he could reach the other side of the road
Pinóquio correu um pouco
Pinocchio took a little run up
e foi pular por cima da cobra
and he went to jump over the snake
mas, de repente, a Serpente levantou-se
but suddenly the Serpent raised himself on end
como uma mola posta em movimento
like a spring set in motion
e o boneco parou a tempo

and the puppet stopped just in time
ele impediu que os pés saltassem
he stopped his feet from jumping
e caiu no chão
and he fell to the ground
ele caiu um tanto desajeitado na lama
he fell rather awkwardly into the mud
sua cabeça ficou presa na lama
his head got stuck in the mud
e suas pernas foram para o ar
and his legs went into the air
a Serpente entrou em convulsões de riso
the Serpent went into convulsions of laughter
riu até quebrar um vaso sanguíneo
it laughed until he broke a blood-vessel
e a cobra morreu de todo o seu riso
and the snake died from all its laughter
Desta vez, a cobra realmente estava morta
this time the snake really was dead
Pinóquio, então, partiu correndo novamente
Pinocchio then set off running again
ele esperava chegar à casa da Fada antes de escurecer
he hoped to reach the Fairy's house before dark
mas logo ele teve outros problemas novamente
but soon he had other problems again
começou a sofrer terrivelmente de fome
he began to suffer so dreadfully from hunger
e já não aguentava mais a fome
and he could not bear the hunger any longer
saltou para um campo à beira do caminho;
he jumped into a field by the wayside
talvez houvesse algumas uvas que ele pudesse colher
perhaps there were some grapes he could pick
Ah, se ao menos ele nunca tivesse feito isso!
Oh, if only he had never done it!
Mal tinha chegado às uvas
He had scarcely reached the grapes

e então houve um som de "rachadura"
and then there was a "cracking" sound
suas pernas estavam presas entre algo
his legs were caught between something
Ele tinha pisado em duas barras de ferro cortantes
he had stepped into two cutting iron bars
o pobre Pinóquio ficou tonto de dor;
poor Pinocchio became giddy with pain
estrelas de todas as cores dançavam diante de seus olhos
stars of every colour danced before his eyes
O pobre fantoche tinha sido apanhado numa armadilha
The poor puppet had been caught in a trap
tinha sido colocado lá para capturar polecats
it had been put there to capture polecats

Pinóquio torna-se um cão de guarda
Pinocchio Becomes a Watch-Dog

Pinóquio começou a chorar e gritar
Pinocchio began to cry and scream
mas suas lágrimas e gemidos eram inúteis
but his tears and groans were useless
porque não havia uma casa para ser vista
because there was not a house to be seen
nem a alma viva passava pelo caminho
nor did living soul pass down the road
Finalmente, a noite tinha chegado
At last the night had come on
a armadilha cortou-lhe a perna
the trap had cut into his leg
A dor trouxe-lhe o ponto de desmaiar
the pain brought him the point of fainting
ele estava com medo de estar sozinho
he was scared from being alone
ele não gostava da escuridão
he didn't like the darkness
Nesse momento, ele viu um vagalume
Just at that moment he saw a Firefly
Chamou o vagalume e disse:
He called to the firefly and said:
"Oh, pequeno Vagalume, você terá pena de mim?"
"Oh, little Firefly, will you have pity on me?"
"Por favor, libertem-me desta tortura"
"please liberate me from this torture"
"Coitado!", disse o Vagalume
"Poor boy!" said the Firefly
o Vagalume parou e olhou para ele com compaixão
the Firefly stopped and looked at him with compassion
"as tuas pernas foram apanhadas por aqueles ferros afiados"
"your legs have been caught by those sharp irons"
"Como você se meteu nessa armadilha?

"how did you get yourself into this trap?
"Vim para o campo apanhar uvas"
"I came into the field to pick grapes"
"Mas onde plantou as suas uvas?"
"But where did you plant your grapes?"
"Não, não eram as minhas uvas"
"No, they were not my grapes"
"Quem te ensinou a levar a propriedade alheia?"
"who taught you to carry off other people's property?"
"Eu estava com tanta fome", lamentou Pinóquio
"I was so hungry," Pinocchio whimpered
"A fome não é uma boa razão"
"Hunger is not a good reason"
"não podemos apropriar-nos do que não nos pertence"
"we cannot appropriated what does not belong to us"
"Isso é verdade, isso é verdade!", disse Pinóquio, chorando
"That is true, that is true!" said Pinocchio, crying
"Nunca mais o farei", prometeu
"I will never do it again," he promised
Neste momento, a conversa foi interrompida
At this moment their conversation was interrupted
ouviu-se um ligeiro som de passos que se aproximavam
there was a slight sound of approaching footsteps
Era o dono do campo vindo na ponta dos pés
It was the owner of the field coming on tiptoe
ele queria ver se ele tinha pego um polecat
he wanted to see if he had caught a polecat
o polecat que comia suas galinhas na noite
the polecat that ate his chickens in the night
mas ele ficou surpreso com o que estava em sua armadilha
but he was surprised by what was in his trap
em vez de um polecat, um rapaz tinha sido capturado
instead of a polecat, a boy had been captured
— Ah, pequeno ladrão — disse o camponês irritado,
"Ah, little thief," said the angry peasant,
"Então és tu que carregas as minhas galinhas?"
"then it is you who carries off my chickens?"

"Não, não tenho levado as vossas galinhas"
"No, I have not been carrying off your chickens"
"Só entrei no campo para levar duas uvas!"
"I only came into the field to take two grapes!"
"Quem rouba uvas pode facilmente roubar frango"
"He who steals grapes can easily steal chicken"
"Deixe-me ensinar-lhe uma lição"
"Leave it to me to teach you a lesson"
"e você não vai esquecer esta lição com pressa"
"and you won't forget this lesson in a hurry"
Abrindo a armadilha, agarrou o boneco pelo colarinho
Opening the trap, he seized the puppet by the collar
e levou-o para a sua casa como um jovem cordeiro
and he carried him to his house like a young lamb
chegaram ao quintal em frente à casa
they reached the yard in front of the house
e atirou-o grosseiramente ao chão
and he threw him roughly on the ground
Pôs o pé no pescoço e disse-lhe:
he put his foot on his neck and said to him:
"É tarde e quero ir para a cama"
"It is late and I want to go to bed"
"Vamos acertar as contas amanhã"
"we will settle our accounts tomorrow"
"O cão que guardava à noite morreu hoje"
"the dog who kept guard at night died today"
"Você vai viver no lugar dele a partir de agora"
"you will live in his place from now"
"A partir de agora serás o meu cão de guarda"
"You shall be my watch-dog from now"
Ele pegou uma grande coleira de cachorro coberta com botões de latão
he took a great dog collar covered with brass knobs
e amarrou a coleira do cachorro no pescoço de Pinóquio
and he strapped the dog collar around Pinocchio's neck
era tão apertado que ele não conseguia puxar a cabeça para fora

it was so tight that he could not pull his head out
a coleira do cão estava presa a uma corrente pesada
the dog collar was attached to a heavy chain
e a pesada corrente foi presa à parede
and the heavy chain was fastened to the wall
"Se chover esta noite pode entrar no canil"
"If it rains tonight you can go into the kennel"
"Meu pobre cachorro tinha uma pequena cama de palha lá"
"my poor dog had a little bed of straw in there"
"Lembre-se de manter as orelhas furadas para os ladrões"
"remember to keep your ears pricked for robbers"
"e se ouvires ladrões, então ladra alto"
"and if you hear robbers, then bark loudly"
Pinóquio recebera suas ordens para a noite
Pinocchio had received his orders for the night
e o pobre homem finalmente foi para a cama
and the poor man finally went to bed

O pobre Pinóquio permaneceu caído no chão
Poor Pinocchio remained lying on the ground
sentia-se mais morto do que vivo
he felt more dead than he felt alive
o frio, a fome e o medo haviam tomado toda a sua energia
the cold, and hunger, and fear had taken all his energy
De vez em quando, ele colocava as mãos com raiva no

colarinho
From time to time he put his hands angrily to the go collar
"Serve-me bem!", disse a si mesmo
"It serves me right!" he said to himself
"Estava determinado a ser"
"I was determined to be a vagabond"
"Queria viver a vida de um bom para nada"
"I wanted to live the life of a good-for-nothing"
"Ouvia maus companheiros"
"I used to listen to bad companions"
"e é por isso que sempre me deparo com infortúnios"
"and that is why I always meet with misfortunes"
"se eu tivesse sido um bom menino"
"if only I had been a good little boy"
"então eu não estaria no meio do campo"
"then I would not be in the midst of the field"
"Não estaria aqui se tivesse ficado em casa"
"I wouldn't be here if I had stayed at home"
"Eu não seria um cão de guarda se tivesse ficado com meu pai"
"I wouldn't be a watch-dog if I had stayed with my papa"
"Ah, se eu pudesse nascer de novo!"
"Oh, if only I could be born again!"
"Mas agora é tarde demais para mudar qualquer coisa"
"But now it is too late to change anything"
"A melhor coisa a fazer agora é ter paciência!"
"the best thing to do now is having patience!"
Ele ficou aliviado com esse pequeno desabafo
he was relieved by this little outburst
porque tinha vindo diretamente do seu coração
because it had come straight from his heart
e entrou no canil e adormeceu
and he went into the dog-kennel and fell asleep

Pinóquio descobre os ladrões
Pinocchio Discovers the Robbers

Ele estava dormindo muito há cerca de duas horas
He had been sleeping heavily for about two hours
em seguida, foi despertado por um estranho sussurro
then he was aroused by a strange whispering
as vozes estranhas vinham do pátio
the strange voices were coming from the courtyard
Ele colocou a ponta do nariz para fora do canil
he put the point of his nose out of the kennel
e viu quatro pequenos animais com pelo escuro
and he saw four little beasts with dark fur
eles pareciam gatos fazendo um plano
they looked like cats making a plan
Mas não eram gatos, eram polecats
But they were not cats, they were polecats
O que são os polecats são pequenos animais carnívoros
what polecats are are carnivorous little animals
Eles são especialmente gananciosos por ovos e galinhas jovens
they are especially greedy for eggs and young chickens
Um dos polecats chegou à abertura do canil
One of the polecats came to the opening of the kennel
falou em voz baixa: "Boa noite, Melampo"
he spoke in a low voice, "Good evening, Melampo"
"Meu nome não é Melampo", respondeu o fantoche
"My name is not Melampo," answered the puppet
"Ah! então quem é você?", perguntou o polecat
"Oh! then who are you?" asked the polecat
"Eu sou Pinóquio", respondeu Pinóquio
"I am Pinocchio," answered Pinocchio
"E o que você está fazendo aqui?"
"And what are you doing here?"
"Estou agindo como cão de guarda", confirmou Pinóquio
"I am acting as watch-dog," confirmed Pinocchio
"Então onde está Melampo?", perguntou-se o polecat

"Then where is Melampo?" wondered the polecat
"Onde está o velho cão que vivia neste canil?"
"Where is the old dog who lived in this kennel?"
"Ele morreu esta manhã", informou Pinóquio
"He died this morning," Pinocchio informed
"Ele está morto? Pobre besta! Ele era tão bom"
"Is he dead? Poor beast! He was so good"
"mas eu diria que você também era um bom cão"
"but I would say that you were also a good dog"
"Eu posso ver na sua cara"
"I can see it in your face"
"Peço perdão, não sou um cão"
"I beg your pardon, I am not a dog"
"Não é um cão? Então o que você é?"
"Not a dog? Then what are you?"
"Eu sou um fantoche", corrigiu Pinóquio
"I am a puppet," corrected Pinocchio
"E você está agindo como cão de guarda?"
"And you are acting as watch-dog?"
"Agora você entende a situação"
"now you understand the situation"
"Fui feito para ser cão de guarda como castigo"
"I have been made to be a watch dog as a punishment"
"Bem, então vamos dizer-lhe qual é o acordo"
"well, then we shall tell you what the deal is"
"o mesmo negócio que tivemos com o falecido Melampo"
"the same deal we had with the deceased Melampo"
"Tenho certeza de que você estará de acordo com o acordo"
"I am sure you will be agree to the deal"
"Quais são as condições deste acordo?"
"What are the conditions of this deal?"
"Uma noite por semana visitaremos o aviário"
"one night a week we will visit the poultry-yard"
"e você vai nos permitir levar oito galinhas"
"and you will allow us to carry off eight chickens"
"Destas galinhas, sete são para comer por nós"
"Of these chickens seven are to be eaten by us"

"e nós vamos dar-lhe uma galinha"
"and we will give one chicken to you"
"O seu fim de negócio é muito fácil"
"your end of the bargain is very easy"
"Tudo o que você precisa fazer é fingir que está dormindo"
"all you have to do is pretend to be asleep"
"E não tenha ideias sobre latir"
"and don't get any ideas about barking"
"Não deves acordar o camponês quando chegarmos"
"you are not to wake the peasant when we come"
"Melampo agiu dessa maneira?", perguntou Pinóquio
"Did Melampo act in this manner?" asked Pinocchio
"foi esse o acordo que tivemos com o Melampo"
"that is the deal we had with Melampo"
"E estivemos sempre nas melhores condições com ele
"and we were always on the best terms with him
"Durma tranquilamente e deixe-nos fazer o nosso negócio"
"sleep quietly and let us do our business"
"e de manhã você terá uma bela galinha"
"and in the morning you will have a beautiful chicken"
"Estará pronto para o seu pequeno-almoço amanhã"
"it will be ready plucked for your breakfast tomorrow"
"Será que nos entendemos claramente?"
"Have we understood each other clearly?"
"Com muita clareza!", respondeu Pinóquio
"Only too clearly!" answered Pinocchio
e balançou a cabeça ameaçadoramente
and he shook his head threateningly
como se dissesse: "Ouvireis isto em breve!"
as if to say: "You shall hear of this shortly!"
Os quatro polecats pensaram que tinham um acordo
the four polecats thought that they had a deal
então eles continuaram para o pátio de aves
so they continued to the poultry-yard
Primeiro abriram o portão com os dentes
first they opened the gate with their teeth
e depois escorregaram um a um

and then they slipped in one by one
eles não estavam no golpe de galinha há muito tempo
they hadn't been in the chicken-coup for long
mas depois ouviram o portão fechado atrás deles
but then they heard the gate shut behind them
Foi Pinóquio quem fechou o portão
It was Pinocchio who had shut the gate
e Pinóquio tomou algumas medidas extras de segurança
and Pinocchio took some extra security measures
Ele colocou uma grande pedra contra o portão
he put a large stone against the gate
Desta forma, os Polecats não conseguiram sair novamente
this way the polecats couldn't get out again
e então Pinóquio começou a latir como um cachorro
and then Pinocchio began to bark like a dog
e ele latia exatamente como um cão de guarda ladra
and he barked exactly like a watch-dog barks
o camponês ouviu Pinóquio latir
the peasant heard Pinocchio barking
Acordou rapidamente e saltou da cama
he quickly awoke and jumped out of bed
Com a arma, foi até a janela
with his gun he came to the window
e da janela chamou Pinóquio
and from the window he called to Pinocchio
"Qual é o problema?", perguntou ao fantoche
"What is the matter?" he asked the puppet
"Há ladrões!", respondeu Pinóquio
"There are robbers!" answered Pinocchio
"Onde estão?", quis saber
"Where are they?" he wanted to know
"Eles estão no aviário", confirmou Pinóquio
"they are in the poultry-yard," confirmed Pinocchio
— Vou descer diretamente — disse o camponês
"I will come down directly," said the peasant
e desceu com muita pressa
and he came down in a great hurry

teria levado menos tempo para dizer "Amém"
it would have taken less time to say "Amen"
Ele correu para o pátio de aves
He rushed into the poultry-yard
e rapidamente apanhou todos os polecats
and quickly he caught all the polecats
e então ele colocou os polecats em um saco
and then he put the polecats into a sack
disse-lhes em tom de grande satisfação:
he said to them in a tone of great satisfaction:
"Finalmente caíste nas minhas mãos!"
"At last you have fallen into my hands!"
"Eu poderia puni-lo, se eu quisesse"
"I could punish you, if I wanted to"
"mas eu não sou tão cruel", consolou-os
"but I am not so cruel," he comforted them
"Contentar-me-ei de outras formas"
"I will content myself in other ways"
"Vou levá-lo de manhã para o estalajadeiro"
"I will carry you in the morning to the innkeeper"
"Ele vai esfolar e cozinhar você como lebres"
"he will skin and cook you like hares"
"e você será servido com um molho doce"
"and you will be served with a sweet sauce"
"É uma honra que não merecem"
"It is an honour that you don't deserve"
"você tem sorte que eu sou tão generoso com você"
"you're lucky I am so generous with you"
Aproximou-se então de Pinóquio e acariciou-o
He then approached Pinocchio and stroked him
"Como conseguiu descobrir os quatro ladrões?"
"How did you manage to discover the four thieves?"
"meu fiel Melampo nunca descobriu nada!"
"my faithful Melampo never found out anything!"
O boneco poderia então ter-lhe contado toda a história
The puppet could then have told him the whole story
ele poderia ter lhe contado sobre o acordo traiçoeiro

he could have told him about the treacherous deal
mas lembrou-se que o cão estava morto
but he remembered that the dog was dead
e o fantoche pensou consigo mesmo:
and the puppet thought to himself:
"De que serve acusar os mortos?"
"of what use it it accusing the dead?"
"Os mortos já não estão connosco"
"The dead are no longer with us"
"É melhor deixar os mortos em paz!"
"it is best to leave the dead in peace!"
O camponês passou a fazer mais perguntas
the peasant went on to ask more questions
"Você estava dormindo quando os ladrões chegaram?"
"were you sleeping when the thieves came?"
— Eu estava dormindo — respondeu Pinóquio
"I was asleep," answered Pinocchio
"mas os polecats me acordaram com suas tagarelices"
"but the polecats woke me with their chatter"
"Um dos polecats veio ao canil"
"one of the polecats came to the kennel"
ele tentou fazer um acordo terrível comigo
he tried to make a terrible deal with me
"Prometa não latir e nós lhe daremos frango fino"
"promise not to bark and we'll give you fine chicken"
"Fiquei ofendido com uma oferta tão dissimulada"
"I was offended by such an underhanded offer"
"Posso admitir que sou um fantoche"
"I can admit that I am a naughty puppet"
"mas há uma coisa de que nunca serei culpado"
"but there is one thing I will never be guilty of"
"Não vou fazer acordos com pessoas desonestas!"
"I will not make terms with dishonest people!"
"e não partilharei os seus ganhos desonestos"
"and I will not share their dishonest gains"
"Bem dito, meu menino!", gritou o camponês
"Well said, my boy!" cried the peasant

e deu um tapinha no ombro de Pinóquio
and he patted Pinocchio on the shoulder
"Tais sentimentos te honram muito, meu menino"
"Such sentiments do you great honour, my boy"
"Deixe-me mostrar-lhe uma prova da minha gratidão a você"
"let me show you proof of my gratitude to you"
"Vou imediatamente pôr-vos em liberdade"
"I will at once set you at liberty"
"e você pode voltar para casa como quiser"
"and you may return home as you please"
E tirou a coleira de cachorro de Pinóquio
And he removed the dog-collar from Pinocchio

Pinóquio voa para a costa
Pinocchio Flies to the Seashore

uma coleira de cachorro estava pendurada no pescoço de Pinóquio
a dog-collar had hung around Pinocchio's neck
mas agora Pinóquio voltou a ter a sua liberdade
but now Pinocchio had his freedom again
e não usava mais a humilhante coleira de cachorro
and he wore the humiliating dog-collar no more
Fugiu pelos campos
he ran off across the fields
e continuou a correr até chegar à estrada
and he kept running until he reached the road
a estrada que levava à casa da Fada
the road that led to the Fairy's house
na floresta ele podia ver o carvalho grande
in the woods he could see the Big Oak tree
o grande carvalho ao qual fora pendurado
the Big Oak tree to which he had been hung
Pinóquio olhou em volta em todas as direções
Pinocchio looked around in every direction
mas não conseguia ver a casa da irmã

but he couldn't see his sister's house
a casa da bela criança com cabelo azul
the house of the beautiful Child with blue hair
Pinóquio foi tomado por um triste pressentimento
Pinocchio was seized with a sad presentiment
Começou a correr com todas as forças que lhe restavam
he began to run with all the strength he had left
Em poucos minutos chegou ao campo
in a few minutes he reached the field
ele era onde a casinha já havia ficado
he was where the little house had once stood
Mas a pequena casa branca já não estava lá
But the little white house was no longer there
Em vez da casa, viu uma pedra de mármore
Instead of the house he saw a marble stone
Na pedra estavam gravadas estas tristes palavras:
on the stone were engraved these sad words:
"Aqui jaz a criança com os cabelos azuis"
"Here lies the child with the blue hair"
"foi abandonada pelo irmão mais novo Pinóquio"
"she was abandoned by her little brother Pinocchio"
"e da tristeza sucumbiu à morte"
"and from the sorrow she succumbed to death"
com dificuldade lera este epitáfio
with difficulty he had read this epitaph
Deixo-vos a imaginar os sentimentos da marioneta
I leave you to imagine the puppet's feelings
Ele caiu com o rosto no chão
He fell with his face on the ground
cobriu a lápide com mil beijos
he covered the tombstone with a thousand kisses
e irrompeu numa agonia de lágrimas
and he burst into an agony of tears
Ele chorou por toda aquela noite
He cried for all of that night
e quando a manhã chegou, ele ainda estava chorando
and when morning came he was still crying

chorou, embora não tivesse mais lágrimas
he cried although he had no tears left
Suas lamentações eram de partir o coração
his lamentations were heart-breaking
e seus soluços ecoavam nas colinas ao redor
and his sobs echoed in the surrounding hills
E enquanto chorava, disse:
And while he was weeping he said:
"Oh, pequena Fada, por que você morreu?"
"Oh, little Fairy, why did you die?"
"Por que eu não morri em vez de você?"
"Why did I not die instead of you?"
"Eu que sou tão mau, enquanto tu foste tão bom"
"I who am so wicked, whilst you were so good"
"E o meu pai? Onde ele pode estar?"
"And my papa? Where can he be?"
"Oh, pequena Fada, diga-me onde posso encontrá-lo"
"Oh, little Fairy, tell me where I can find him"
"porque quero ficar sempre com ele"
"for I want to remain with him always"
"e nunca mais quero deixá-lo!"
"and I never want to leave him ever again!"
"Diga-me que não é verdade que você está morto!"
"tell me that it is not true that you are dead!"
"Se você realmente ama seu irmãozinho, volte à vida"
"If you really love your little brother, come to life again"
"Não te entristece ver-me sozinho no mundo?"
"Does it not grieve you to see me alone in the world?"
"Não te entristece ver-me abandonado por toda a gente?"
"does it not sadden you to see me abandoned by everybody?"
"Se os assassinos vierem, eles me enforcarão da árvore novamente"
"If assassins come they will hang me from the tree again"
"e desta vez eu morreria mesmo"
"and this time I would die indeed"
"O que posso fazer aqui sozinho no mundo?"
"What can I do here alone in the world?"

"Perdi você e meu pai"
"I have lost you and my papa"
"Quem vai me amar e me dar comida agora?"
"who will love me and give me food now?"
"Onde irei dormir à noite?"
"Where shall I go to sleep at night?"
"Quem vai me fazer uma jaqueta nova?"
"Who will make me a new jacket?"
"Ah, seria melhor eu morrer também!"
"Oh, it would be better for me to die also!"
"não viver seria cem vezes melhor"
"not to live would be a hundred times better"
"Sim, quero morrer", concluiu
"Yes, I want to die," he concluded
E no seu desespero tentou rasgar os cabelos
And in his despair he tried to tear his hair
mas o seu cabelo era feito de madeira
but his hair was made of wood
por isso não podia ter a satisfação
so he could not have the satisfaction
Nesse momento, um grande pombo voou sobre sua cabeça
Just then a large Pigeon flew over his head
o pombo parou com asas distendidas
the pigeon stopped with distended wings
e o pombo desceu de uma grande altura
and the pigeon called down from a great height
"Diga-me, criança, o que você está fazendo lá?"
"Tell me, child, what are you doing there?"
"Não vês? Estou chorando!", disse Pinóquio
"Don't you see? I am crying!" said Pinocchio
e levantou a cabeça em direção à voz
and he raised his head towards the voice
e esfregou os olhos com o casaco
and he rubbed his eyes with his jacket
— Diga-me — continuou o pombo
"Tell me," continued the Pigeon
"Você conhece um boneco chamado Pinóquio?"

"do you happen to know a puppet called Pinocchio?"
"Pinóquio? Você disse Pinóquio?", repetiu o fantoche
"Pinocchio? Did you say Pinocchio?" repeated the puppet
e rapidamente saltou para os pés
and he quickly jumped to his feet
"Eu sou Pinóquio!", exclamou com esperança
"I am Pinocchio!" he exclaimed with hope
Nesta resposta, o pombo desceu rapidamente
At this answer the Pigeon descended rapidly
Ele era maior que um peru
He was larger than a turkey
"Você também conhece Gepeto?", perguntou
"Do you also know Geppetto?" he asked
"Eu o conheço! Ele é o meu pobre pai!"
"Do I know him! He is my poor papa!"
"Será que ele já te falou de mim?"
"Has he perhaps spoken to you of me?"
"Você vai me levar até ele?"
"Will you take me to him?"
"Ele ainda está vivo?"
"Is he still alive?"
"Responda-me, por piedade"
"Answer me, for pity's sake"
"Ele ainda está vivo??"
"is he still alive??"
"Deixei-o há três dias à beira-mar"
"I left him three days ago on the seashore"
"O que ele estava fazendo?" Pinóquio tinha que saber
"What was he doing?" Pinocchio had to know
"Ele estava a construir um barquinho para si"
"He was building a little boat for himself"
"Ia atravessar o oceano"
"he was going to cross the ocean"
"Esse pobre homem andou por todo o mundo"
"that poor man has been going all round the world"
"Ele andou à sua procura"
"he has been looking for you"

"mas ele não teve sucesso em encontrá-lo"
"but he had no success in finding you"
"Então agora ele vai para os países distantes"
"so now he will go to the distant countries"
"Ele vos procurará no Novo Mundo"
"he will search for you in the New World"
"Qual a distância daqui até a costa?"
"How far is it from here to the shore?"
"Mais de seiscentas milhas"
"More than six hundred miles"
"Seiscentas milhas?", ecoou Pinóquio
"Six hundred miles?" echoed Pinocchio
"Oh, pombo lindo", suplicou Pinóquio
"Oh, beautiful Pigeon," pleaded Pinocchio
"Que coisa boa seria ter suas asas!"
"what a fine thing it would be to have your wings!"
"Se você quiser ir, eu vou levá-lo até lá"
"If you wish to go, I will carry you there"
"Como você poderia me levar até lá?"
"How could you carry me there?"
"Posso carregar-te nas costas"
"I can carry you on my back"
"Você pesa muito?"
"Do you weigh much?"
"Não peso quase nada"
"I weigh next to nothing"
"Sou leve como uma pena"
"I am as light as a feather"
Pinóquio não hesitou por mais um momento
Pinocchio didn't hesitate for another moment
e saltou imediatamente nas costas do pombo
and he jumped at once on the Pigeon's back
Ele colocou uma perna de cada lado do pombo
he put a leg on each side of the pigeon
assim como os homens fazem quando estão andando a cavalo
just like men do when they're riding horseback

e Pinóquio exclamou alegremente:
and Pinocchio exclaimed joyfully:
"Galope, galope, meu cavalinho"
"Gallop, gallop, my little horse"
"porque estou ansioso para chegar depressa!"
"because I am anxious to arrive quickly!"
O Pombo levantou voo para o ar
The Pigeon took flight into the air
e em poucos minutos quase tocaram as nuvens
and in a few minutes they almost touched the clouds

Agora o boneco estava a uma altura imensa
now the puppet was at an immense height
e tornou-se cada vez mais curioso
and he became more and more curious
Então ele olhou para o chão
so he looked down to the ground
mas sua cabeça girou em volta em tontura
but his head spun round in dizziness
ele ficou sempre tão assustado com a altura
he became ever so frightened of the height
e teve de se salvar do perigo de cair
and he had to save himself from the danger of falling
e assim agarrou-se firmemente ao seu corcel emplumado
and so held tightly to his feathered steed

Eles voaram pelos céus durante todo aquele dia
They flew through the skies all of that day
À noite, o pombo disse:
Towards evening the Pigeon said:
"Estou com muita sede de tanto voar!"
"I am very thirsty from all this flying!"
"E estou com muita fome!", concordou Pinóquio
"And I am very hungry!" agreed Pinocchio
"Vamos parar naquele pombal por alguns minutos"
"Let us stop at that dovecote for a few minutes"
"e depois continuaremos a nossa viagem"
"and then we will continue our journey"
"então podemos chegar à costa ao amanhecer de amanhã"
"then we may reach the seashore by dawn tomorrow"
Eles entraram em um pombal deserto
They went into a deserted dovecote
Aqui eles não encontraram nada além de uma bacia cheia de água
here they found nothing but a basin full of water
e encontraram um cesto cheio de ervilhaca
and they found a basket full of vetch
O boneco nunca na vida tinha podido comer ervilhaca
The puppet had never in his life been able to eat vetch
segundo ele, isso o deixava doente
according to him it made him sick
Naquela noite, no entanto, ele comeu até a reposição
That evening, however, he ate to repletion
e quase esvaziou o cesto dela
and he nearly emptied the basket of it
e depois virou-se para o Pombo e disse-lhe:
and then he turned to the Pigeon and said to him:
"Nunca poderia ter acreditado que a ervilhaca era tão boa!"
"I never could have believed that vetch was so good!"
— Fique tranquilo, meu menino — respondeu o pombo
"Be assured, my boy," replied the Pigeon
"Quando a fome é real, até a ervilhaca se torna deliciosa"
"when hunger is real even vetch becomes delicious"

"A fome não conhece capricho nem ganância"
"Hunger knows neither caprice nor greediness"
Os dois rapidamente terminaram a pequena refeição
the two quickly finished their little meal
e recomeçaram a viagem e voaram para longe
and they recommenced their journey and flew away
Na manhã seguinte, chegaram à praia
The following morning they reached the seashore
O Pombo colocou Pinóquio no chão
The Pigeon placed Pinocchio on the ground
o pombo não queria ser incomodado com agradecimentos
the pigeon did not wish to be troubled with thanks
foi realmente uma boa ação que ele tinha feito
it was indeed a good action he had done
mas fizera-o pela bondade do seu coração;
but he had done it out the goodness of his heart
e Pinóquio não tinha tempo a perder
and Pinocchio had no time to lose
então ele voou rapidamente para longe e desapareceu
so he flew quickly away and disappeared
A costa estava cheia de pessoas
The shore was crowded with people
as pessoas olhavam para o mar
the people were looking out to sea
eles gritando e gesticulando para alguma coisa
they shouting and gesticulating at something
"O que aconteceu?", perguntou Pinóquio a uma idosa
"What has happened?" asked Pinocchio of an old woman
"Há um pai pobre que perdeu o filho"
"there is a poor father who has lost his son"
"Saiu para o mar num barquinho"
"he has gone out to sea in a little boat"
"vai procurá-lo do outro lado da água"
"he will search for him on the other side of the water"
"e hoje o mar é mais tempestuoso"
"and today the sea is most tempestuous"
"e o barquinho corre o risco de afundar"

"and the little boat is in danger of sinking"
"Onde está o barquinho?", perguntou Pinóquio
"Where is the little boat?" asked Pinocchio
"Está lá fora, numa fila com o meu dedo"
"It is out there in a line with my finger"
e apontou para um barquinho
and she pointed to a little boat
e o pequeno barco parecia uma pequena casca de noz
and the little boat looked like a little nutshell
um pouco de casca de noz com um homem muito pequeno
a little nutshell with a very little man in it
Pinóquio fixou os olhos na pequena casca de noz
Pinocchio fixed his eyes on the little nutshell
Depois de olhar atentamente, deu um grito penetrante:
after looking attentively he gave a piercing scream:
"É o meu pai! É o meu pai!"
"It is my papa! It is my papa!"
O barco, entretanto, estava a ser batido pela fúria das ondas
The boat, meanwhile, was being beaten by the fury of the waves
num momento desapareceu na calha do mar
at one moment it disappeared in the trough of the sea
e no momento seguinte o barco veio à superfície novamente
and in the next moment the boat came to the surface again
Pinóquio estava no topo de uma rocha alta
Pinocchio stood on the top of a high rock
e continuava a chamar o pai
and he kept calling to his father
e fez-lhe todo o tipo de sinal
and he made every kind of signal to him
Acenou com as mãos, o lenço e o boné
he waved his hands, his handkerchief, and his cap
Pinóquio estava muito longe dele
Pinocchio was very far away from him
mas Gepeto parecia reconhecer seu filho
but Geppetto appeared to recognize his son
e também tirou o boné e acenou

and he also took off his cap and waved it
tentou, por gestos, fazê-lo compreender
he tried by gestures to make him understand
"Eu teria voltado se fosse possível"
"I would have returned if it were possible"
"mas o mar é mais tempestuoso"
"but the sea is most tempestuous"
"e os meus remos não me levarão mais às costas"
"and my oars won't take me to the shores again"
De repente, uma onda tremenda saiu do mar
Suddenly a tremendous wave rose out of the sea
e então a pequena casca de noz desapareceu
and then the the little nutshell disappeared
Eles esperaram, esperando que o barco voltasse à superfície
They waited, hoping the boat would come again to the surface
mas o pequeno barco não foi mais visto
but the little boat was seen no more
o pescador tinha-se reunido na costa
the fisherman had assembled at the shore
"Pobre homem!", disseram sobre ele, e murmuraram uma oração
"Poor man!" they said of him, and murmured a prayer
e depois viraram-se para ir para casa
and then they turned to go home
Nesse momento, ouviram um grito desesperado
Just then they heard a desperate cry
Olhando para trás, viram um menino
looking back, they saw a little boy
"Vou salvar meu pai", exclamou o rapaz
"I will save my papa," the boy exclaimed
e saltou de uma rocha para o mar
and he jumped from a rock into the sea
como você sabe, Pinóquio era feito de madeira
as you know Pinocchio was made of wood
então ele flutuou facilmente na água
so he floated easily on the water
e ele nadou tão bem quanto um peixe

and he swam as well as a fish
A certa altura, viram-no desaparecer debaixo de água
At one moment they saw him disappear under the water
foi levado pela fúria das ondas
he was carried down by the fury of the waves
e no momento seguinte reapareceu à superfície da água
and in the next moment he reappeared to the surface of the water
ele lutava para nadar com uma perna ou um braço
he struggled on swimming with a leg or an arm
mas, finalmente, perderam-no de vista
but at last they lost sight of him
e não foi mais visto
and he was seen no more
e fizeram outra oração pelo boneco
and they offered another prayer for the puppet

Pinóquio reencontra a fada
Pinocchio Finds the Fairy Again

Pinóquio queria estar a tempo de ajudar o pai
Pinocchio wanted to be in time to help his father
então ele nadou a noite toda
so he swam all through the night
E que noite horrível foi!
And what a horrible night it was!
A chuva caiu em torrentes
The rain came down in torrents
saudou e o trovão foi assustador
it hailed and the thunder was frightful
os relâmpagos tornavam-no tão leve como o dia
the flashes of lightning made it as light as day

Pela manhã, viu uma longa faixa de terra
Towards morning he saw a long strip of land
Era uma ilha no meio do mar
It was an island in the midst of the sea
Ele tentou ao máximo chegar à costa
He tried his utmost to reach the shore
mas os seus esforços foram todos em vão
but his efforts were all in vain
As ondas correram e tombaram umas sobre as outras
The waves raced and tumbled over each other
e a torrente derrubou Pinóquio
and the torrent knocked Pinocchio about
era como se ele tivesse sido um fio de palha
it was as if he had been a wisp of straw
Por fim, felizmente para ele, um billow rolou
At last, fortunately for him, a billow rolled up
levantou-se com tanta fúria que foi levantado
it rose with such fury that he was lifted up
e, finalmente, foi atirado para as areias
and finally he was thrown on to the sands
o pequeno boneco caiu no chão
the little puppet crashed onto the ground
e todas as suas articulações racharam com o impacto
and all his joints cracked from the impact
mas consolou-se, dizendo:

but he comforted himself, saying:
"Desta vez também fiz uma fuga maravilhosa!"
"This time also I have made a wonderful escape!"
Pouco a pouco o céu clareou
Little by little the sky cleared
o sol brilhava em todo o seu esplendor
the sun shone out in all his splendour
e o mar tornou-se calmo e suave como o petróleo
and the sea became as quiet and smooth as oil
O boneco pôs a roupa ao sol para secar
The puppet put his clothes in the sun to dry
e começou a olhar em todas as direções
and he began to look in every direction
Em algum lugar na água deve haver um pequeno barco
somewhere on the water there must be a little boat
e no barco esperava ver um homenzinho
and in the boat he hoped to see a little man
olhou para o mar até onde podia ver
he looked out to sea as far as he could see
mas tudo o que via era o céu e o mar
but all he saw was the sky and the sea
"Se eu soubesse como se chamava esta ilha!"
"If I only knew what this island was called!"
"Se eu soubesse se era habitado"
"If I only knew whether it was inhabited"
"talvez pessoas civilizadas vivam aqui"
"perhaps civilized people do live here"
"pessoas que não penduram meninos em árvores"
"people who do not hang boys from trees"
"mas a quem posso perguntar se não há ninguém?"
"but whom can I ask if there is nobody?"
Pinóquio não gostou da ideia de estar sozinho
Pinocchio didn't like the idea of being all alone
e agora estava sozinho num grande país desabitado
and now he was alone on a great uninhabited country
a ideia deixou-o melancólico
the idea of it made him melancholy

ele estava prestes a chorar
he was just about to to cry
Mas naquele momento ele viu um peixe grande nadando por ali
But at that moment he saw a big fish swimming by
O peixe grande estava a uma curta distância da costa
the big fish was only a short distance from the shore
o peixe estava indo tranquilamente em seu próprio negócio
the fish was going quietly on its own business
e tinha a cabeça fora d'água
and it had its head out of the water
Sem saber o nome, o boneco chamou o peixe
Not knowing its name, the puppet called to the fish
Gritou em voz alta para se fazer ouvir:
he called out in a loud voice to make himself heard:
"Eh, Sir Fish, você vai me permitir uma palavra com você?"
"Eh, Sir Fish, will you permit me a word with you?"
"Duas palavras, se quiseres", respondeu o peixe
"Two words, if you like," answered the fish
o peixe não era, de facto, um peixe
the fish was in fact not a fish at all
o que o peixe era era um golfinho
what the fish was was a Dolphin
e você não poderia ter encontrado um golfinho polidor
and you couldn't have found a politer dolphin
"Você seria gentil o suficiente para dizer:"
"Would you be kind enough to tell:"
"Há aldeias nesta ilha?"
"is there are villages in this island?"
"E pode haver algo para comer nestas aldeias?"
"and might there be something to eat in these villages?"
"E há algum perigo nestas aldeias?"
"and is there any danger in these villages?"
"Será que alguém pode ser comido nestas aldeias?"
"might one get eaten in these villages?"
"Certamente há aldeias", respondeu o golfinho
"there certainly are villages," replied the Dolphin

"Na verdade, você vai encontrar uma aldeia muito perto"
"Indeed, you will find one village quite close by"
"E que caminho devo tomar para ir até lá?"
"And what road must I take to go there?"
"É preciso seguir esse caminho à sua esquerda"
"You must take that path to your left"
"e então você deve seguir seu nariz"
"and then you must follow your nose"
"Você vai me dizer outra coisa?"
"Will you tell me another thing?"
"Você nada sobre o mar durante todo o dia e noite"
"You swim about the sea all day and night"
"Você por acaso conheceu um barquinho"
"have you by chance met a little boat"
"Um barquinho com meu papa?"
"a little boat with my papa in it?"
"E quem é o seu pai?"
"And who is your papa?"
"Ele é o melhor papa do mundo"
"He is the best papa in the world"
"mas seria difícil encontrar um filho pior do que eu"
"but it would be difficult to find a worse son than I am"
O peixe arrependeu-se de lhe dizer o que temia
The fish regretted to tell him what he feared
"Você viu a terrível tempestade que tivemos ontem à noite"
"you saw the terrible storm we had last night"
"o barquinho deve ter ido para o fundo"
"the little boat must have gone to the bottom"
"E meu pai?", perguntou Pinóquio
"And my papa?" asked Pinocchio
"Ele deve ter sido engolido pelo terrível peixe-cão"
"He must have been swallowed by the terrible Dog-Fish"
"ultimamente tem nadado nas nossas águas"
"of late he has been swimming on our waters"
"e tem espalhado devastação e ruína"
"and he has been spreading devastation and ruin"
Pinóquio já começava a tremer de medo

Pinocchio was already beginning to quake with fear
"Este peixe-cão é muito grande?", perguntou Pinóquio
"Is this Dog-Fish very big?" asked Pinocchio
"Oh, muito grande!", respondeu o Golfinho
"oh, very big!" replied the Dolphin
"Deixe-me falar-lhe deste peixe"
"let me tell you about this fish"
"então você pode formar alguma ideia do tamanho dele"
"then you can form some idea of his size"
"Ele é maior do que uma casa de cinco andares"
"he is bigger than a five-storied house"
"e a boca dele é mais enorme do que você já viu"
"and his mouth is more enormous than you've ever seen"
"Um comboio podia passar-lhe goela abaixo"
"a railway train could pass down his throat"
"Misericórdia de nós!", exclamou o fantoche apavorado
"Mercy upon us!" exclaimed the terrified puppet
e vestiu a roupa com a maior pressa
and he put on his clothes with the greatest haste
"Adeus, Sir Fish, e obrigado"
"Good-bye, Sir Fish, and thank you"
"desculpem o problema que vos dei"
"excuse the trouble I have given you"
"e muito obrigado pela sua educação"
"and many thanks for your politeness"
Tomou então o caminho que lhe tinha sido apontado
He then took the path that had been pointed out to him
e começou a andar o mais rápido que podia
and he began to walk as fast as he could
andava tão depressa, de facto, que quase corria
he walked so fast, indeed, that he was almost running
E ao menor barulho virou-se para olhar para trás
And at the slightest noise he turned to look behind him
ele temia ver o terrível peixe-cão
he feared that he might see the terrible Dog-Fish
e imaginou um comboio ferroviário na sua boca
and he imagined a railway train in its mouth

Uma caminhada de meia hora levou-o a uma pequena aldeia
a half-hour walk took him to a little village
a aldeia era A Vila das Abelhas Industriosas
the village was The Village of the Industrious Bees
A estrada estava cheia de pessoas
The road was alive with people
e corriam aqui e ali
and they were running here and there
e todos eles tinham que cuidar de seus negócios
and they all had to attend to their business
todos estavam a trabalhar, todos tinham algo para fazer
all were at work, all had something to do
Você não poderia ter encontrado um ocioso ou um
You could not have found an idler or a vagabond
mesmo que você o procurasse com uma lâmpada acesa
even if you searched for him with a lighted lamp
"Ah!", disse imediatamente aquele preguiçoso Pinóquio
"Ah!" said that lazy Pinocchio at once
"Vejo que esta aldeia nunca me servirá!"
"I see that this village will never suit me!"
"Não nasci para trabalhar!"
"I wasn't born to work!"
Entretanto, foi atormentado pela fome
In the meanwhile he was tormented by hunger
não tinha comido nada durante vinte e quatro horas
he had eaten nothing for twenty-four hours
Nem sequer tinha comido ervilhaca
he had not even eaten vetch
O que o pobre Pinóquio deveria fazer?
What was poor Pinocchio to do?
Havia apenas duas maneiras de obter alimentos
There were only two ways to obtain food
ele poderia obter comida pedindo um pouco de trabalho
he could either get food by asking for a little work
ou ele poderia obter comida por meio da mendicidade
or he could get food by way of begging
alguém pode ser gentil o suficiente para atirar-lhe um níquel

someone might be kind enough to throw him a nickel
ou podem dar-lhe um bocado de pão
or they might give him a mouthful of bread
geralmente Pinóquio tinha vergonha de mendigar
generally Pinocchio was ashamed to beg
seu pai sempre o pregou ser laborioso
his father had always preached him to be industrious
ensinou-lhe que ninguém tinha o direito de mendigar
he taught him no one had a right to beg
exceto os idosos e os doentes
except the aged and the infirm
Os realmente pobres deste mundo merecem compaixão
The really poor in this world deserve compassion
os realmente pobres deste mundo precisam de assistência
the really poor in this world require assistance
apenas os idosos ou doentes
only those who are aged or sick
aqueles que já não conseguem ganhar o seu próprio pão
those who are no longer able to earn their own bread
É dever de todos os outros trabalharem
It is the duty of everyone else to work
e se não trabalharem, tanto pior para eles
and if they don't labour, so much the worse for them
que sofram com a fome
let them suffer from their hunger
Nesse momento, um homem desceu a estrada
At that moment a man came down the road
Ele estava cansado e ofegante para respirar
he was tired and panting for breath
Ele arrastava duas carroças cheias de carvão
He was dragging two carts full of charcoal
Pinóquio julgou pela cara que era um homem bondoso
Pinocchio judged by his face that he was a kind man
então Pinóquio se aproximou do carvoeiro
so Pinocchio approached the charcoal man
Ele derrubou os olhos com vergonha
he cast down his eyes with shame

e disse-lhe em voz baixa:
and he said to him in a low voice:

"Você teria a caridade para me dar um níquel?"
"Would you have the charity to give me a nickel?"

"porque, como podem ver, estou a morrer de fome"
"because, as you can see, I am dying of hunger"

— Não terás apenas um níquel — disse o homem
"You shall have not only a nickel," said the man

"Eu vou te dar um centavo"
"I will give you a dime"

"mas pelo centavo você deve fazer algum trabalho"
"but for the dime you must do some work"

"ajudem-me a arrastar para casa estes dois carrinhos de carvão"
"help me to drag home these two carts of charcoal"

"Estou surpreso com você!", respondeu o fantoche
"I am surprised at you!" answered the puppet

e havia um tom de ofensa em sua voz
and there was a tone of offense in his voice

"Deixe-me dizer-lhe algo sobre mim"
"Let me tell you something about myself"

"Não estou habituado a fazer o trabalho de burro"
"I am not accustomed to do the work of a donkey"

"Nunca desenhei um carrinho!"
"I have never drawn a cart!"

"Tanto melhor para você", respondeu o homem
"So much the better for you," answered the man

"meu menino, eu vejo como você está morrendo de fome"
"my boy, I see how you are dying of hunger"

"Coma duas fatias finas do seu orgulho"
"eat two fine slices of your pride"

"e cuidado para não ter indigestão"
"and be careful not to get indigestion"

Alguns minutos depois, um pedreiro passou
A few minutes afterwards a mason passed by

Ele carregava uma cesta de argamassa
he was carrying a basket of mortar

"**Você teria a caridade para me dar um níquel?**"
"Would you have the charity to give me a nickel?"
"**Eu, um menino pobre que está bocejando por falta de comida**"
"me, a poor boy who is yawning for want of food"
"**De bom grado**", respondeu o homem
"Willingly," answered the man
"**Vem comigo e carrega a argamassa**"
"Come with me and carry the mortar"
"**e em vez de um níquel eu lhe darei um centavo**"
"and instead of a nickel I will give you a dime"
"**Mas a argamassa é pesada**", objetou Pinóquio
"But the mortar is heavy," objected Pinocchio
"**e eu não quero me cansar**"
"and I don't want to tire myself"
"**Eu vejo que você não quer se cansar**"
"I see you you don't want to tire yourself"
"**Então, meu menino, vá se divertir bocejando**"
"then, my boy, go amuse yourself with yawning"
Em menos de meia hora passaram outras vinte pessoas
In less than half an hour twenty other people went by
e Pinóquio pediu caridade a todos eles
and Pinocchio asked charity of them all
mas todos lhe deram a mesma resposta
but they all gave him the same answer
"**Você não tem vergonha de mendigar, rapaz?**"
"Are you not ashamed to beg, young boy?"
"**Em vez de ficar parado, procure um pouco de trabalho**"
"Instead of idling about, look for a little work"
"**É preciso aprender a ganhar o pão**"
"you have to learn to earn your bread"
Finalmente, uma pequena mulher agradável passou por
finally a nice little woman walked by
Ela carregava duas latas de água
she was carrying two cans of water
Pinóquio pediu-lhe também caridade
Pinocchio asked her for charity too

"Você vai me deixar beber um pouco da sua água?"
"Will you let me drink a little of your water?"
"porque estou ardendo de sede"
"because I am burning with thirst"
A pequena mulher ficou feliz em ajudar
the little woman was happy to help
"Beba, meu menino, se quiser!"
"Drink, my boy, if you wish it!"
e ela colocou as duas latas
and she set down the two cans
Pinóquio bebia como um peixe
Pinocchio drank like a fish
e, enquanto secava a boca, murmurou:
and as he dried his mouth he mumbled:
"Saciei a minha sede"
"I have quenched my thirst"
"Se eu pudesse apenas apaziguar a minha fome!"
"If I could only appease my hunger!"
A boa mulher ouviu os apelos de Pinóquio
The good woman heard Pinocchio's pleas
e ela estava muito disposta a obrigar
and she was only too willing to oblige
"ajuda-me a levar para casa estas latas de água"
"help me to carry home these cans of water"
"e dar-te-ei um belo pedaço de pão"
"and I will give you a fine piece of bread"
Pinóquio olhou para as latas de água
Pinocchio looked at the cans of water
e ele não respondeu nem sim nem não
and he answered neither yes nor no
e a boa mulher acrescentou mais à oferta
and the good woman added more to the offer
"Assim como o pão terás couve-flor"
"As well as bread you shall have cauliflower"
Pinóquio deu outra olhada na lata
Pinocchio gave another look at the can
e ele não respondeu nem sim nem não

and he answered neither yes nor no
"E depois da couve-flor haverá mais"
"And after the cauliflower there will be more"
"Vou dar-lhe um belo bombom de xarope"
"I will give you a beautiful syrup bonbon"
A tentação desta última delicadeza foi grande
The temptation of this last dainty was great
finalmente, Pinóquio não resistiu mais;
finally Pinocchio could resist no longer
Com um ar de decisão, ele disse:
with an air of decision he said:
"Tenho de ter paciência!"
"I must have patience!"
"Levarei a água para a tua casa"
"I will carry the water to your house"
A água estava muito pesada para Pinóquio
The water was too heavy for Pinocchio
não podia carregá-la com as mãos
he could not carry it with his hands
então ele teve que carregá-lo em sua cabeça
so he had to carry it on his head
Pinóquio não gostava de fazer o trabalho
Pinocchio did not enjoy doing the work
mas logo chegaram à casa
but soon they reached the house
e a boa mulherzinha ofereceu a Pinóquio um assento
and the good little woman offered Pinocchio a seat
a mesa já estava posta
the table had already been laid
e colocou-lhe o pão
and she placed before him the bread
e então ele pegou a couve-flor e o bombom
and then he got the cauliflower and the bonbon
Pinóquio não comeu a sua comida, devorou-a
Pinocchio did not eat his food, he devoured it
Seu estômago era como um apartamento vazio
His stomach was like an empty apartment

um apartamento que tinha sido deixado desabitado durante meses
an apartment that had been left uninhabited for months
mas agora sua fome voraz estava um pouco apaziguada
but now his ravenous hunger was somewhat appeased
Ele levantou a cabeça para agradecer a sua benfeitora
he raised his head to thank his benefactress
então ele olhou melhor para ela
then he took a better look at her
ele deu um prolongado "Oh!" de espanto
he gave a prolonged "Oh!" of astonishment
e ele continuou a encará-la com os olhos bem abertos
and he continued staring at her with wide open eyes
seu garfo estava no ar
his fork was in the air
e sua boca estava cheia de couve-flor
and his mouth was full of cauliflower
era como se tivesse sido enfeitiçado
it was as if he had been bewitched
A boa mulher estava bastante divertida
the good woman was quite amused
"O que te surpreendeu tanto?"
"What has surprised you so much?"
"É..." respondeu o fantoche
"It is..." answered the puppet
"É só que você é como..."
"it's just that you are like..."
"É só você me lembrar de alguém"
"it's just that you remind me of someone"
"Sim, sim, sim, a mesma voz"
"yes, yes, yes, the same voice"
"e você tem os mesmos olhos e cabelo"
"and you have the same eyes and hair"
"Sim, sim, sim. você também tem cabelo azul"
"yes, yes, yes. you also have blue hair"
"Oh, pequena Fada! diz-me que és tu!"
"Oh, little Fairy! tell me that it is you!"

"Não me façam chorar mais!"
"Do not make me cry anymore!"
"Se ao menos você soubesse o quanto eu chorei"
"If only you knew how much I've cried"
"e eu sofri tanto"
"and I have suffered so much"
E Pinóquio atirou-se aos seus pés
And Pinocchio threw himself at her feet
e abraçou os joelhos da misteriosa mulherzinha
and he embraced the knees of the mysterious little woman
e começou a chorar amargamente
and he began to cry bitterly

Pinóquio promete à fada que voltará a ser um bom rapaz
Pinocchio Promises the Fairy he'll be a Good Boy Again

No início, a boa mulherzinha brincava de inocente
At first the good little woman played innocent
ela disse que não era a pequena Fada de cabelos azuis
she said she was not the little Fairy with blue hair
mas Pinóquio não podia ser enganado
but Pinocchio could not be tricked
ela tinha continuado a comédia por tempo suficiente

she had continued the comedy long enough
e assim acabou por se dar a conhecer
and so she ended by making herself known
"Seu malandro, Pinóquio"
"You naughty little rogue, Pinocchio"
"como você descobriu quem eu era?"
"how did you discover who I was?"
"Foi o meu grande carinho por ti que me disse"
"It was my great affection for you that told me"
"Lembras-te de quando me deixaste?"
"Do you remember when you left me?"
"Eu ainda era uma criança naquela época"
"I was still a child back then"
"e agora tornei-me mulher"
"and now I have become a woman"
"uma mulher quase velha o suficiente para ser sua mãe"
"a woman almost old enough to be your mamma"
"Estou encantado com isso"
"I am delighted at that"
"Não vou mais te chamar de irmãzinha"
"I will not call you little sister anymore"
"a partir de agora vou chamar-te mamã"
"from now I will call you mamma"
"todos os outros meninos têm uma mãe"
"all the other boys have a mamma"
"e sempre desejei ter também uma mãe"
"and I have always wished to also have a mamma"
"Mas como você conseguiu crescer tão rápido?"
"But how did you manage to grow so fast?"
"Isso é um segredo", disse a fada
"That is a secret," said the fairy
Pinóquio queria saber, "ensina-me o teu segredo"
Pinocchio wanted to know, "teach me your secret"
"porque também gostaria de crescer"
"because I would also like to grow"
"Você não vê como eu sou pequeno?"
"Don't you see how small I am?"

"Não fico sempre maior do que um novecento"
"I always remain no bigger than a ninepin"
— Mas você não pode crescer — respondeu a Fada
"But you cannot grow," replied the Fairy
"Por que não posso crescer?", perguntou Pinóquio
"Why can't I grow?" asked Pinocchio
"Porque as marionetas nunca crescem"
"Because puppets never grow"
"Quando nascem, são marionetas"
"when they are born they are puppets"
"e vivem as suas vidas como marionetas"
"and they live their lives as puppets"
"e quando morrem morrem como marionetas"
"and when they die they die as puppets"
Pinóquio jogou um tapa
Pinocchio game himself a slap
"Oh, estou farto de ser uma marioneta!"
"Oh, I am sick of being a puppet!"
"Está na hora de me tornar homem"
"It is time that I became a man"
"E você vai se tornar um homem", prometeu a fada
"And you will become a man," promised the fairy
"mas é preciso saber merecer"
"but you must know how to deserve it"
"Isso é verdade?", perguntou Pinóquio
"Is this true?" asked Pinocchio
"E o que posso fazer para merecer ser homem?"
"And what can I do to deserve to be a man?"
"É muito fácil merecer ser homem"
"it is a very easy thing to deserve to be a man"
"Tudo o que tens de fazer é aprender a ser um bom rapaz"
"all you have to do is learn to be a good boy"
"E você acha que eu não sou um bom menino?"
"And you think I am not a good boy?"
"Você é o oposto de um bom menino"
"You are quite the opposite of a good boy"
"Os bons meninos são obedientes, e você..."

"Good boys are obedient, and you..."
"E eu nunca obedeço", confessou Pinóquio
"And I never obey," confessed Pinocchio
"Os bons rapazes gostam de aprender e de trabalhar, e tu..."
"Good boys like to learn and to work, and you..."
"E, em vez disso, levo uma vida ociosa e"
"And I instead lead an idle, vagabond life"
"Os bons rapazes falam sempre a verdade"
"Good boys always speak the truth"
"E eu sempre conto mentiras", admitiu Pinóquio
"And I always tell lies," admitted Pinocchio
"Os bons rapazes vão de bom grado à escola"
"Good boys go willingly to school"
"E a escola dá-me dor por todo o corpo"
"And school gives me pain all over the body"
"Mas a partir de hoje vou mudar a minha vida"
"But from today I will change my life"
"Você me promete?", perguntou a Fada
"Do you promise me?" asked the Fairy
"Prometo que vou me tornar um bom menino"
"I promise that I will become a good little boy"
"e prometo ser o consolo do meu pai"
"and I promise be the consolation of my papa"
"Onde está o meu pobre papa neste momento?"
"Where is my poor papa at this moment?"
mas a fada não sabia onde estava o seu papa
but the fairy didn't know where his papa was
"Será que alguma vez terei a felicidade de voltar a vê-lo?"
"Shall I ever have the happiness of seeing him again?"
"Será que eu vou beijá-lo de novo?"
"will I ever kiss him again?"
"Acho que sim; na verdade, tenho a certeza disso"
"I think so; indeed, I am sure of it"
Com esta resposta, Pinóquio ficou encantado
At this answer Pinocchio was delighted
tomou as mãos da Fada
he took the Fairy's hands

e começou a beijar-lhe as mãos com grande fervor
and he began to kiss her hands with great fervour
parecia ao seu lado com alegria
he seemed beside himself with joy
Em seguida, Pinóquio levantou o rosto
Then Pinocchio raised his face
e olhou-a amorosamente
and he looked at her lovingly
"Diga-me, mamãezinha:"
"Tell me, little mamma:"
"Então não era verdade que você estava morto?"
"then it was not true that you were dead?"
— Parece que não — disse a Fada, sorrindo
"It seems not," said the Fairy, smiling
"Se você soubesse a tristeza que eu senti"
"If you only knew the sorrow I felt"
"Você não pode imaginar o aperto da minha garganta"
"you can't imagined the tightening of my throat"
"Ler o que estava naquela pedra quase partiu meu coração"
"reading what was on that stone almost broke my heart"
"Eu sei o que isso fez com você"
"I know what it did to you"
"e é por isso que vos perdoei"
"and that is why I have forgiven you"
"Vi-o pela sinceridade da tua dor"
"I saw it from the sincerity of your grief"
"Eu vi que você tem um bom coração"
"I saw that you have a good heart"
"Meninos de bom coração não se perdem"
"boys with good hearts are not lost"
"Há sempre algo a esperar"
"there is always something to hope for"
"mesmo que sejam acampamentos"
"even if they are scamps"
"e mesmo que tenham maus hábitos"
"and even if they have got bad habits"
"Há sempre esperança de que mudem de atitude"

"there is always hope they change their ways"
"É por isso que vim procurá-lo aqui"
"That is why I came to look for you here"
"Eu serei sua mamãe"
"I will be your mamma"
"Oh, que delícia!", gritou Pinóquio
"Oh, how delightful!" shouted Pinocchio
e o pequeno boneco saltou de alegria
and the little puppet jumped for joy
"Deves obedecer-me, Pinóquio"
"You must obey me, Pinocchio"
"e você deve fazer tudo o que eu lhe pedir"
"and you must do everything that I bid you"
"De bom grado te obedecerei"
"I will willingly obey you"
"e farei o que me mandarem!"
"and I will do as I'm told!"
"Amanhã vais começar a ir à escola"
"Tomorrow you will begin to go to school"
Pinóquio tornou-se imediatamente um pouco menos alegre
Pinocchio became at once a little less joyful
"Então você deve escolher uma negociação a seguir"
"Then you must choose a trade to follow"
"A maioria escolhe um emprego de acordo com os seus desejos"
"you most choose a job according to your wishes"
Pinóquio tornou-se muito grave nisso
Pinocchio became very grave at this
a Fada perguntou-lhe com voz irritada:
the Fairy asked him in an angry voice:
"O que você está murmurando entre os dentes?"
"What are you muttering between your teeth?"
"Eu estava dizendo..." gemeu o boneco em voz baixa
"I was saying..." moaned the puppet in a low voice
"Parece-me demasiado tarde para ir à escola agora"
"it seems to me too late for me to go to school now"
"Não, senhor, não é tarde demais para ir à escola"

"No, sir, it is not too late for you to go to school"
"Tenha em mente que nunca é tarde demais"
"Keep it in mind that it is never too late"
"podemos sempre aprender e instruir-nos"
"we can always learn and instruct ourselves"
"Mas não quero seguir um ofício"
"But I do not wish to follow a trade"
"Por que você não deseja seguir um comércio?"
"Why do you not wish to follow an trade?"
"Porque me cansa trabalhar"
"Because it tires me to work"
— Meu menino — disse a Fada amorosamente
"My boy," said the Fairy lovingly
"Há dois tipos de pessoas que falam assim"
"there are two kinds of people who talk like that"
"Há quem esteja preso"
"there are those that are in prison"
"e há os que estão no hospital"
"and there are those that are in hospital"
"Deixe-me dizer-lhe uma coisa, Pinóquio";
"Let me tell you one thing, Pinocchio;"
"Todo homem, rico ou pobre, é trabalho obrigado"
"every man, rich or poor, is obliged work"
"Ele tem que se ocupar com alguma coisa"
"he has to occupy himself with something"
"Ai dos que levam uma vida preguiçosa"
"Woe to those who lead slothful lives"
"Preguiça é uma doença terrível"
"Sloth is a dreadful illness"
"deve ser curado de uma vez, na infância"
"it must be cured at once, in childhood"
"porque nunca pode ser curado depois de velho"
"because it can never be cured once you are old"
Pinóquio ficou tocado por estas palavras
Pinocchio was touched by these words
Erguendo rapidamente a cabeça, disse à Fada:
lifting his head quickly, he said to the Fairy:

"**Vou estudar e vou trabalhar**"
"I will study and I will work"
"**Farei tudo o que me disseres**"
"I will do all that you tell me"
"**porque, de facto, cansei-me de ser marioneta**"
"for indeed I have become weary of being a puppet"
"**e eu desejo a qualquer preço tornar-me um menino**"
"and I wish at any price to become a boy"
"**Você me prometeu que eu poderia me tornar um menino, não é?**"
"You promised me that I can become a boy, did you not?"
"**Eu prometi que você pode se tornar um menino**"
"I did promise you that you can become a boy"
"**E se você se torna um menino agora depende de si mesmo**"
"and whether you become a boy now depends upon yourself"

O terrível peixe-cão
The Terrible Dog-Fish

No dia seguinte, Pinóquio foi para a escola
The following day Pinocchio went to school
você pode imaginar a delícia de todos os pequenos malandros
you can imagine the delight of all the little rogues
um fantoche tinha entrado em sua escola!
a puppet had walked into their school!
Criaram um rugido de gargalhadas que nunca terminou
They set up a roar of laughter that never ended
Eles jogaram todos os tipos de truques nele
They played all sorts of tricks on him
Um rapaz tirou o boné
One boy carried off his cap
outro rapaz puxou a jaqueta de Pinóquio por cima dele
another boy pulled Pinocchio's jacket over him
um deles tentou dar-lhe um par de bigodes de tinta
one tried to give him a pair of inky mustachios
Outro rapaz tentou amarrar cordas aos pés e às mãos
another boy attempted to tie strings to his feet and hands
e depois tentou fazê-lo dançar
and then he tried to make him dance
Por pouco tempo, Pinóquio fingiu não se importar
For a short time Pinocchio pretended not to care
e ele se dava tão bem com a escola quanto podia
and he got on as well with school as he could
mas, finalmente, perdeu toda a paciência
but at last he lost all his patience
voltou-se para aqueles que mais o provocavam
he turned to those who were teasing him most
"Cuidado, meninos!", avisou-os
"Beware, boys!" he warned them
"Eu não vim aqui para ser seu bufão"
"I have not come here to be your buffoon"
"Respeito os outros", disse

"I respect others," he said
"e pretendo ser respeitado"
"and I intend to be respected"
"Bem dito, vangloriado!", gritavam os jovens malandros
"Well said, boaster!" howled the young rascals
"Você falou como um livro!"
"You have spoken like a book!"
e convulsionaram com gargalhadas loucas
and they convulsed with mad laughter
havia um rapaz mais impertinente do que os outros
there was one boy more impertinent than the others
Ele tentou agarrar o boneco pelo fim do nariz
he tried to seize the puppet by the end of his nose
Mas ele não poderia fazê-lo rápido o suficiente
But he could not do so quickly enough
Pinóquio enfiou a perna para fora debaixo da mesa
Pinocchio stuck his leg out from under the table
e deu-lhe um grande pontapé nas canelas
and he gave him a great kick on his shins
O menino rugiu de dor
the boy roared in pain
"Oh, que pés duros você tem!"
"Oh, what hard feet you have!"
e esfregou a contusão que o boneco lhe dera
and he rubbed the bruise the puppet had given him
"E que cotoveladas você tem!", disse outro
"And what elbows you have!" said another
"Eles são ainda mais duros do que os seus pés!"
"they are even harder than his feet!"
Este rapaz também tinha feito truques grosseiros com ele
this boy had also played rude tricks on him
e recebera um golpe no estômago
and he had received a blow in the stomach
Mas, mesmo assim, o chute e o golpe adquiriram simpatia
But, nevertheless, the kick and the blow acquired sympathy
e Pinóquio ganhou a estima dos meninos
and Pinocchio earned the esteem of the boys

Logo todos fizeram amizade com ele
They soon all made friends with him
e logo gostaram dele de coração
and soon they liked him heartily
E até o mestre o elogiou
And even the master praised him
porque Pinóquio era atencioso nas aulas;
because Pinocchio was attentive in class
Era um estudante estudioso e inteligente
he was a studious and intelligent student
e era sempre o primeiro a vir à escola
and he was always the first to come to school
e era sempre o último a sair quando a escola acabava
and he was always the last to leave when school was over
Mas ele tinha um defeito; fez muitos amigos
But he had one fault; he made too many friends
e entre seus amigos estavam vários patifes
and amongst his friends were several rascals
Estes rapazes eram bem conhecidos pela sua antipatia pelo estudo
these boys were well known for their dislike of study
e eles gostavam especialmente de causar travessuras
and they especially loved to cause mischief
O mestre o alertava sobre eles todos os dias
The master warned him about them every day
mesmo a boa Fada nunca deixou de lhe dizer:
even the good Fairy never failed to tell him:
"Cuide-se, Pinóquio, com seus amigos!"
"Take care, Pinocchio, with your friends!"
"Esses seus maus colegas de escola são problemas"
"Those bad school-fellows of yours are trouble"
"Vão fazer você perder o amor pelo estudo"
"they will make you lose your love of study"
"podem até trazer-vos uma grande desgraça"
"they may even bring upon you some great misfortune"
"Não tem medo disso!", respondeu o fantoche
"There is no fear of that!" answered the puppet

e encolheu os ombros e tocou a testa
and he shrugged his shoulders and touched his forehead
"Há muito sentido aqui!"
"There is so much sense here!"

um belo dia Pinóquio estava a caminho da escola
one fine day Pinocchio was on his way to school
e conheceu vários dos seus companheiros habituais
and he met several of his usual companions
aproximando-se dele, perguntaram:
coming up to him, they asked:
"Já ouviste a grande notícia?"
"Have you heard the great news?"
"Não, não ouvi a grande notícia"
"No, I have not heard the great news"
"No mar perto daqui apareceu um cação-peixe"
"In the sea near here a Dog-Fish has appeared"
"Ele é tão grande como uma montanha"
"he is as big as a mountain"
"É verdade?", perguntou Pinóquio
"Is it true?" asked Pinocchio
"Pode ser o mesmo Cão-Peixe?"
"Can it be the same Dog-Fish?"
"O cação-peixe que estava lá quando meu papa se afogou"
"The Dog-Fish that was there when my papa drowned"

"**Vamos à praia vê-lo**"
"We are going to the shore to see him"
"**Você virá conosco?**"
"Will you come with us?"
"**Não; Vou à escola**"
"No; I am going to school"
"**De que grande importância é a escola?**"
"of what great importance is school?"
"**Podemos ir à escola amanhã**"
"We can go to school tomorrow"
"**Uma lição mais ou menos não importa**"
"one lesson more or less doesn't matter"
"**Continuaremos sempre a ser os mesmos burros**"
"we shall always remain the same donkeys"
"**Mas o que dirá o mestre?**"
"But what will the master say?"
"**O mestre pode dizer o que quiser**"
"The master may say what he likes"
"**Ele é pago para resmungar o dia todo**"
"He is paid to grumble all day"
"**E o que dirá a minha mãe?**"
"And what will my mamma say?"
"**Mamães não sabem de nada**", responderam os meninos maus
"Mammas know nothing," answered the bad little boys
"**Sabe o que eu vou fazer?**", disse Pinóquio
"Do you know what I will do?" said Pinocchio
"**Tenho razões para desejar ver o Cão-Peixe**"
"I have reasons for wishing to see the Dog-Fish"
"**mas vou vê-lo quando a escola acabar**"
"but I will go and see him when school is over"
"**Pobre burro!**", exclamou um dos rapazes
"Poor donkey!" exclaimed one of the boys
"**Você acha que um peixe desse tamanho vai esperar sua conveniência?**"
"Do you suppose a fish of that size will wait your convenience?"

- 186 -

"quando estiver cansado de estar aqui, vai para outro sítio"
"when he is tired of being here he will go another place"
"e então será tarde demais"
"and then it will be too late"
o fantoche tinha que pensar nisso
the Puppet had to think about this
"Quanto tempo demora a chegar à costa?"
"How long does it take to get to the shore?"
"Podemos estar lá e de volta em uma hora"
"We can be there and back in an hour"
"Então vamos lá!", gritou Pinóquio
"Then off we go!" shouted Pinocchio
"E quem corre mais rápido é o melhor!"
"and he who runs fastest is the best!"
e os rapazes correram pelos campos
and the boys rushed off across the fields
e Pinóquio foi sempre o primeiro
and Pinocchio was always the first
parecia ter asas nos pés
he seemed to have wings on his feet
De vez em quando, ele se voltava para zombar de seus companheiros
From time to time he turned to jeer at his companions
eles estavam um pouco atrás
they were some distance behind
viu-os ofegantes
he saw them panting for breath
e estavam cobertos de pó
and they were covered with dust
e suas línguas saíam de suas bocas
and their tongues were hanging out of their mouths
e Pinóquio riu vivamente da vista
and Pinocchio laughed heartily at the sight
O infeliz rapaz não sabia o que estava por vir
The unfortunate boy did not know what was to come
os terrores e desastres horríveis que estavam por vir!
the terrors and horrible disasters that were coming!

Pinóquio é preso pelos gendarmes
Pinocchio is Arrested by the Gendarmes

Pinóquio chegou à costa
Pinocchio arrived at the shore
e olhou para o mar
and he looked out to sea
mas não viu Dog-Fish
but he saw no Dog-Fish
O mar era liso como um grande espelho de cristal
The sea was as smooth as a great crystal mirror
"Onde está o cação-peixe?", perguntou
"Where is the Dog-Fish?" he asked
e voltou-se para os seus companheiros
and he turned to his companions
Todos os meninos riram juntos
all the boys laughed together
"Deve ter ido tomar o pequeno-almoço"
"He must have gone to have his breakfast"
"Ou atirou-se para a cama"
"Or he has thrown himself on to his bed"
"Sim, ele está tirando um cochilo"
"yes, he's having a little nap"
e riram ainda mais alto
and they laughed even louder
as suas respostas pareciam particularmente absurdas
their answers seemed particularly absurd
e o riso deles era muito bobo
and their laughter was very silly
Pinóquio olhou em volta para os amigos
Pinocchio looked around at his friends
os seus companheiros pareciam enganá-lo
his companions seemed to be making a fool of him
induziram-no a acreditar num conto
they had induced him to believe a tale
mas não havia verdade no conto
but there was no truth to the tale

Pinóquio não aceitou bem a piada
Pinocchio did not take the joke well
e falou com raiva com os rapazes
and he spoke angrily with the boys
"E agora??", gritou
"And now??" he shouted
"você me contou uma história do peixe-cão"
"you told me a story of the Dog-Fish"
"Mas que diversão você achou em me enganar?"
"but what fun did you find in deceiving me?"
"Ah, foi muito divertido!", responderam os pequenos patifes
"Oh, it was great fun!" answered the little rascals
"E em que consistia essa diversão?"
"And in what did this fun consist of?"
"Fizemos você perder um dia de escola"
"we made you miss a day of school"
"e nós convencemo-lo a vir connosco"
"and we persuaded you to come with us"
"Não tens vergonha da tua conduta?"
"Are you not ashamed of your conduct?"
"você é sempre tão pontual para a escola"
"you are always so punctual to school"
"e você é sempre tão diligente nas aulas"
"and you are always so diligent in class"
"Você não tem vergonha de estudar tanto?"
"Are you not ashamed of studying so hard?"
"E se eu estudar muito?"
"so what if I study hard?"
"Que preocupação é sua?"
"what concern is it of yours?"
"Preocupa-nos excessivamente"
"It concerns us excessively"
"porque nos faz parecer maus olhos"
"because it makes us appear in a bad light"
"Por que isso faz você aparecer em uma luz ruim?"
"Why does it make you appear in a bad light?"
"Há quem não tenha vontade de estudar"

"there are those of us who have no wish to study"
"Não temos vontade de aprender nada"
"we have no desire to learn anything"
"Os bons rapazes fazem-nos parecer piores em comparação"
"good boys make us seem worse by comparison"
"E isso é muito ruim para você"
"And that is too bad for you"
"Nós também temos o nosso orgulho!"
"We, too, have our pride!"
"Então o que devo fazer para te agradar?"
"Then what must I do to please you?"
"É preciso seguir o nosso exemplo"
"You must follow our example"
"Você deve odiar a escola como nós"
"you must hate school like us"
"É preciso rebelar-se nas aulas"
"you must rebel in the lessons"
"e deves desobedecer ao mestre"
"and you must disobey the master"
"Esses são os nossos três maiores inimigos"
"those are our three greatest enemies"
"E se eu quiser continuar meus estudos?"
"And if I wish to continue my studies?"
"Nesse caso, não teremos mais nada a ver consigo"
"In that case we will have nothing more to do with you"
"e na primeira oportunidade vamos fazê-lo pagar por isso"
"and at the first opportunity we will make you pay for it"
— Realmente — disse o boneco, balançando a cabeça
"Really," said the puppet, shaking his head
"Você me deixa inclinado a rir"
"you make me inclined to laugh"
"Eh, Pinóquio", gritou o maior dos rapazes
"Eh, Pinocchio," shouted the biggest of the boys
e confrontou Pinóquio diretamente
and he confronted Pinocchio directly
"Nenhuma das suas superioridades funciona aqui"
"None of your superiority works here"

"Não venha aqui para nos cantar"
"don't come here to crow over us"
"Se você não tem medo de nós, nós não temos medo de você"
"if you are not afraid of us, we are not afraid of you"
"Lembre-se que você é um contra sete"
"Remember that you are one against seven"
"Sete, como os sete pecados capitais", disse Pinóquio
"Seven, like the seven deadly sins," said Pinocchio
e gritou aos risos
and he shouted with laughter
"Ouçam-no! Insultou-nos a todos!"
"Listen to him! He has insulted us all!"
"Ele nos chamou os sete pecados capitais!"
"He called us the seven deadly sins!"
"Tome isso para começar", disse um dos rapazes
"Take that to begin with," said one of the boys
"e guarde-o para a sua ceia esta noite"
"and keep it for your supper tonight"
E, assim dizendo, deu-lhe um soco na cabeça
And, so saying, he punched him on the head
Mas foi um dar e receber
But it was a give and take
porque o boneco devolveu imediatamente o golpe
because the puppet immediately returned the blow
isso não foi uma grande surpresa
this was no big surprise
e a luta rapidamente se tornou desesperada
and the fight quickly got desperate
é verdade que Pinóquio estava sozinho
it is true that Pinocchio was alone
mas defendeu-se como um herói
but he defended himself like a hero
Usava os pés, que eram da madeira mais dura
He used his feet, which were of the hardest wood
e manteve os seus inimigos a uma distância respeitosa
and he kept his enemies at a respectful distance
Onde quer que seus pés tocassem, eles deixavam um

hematoma
Wherever his feet touched they left a bruise
Os rapazes ficaram furiosos com ele
The boys became furious with him
De mão em mão, eles não conseguiam combinar com o boneco
hand to hand they couldn't match the puppet
então eles tomaram outras armas em suas mãos
so they took other weapons into their hands
os rapazes soltaram as sacolas
the boys loosened their satchels
e atiraram-lhe os livros escolares
and they threw their school-books at him
gramáticas, dicionários e livros ortográficos
grammars, dictionaries, and spelling-books
livros de geografia e outras obras escolares
geography books and other scholastic works
Mas Pinóquio foi rápido a reagir
But Pinocchio was quick to react
e tinha olhos afiados para estas coisas
and he had sharp eyes for these things
ele sempre conseguiu se esquivar no tempo
he always managed to duck in time
então os livros passaram por cima de sua cabeça
so the books passed over his head

e, em vez disso, os livros caíram no mar
and instead the books fell into the sea
Imagine o espanto do peixe!
Imagine the astonishment of the fish!
achavam que os livros eram algo para comer
they thought the books were something to eat
e todos chegaram em grandes cardumes de peixes
and they all arrived in large shoals of fish
mas eles provaram algumas das páginas
but they tasted a couple of the pages
e rapidamente cuspiram o papel novamente
and they quickly spat the paper out again
e os peixes faziam caras irónicas
and the fish made wry faces
"Isto não é comida para nós"
"this isn't food for us at all"
"Estamos habituados a algo muito melhor!"
"we are accustomed to something much better!"
Entretanto, a batalha tornou-se mais feroz do que nunca
The battle meantime had become fiercer than ever
um grande caranguejo tinha saído da água
a big crab had come out of the water
e ele tinha subido lentamente na praia
and he had climbed slowly up on the shore
gritou com voz rouca
he called out in a hoarse voice
soou como uma trombeta com um frio ruim
it sounded like a trumpet with a bad cold
"Chega de lutas, seus jovens rufiões"
"enough of your fighting, you young ruffians"
"Porque vocês não são nada além de rufiões!"
"because you are nothing other than ruffians!"
"Estas lutas entre rapazes raramente terminam bem"
"These fights between boys seldom finish well"
"Algum desastre certamente acontecerá!"
"Some disaster is sure to happen!"
mas o pobre caranguejo deveria ter-se salvado do problema

but the poor crab should have saved himself the trouble
Ele poderia muito bem ter pregado ao vento
He might as well have preached to the wind
Até aquele jovem malandro, Pinóquio, se virou
Even that young rascal, Pinocchio, turned around
Olhou-o zombeteiramente e disse rudemente:
he looked at him mockingly and said rudely:
"Segura a língua, seu caranguejo cansativo!"
"Hold your tongue, you tiresome crab!"
"É melhor chupar umas pastilhas de alcaçuz"
"You had better suck some liquorice lozenges"
"curar aquele frio na garganta"
"cure that cold in your throat"
Naquele momento, os meninos não tinham mais livros
Just then the boys had no more books
pelo menos, não tinham livros próprios
at least, they had no books of their own
espiaram a pouca distância o saco de Pinóquio
they spied at a little distance Pinocchio's bag
e tomaram posse das suas coisas
and they took possession of his things
Entre os seus livros havia um encadernado em cartão
Amongst his books there was one bound in card
Era um Tratado de Aritmética
It was a Treatise on Arithmetic
Um dos rapazes apreendeu este volume
One of the boys seized this volume
e apontou o livro para a cabeça de Pinóquio
and he aimed the book at Pinocchio's head
atirou-a contra ele com todas as suas forças
he threw it at him with all his strength
mas o livro não bateu no fantoche
but the book did not hit the puppet
em vez disso, o livro atingiu um companheiro na cabeça
instead the book hit a companion on the head
o menino ficou branco como um lençol;
the boy turned as white as a sheet

"Oh, mãe! socorro, estou morrendo!"
"Oh, mother! help, I am dying!"
e caiu toda a sua extensão sobre a areia
and he fell his whole length on the sand
os meninos devem ter pensado que ele estava morto
the boys must have thought he was dead
e eles fugiram tão rápido quanto suas pernas podiam correr
and they ran off as fast as their legs could run
em poucos minutos estavam fora de vista
in a few minutes they were out of sight
Mas Pinóquio permaneceu com o menino
But Pinocchio remained with the boy
embora ele preferisse ter fugido também
although he would have rather ran off too
porque o seu medo também era grande
because his fear was also great
mesmo assim, ele correu para o mar
nevertheless, he ran over to the sea
e mergulhou o lenço na água
and he soaked his handkerchief in the water
ele correu de volta para o seu pobre colega de escola
he ran back to his poor school-fellow
e começou a banhar a testa
and he began to bathe his forehead
chorou amargamente em desespero
he cried bitterly in despair
e continuava a chamá-lo pelo nome
and he kept calling him by name
e disse-lhe muitas coisas:
and he said many things to him:
"Eugénio! meu pobre Eugénio!"
"Eugene! my poor Eugene!"
"Abra os olhos e olhe para mim!"
"Open your eyes and look at me!"
"Por que você não responde?"
"Why do you not answer?"
"Eu não fiz isso com você"

"I did not do it to you"
"não fui eu que te magoei tanto!"
"it was not I that hurt you so!"
"Acredite, não fui eu!"
"believe me, it was not me!"
"Abra os olhos, Eugénio"
"Open your eyes, Eugene"
"Se mantiveres os olhos fechados, eu também morrerei"
"If you keep your eyes shut I shall die, too"
"Ah! o que devo fazer?"
"Oh! what shall I do?"
"como voltarei para casa?"
"how shall I ever return home?"
"Como posso ter coragem de voltar à minha boa mãe?"
"How can I ever have the courage to go back to my good mamma?"
"O que será de mim?"
"What will become of me?"
"Para onde posso voar?"
"Where can I fly to?"
"Se eu só tivesse ido à escola!"
"had I only gone to school!"
"Por que ouvi meus companheiros?"
"Why did I listen to my companions?"
"têm sido a minha ruína"
"they have been my ruin"
"O mestre disse-me"
"The master said it to me"
"e a minha mãe repetia-o muitas vezes"
"and my mamma repeated it often"
"Cuidado com os maus companheiros!"
'Beware of bad companions!'
"Oh, querida! o que será de mim?"
"Oh, dear! what will become of me?"
E Pinóquio começou a chorar e a chorar.
And Pinocchio began to cry and sob
e bateu a cabeça com os punhos

and he struck his head with his fists
De repente, ouviu o som dos passos
Suddenly he heard the sound of footsteps
Virou-se e viu dois soldados
He turned and saw two soldiers
"O que você está fazendo lá?"
"What are you doing there?"
"Por que você está deitado no chão?"
"why are you lying on the ground?"
"Estou a ajudar o meu colega de escola"
"I am helping my school-fellow"
"Ele foi ferido?"
"Has he been hurt?"
"Parece que ele se magoou"
"It seems he has been hurt"
"Magoado mesmo!", disse um deles
"Hurt indeed!" said one of them
e inclinou-se para examinar Eugénio de perto
and he stooped down to examine Eugene closely
"Este rapaz foi ferido na cabeça"
"This boy has been wounded on the head"
"Quem o feriu?", perguntaram a Pinóquio
"Who wounded him?" they asked Pinocchio
"Eu não", gaguejou o boneco sem fôlego
"Not I," stammered the puppet breathlessly
"Se não foi você, quem então fez isso?"
"If it was not you, who then did it?"
"Eu não", repetiu Pinóquio
"Not I," repeated Pinocchio
"E com o que foi ferido?"
"And with what was he wounded?"
"Ele ficou magoado com este livro"
"he was hurt with this book"
E o boneco pegou do chão o seu livro
And the puppet picked up from the ground his book
o Tratado de Aritmética
the Treatise on Arithmetic

e mostrou o livro ao soldado
and he showed the book to the soldier

"E a quem isso pertence?"
"And to whom does this belong?"

— Pertence a mim — respondeu Pinóquio, honestamente
"It belongs to me," answered Pinocchio, honestly

"Já chega, não se quer mais nada"
"That is enough, nothing more is wanted"

"Levante-se e venha connosco imediatamente"
"Get up and come with us at once"

"Mas eu..." Pinóquio tentou objetar
"But I..." Pinocchio tried to object

"Vem cá connosco!", insistiram
"Come along with us!" they insisted

"Mas eu sou inocente", implorou
"But I am innocent" he pleaded

mas eles não ouviram. "Venha connosco!"
but they didn't listen. "Come along with us!"

Antes de partirem, os soldados chamaram um pescador que passava
Before they left, the soldiers called a passing fishermen

"Nós damos-lhe este menino ferido"
"We give you this wounded boy"

"deixamo-lo aos vossos cuidados"
"we leave him in your care"

"Leve-o para sua casa e cuide-o"
"Carry him to your house and nurse him"

"Amanhã viremos vê-lo"
"Tomorrow we will come and see him"

Voltaram-se então para Pinóquio
They then turned to Pinocchio

"Avante! e andar depressa"
"Forward! and walk quickly"

"ou será o pior para você"
"or it will be the worse for you"

Pinóquio não precisou ser informado duas vezes
Pinocchio did not need to be told twice

O boneco partiu ao longo da estrada que leva à aldeia
the puppet set out along the road leading to the village
Mas o pobre diabinho mal sabia onde estava
But the poor little Devil hardly knew where he was
Pensou que devia estar a sonhar
He thought he must be dreaming
e que sonho terrível era!
and what a dreadful dream it was!
Viu o dobro e as pernas tremeram
He saw double and his legs shook
a língua agarrou-se ao céu da boca
his tongue clung to the roof of his mouth
e não podia pronunciar uma palavra
and he could not utter a word
E, no entanto, no meio da sua estupefação e apatia
And yet, in the midst of his stupefaction and apathy
seu coração foi perfurado por um espinho cruel
his heart was pierced by a cruel thorn
ele sabia por onde tinha que passar
he knew where he had to walk past
sob as janelas da casa da boa Fada
under the windows of the good Fairy's house
e ela ia vê-lo com os soldados
and she was going see him with the soldiers
Preferia ter morrido
He would rather have died
Logo chegaram à aldeia
soon they reached the village
uma rajada de vento soprou o boné de Pinóquio de sua cabeça
a gust of wind blew Pinocchio's cap off his head
"Você vai me permitir?", disse o fantoche aos soldados
"Will you permit me?" said the puppet to the soldiers
"Posso ir buscar o meu boné?"
"can I go and get my cap?"
"Vai, então; mas seja rápido sobre isso"
"Go, then; but be quick about it"

O boneco foi e pegou seu boné
The puppet went and picked up his cap
Mas ele não colocou o boné na cabeça
but he didn't put the cap on his head
Colocou a touca entre os dentes
he put the cap between his teeth
e começou a correr o mais rápido que podia
and began to run as fast as he could
ele estava correndo de volta para a beira-mar!
he was running back towards the seashore!
Os soldados pensaram que seria difícil ultrapassá-lo
The soldiers thought it would be difficult to overtake him
então eles enviaram atrás dele um grande mastim
so they sent after him a large mastiff
Ele tinha ganho os primeiros prémios em todas as corridas de cães
he had won the first prizes at all the dog races
Pinóquio correu, mas o cão correu mais rápido
Pinocchio ran, but the dog ran faster
As pessoas vieram para as suas janelas
The people came to their windows
e amontoaram-se na rua
and they crowded into the street
eles queriam ver o fim da corrida desesperada
they wanted to see the end of the desperate race

Pinóquio corre o perigo de ser frito em uma panela como um peixe
Pinocchio Runs the Danger of being Fried in a Pan like a Fish

A corrida não estava a correr bem para o boneco
the race was not going well for the puppet
e Pinóquio pensou ter perdido
and Pinocchio thought he had lost
Alidoro, o mastim, tinha corrido rapidamente
Alidoro, the mastiff, had run swiftly

e quase o alcançara
and he had nearly caught up with him
A terrível besta estava muito perto dele
the dreadful beast was very close behind him
Ele podia ouvir o ofegante do cachorro
he could hear the panting of the dog
não havia uma mão larga entre eles
there was not a hand's breadth between them
ele podia até sentir o hálito quente do cachorro
he could even feel the dog's hot breath
Felizmente a costa estava perto
Fortunately the shore was close
e o mar estava a poucos passos de distância
and the sea was but a few steps off
Logo chegaram às areias da praia
soon they reached the sands of the beach
eles chegaram lá quase ao mesmo tempo
they got there almost at the same time
mas o boneco deu um salto maravilhoso
but the puppet made a wonderful leap
um sapo não poderia ter feito melhor
a frog could have done no better
e mergulhou na água
and he plunged into the water
Alidoro, pelo contrário, quis deter-se
Alidoro, on the contrary, wished to stop himself
mas foi levado pelo ímpeto da corrida
but he was carried away by the impetus of the race
Ele também foi para o mar
he also went into the sea
O infeliz cão não sabia nadar
The unfortunate dog could not swim
mas ele fez grandes esforços para se manter à tona
but he made great efforts to keep himself afloat
e nadou o melhor que pôde com as patas
and he swam as well as he could with his paws
mas quanto mais ele lutava, mais ele afundava

but the more he struggled the farther he sank
e logo sua cabeça estava debaixo d'água
and soon his head was under the water
sua cabeça subiu acima da água por um momento
his head rose above the water for a moment
e seus olhos reviravam de terror
and his eyes were rolling with terror
e o pobre cão latiu:
and the poor dog barked out:
"Estou me afogando! Estou me afogando!"
"I am drowning! I am drowning!"
"Afogados!", gritou Pinóquio à distância
"Drown!" shouted Pinocchio from a distance
sabia que não corria mais perigo
he knew that he was in no more danger
"Ajuda-me, querido Pinóquio!"
"Help me, dear Pinocchio!"
"Salve-me da morte!"
"Save me from death!"
na realidade, Pinóquio tinha um excelente coração
in reality Pinocchio had an excellent heart
ouviu o grito agonizante do cão
he heard the agonizing cry from the dog
e o boneco foi movido de compaixão
and the puppet was moved with compassion
virou-se para o cão e disse:
he turned to the dog, and said:
— Vou salvá-lo — disse Pinóquio
"I will save you," said Pinocchio
"Mas você promete não me dar mais aborrecimento?"
"but do you promise to give me no further annoyance?"
"Eu prometo! Eu prometo!", latiu o cachorro
"I promise! I promise!" barked the dog
"Seja rápido, por piedade"
"Be quick, for pity's sake"
"se atrasares mais meio minuto estarei morto"
"if you delay another half-minute I shall be dead"

Pinóquio hesitou por um momento
Pinocchio hesitated for a moment
mas depois lembrou-se do que o pai lhe tinha dito muitas vezes
but then he remembered what his father had often told him
"uma boa ação nunca se perde"
"a good action is never lost"
ele rapidamente nadou até Alidoro
he quickly swam over to Alidoro
e segurou o rabo com as duas mãos
and took hold of his tail with both hands
Logo eles estavam em terra firme novamente
soon they were on dry land again
e Alidoro estava são e salvo
and Alidoro was safe and sound
O pobre cão não aguentava
The poor dog could not stand
Ele tinha bebido muita água salgada
He had drunk a lot of salt water
e agora ele era como um balão
and now he was like a balloon
O boneco, no entanto, não confiava inteiramente nele
The puppet, however, didn't entirely trust him
achou mais prudente saltar novamente para a água
he thought it more prudent to jump again into the water
Ele nadou um pouco na água
he swam a little distance into the water
e chamou o amigo que tinha resgatado
and he called out to his friend he had rescued
"Adeus, Alidoro; uma boa viagem para você"
"Good-bye, Alidoro; a good journey to you"
"e levar os meus cumprimentos a todos em casa"
"and take my compliments to all at home"
"Adeus, Pinóquio", respondeu o cão
"Good-bye, Pinocchio," answered the dog
"mil agradecimentos por terem salvo a minha vida"
"a thousand thanks for having saved my life"

"Você me prestou um ótimo serviço"
"You have done me a great service"
"e neste mundo o que é dado é devolvido"
"and in this world what is given is returned"
"Se uma ocasião me oferecer, não a esquecerei"
"If an occasion offers I shall not forget it"
Pinóquio nadou ao longo da costa
Pinocchio swam along the shore
Por fim, pensou ter chegado a um lugar seguro
At last he thought he had reached a safe place
Então ele deu uma olhada ao longo da costa
so he gave a look along the shore
viu entre as rochas uma espécie de caverna
he saw amongst the rocks a kind of cave
Da caverna havia uma nuvem de fumaça
from the cave there was a cloud of smoke
"Naquela gruta deve haver um incêndio"
"In that cave there must be a fire"
"Tanto melhor", pensou Pinóquio
"So much the better," thought Pinocchio
"Vou secar e aquecer-me"
"I will go and dry and warm myself"
"E depois?" Pinóquio se perguntou
"and then?" Pinocchio wondered
"E depois veremos", concluiu
"and then we shall see," he concluded
Tendo tomado a resolução, nadou para terra
Having taken the resolution he swam landwards
ele estava prestes a subir as rochas
he was was about to climb up the rocks
mas ele sentiu algo debaixo d'água
but he felt something under the water
o que quer que fosse subia cada vez mais alto
whatever it was rose higher and higher
e levou-o para o ar
and it carried him into the air
Ele tentou escapar

He tried to escape from it
mas era tarde demais para fugir
but it was too late to get away
Ele ficou extremamente surpreso quando viu o que era
he was extremely surprised when he saw what it was
viu-se fechado numa grande rede
he found himself enclosed in a great net
ele estava com um enxame de peixes de todos os tamanhos e formas
he was with a swarm of fish of every size and shape
eles estavam batendo e lutando ao redor
they were flapping and struggling around
como um enxame de almas desesperadas
like a swarm of despairing souls
No mesmo momento, um pescador saiu da caverna
At the same moment a fisherman came out of the cave
o pescador era horrivelmente feio
the fisherman was horribly ugly
e ele parecia um monstro marinho
and he looked like a sea monster
sua cabeça não estava coberta de cabelo
his head was not covered in hair
em vez disso, ele tinha um arbusto espesso de grama verde
instead he had a thick bush of green grass
sua pele era verde e seus olhos eram verdes
his skin was green and his eyes were green
e a sua longa barba desceu ao chão
and his long beard came down to the ground
e, claro, sua barba também era verde
and of course his beard was also green
Ele tinha a aparência de um imenso lagarto
He had the appearance of an immense lizard
um lagarto em pé nas patas traseiras
a lizard standing on its hind-paws

O pescador puxou a rede para fora do mar
the fisherman pulled his net out of the sea
"Graças a Deus!", exclamou muito satisfeito
"Thank Heaven!" he exclaimed greatly satisfied
"Ainda hoje terei uma esplêndida festa de peixe!"
"Again today I shall have a splendid feast of fish!"
Pinóquio pensou consigo mesmo por um momento
Pinocchio thought to himself for a moment
"Que misericórdia eu não ser um peixe!"
"What a mercy that I am not a fish!"
e recuperou um pouco de coragem
and he regained a little courage
A rede de peixes foi levada para a caverna
The netful of fish was carried into the cave
e a caverna estava escura e fumegante
and the cave was dark and smoky
No meio da caverna havia uma grande frigideira
In the middle of the cave was a large frying-pan
e a frigideira estava cheia de óleo
and the frying-pan was full of oil
havia um cheiro sufocante de cogumelos
there was a suffocating smell of mushrooms
mas o pescador estava muito animado
but the fisherman was very excited

"**Agora vamos ver que peixe apanhámos!**"
"Now we will see what fish we have taken!"
e colocou na rede uma mão enorme
and he put into the net an enormous hand
sua mão tinha as proporções de uma pá de padeiro
his hand had the proportions of a baker's shovel
e puxou um punhado de peixes
and he pulled out a handful of fish
"**Estes peixes são bons!**", disse
"These fish are good!" he said
e cheirou o peixe complacentemente
and he smelled the fish complacently
E então ele jogou o peixe em uma panela sem água
And then he threw the fish into a pan without water
Repetiu a mesma operação muitas vezes
He repeated the same operation many times
e, enquanto tirava o peixe, dava água na boca;
and as he drew out the fish his mouth watered
e o Pescador riu para si mesmo
and the Fisherman chuckled to himself
"**Que sardinhas requintadas eu peguei!**"
"What exquisite sardines I've caught!"
"**Estas cavalas vão ser deliciosas!**"
"These mackerel are going to be delicious!"
"**E estes caranguejos serão excelentes!**"
"And these crabs will be excellent!"
"**Que queridas anchovas são!**"
"What dear little anchovies they are!"
O último a permanecer na rede do pescador foi Pinóquio
The last to remain in the fisher's net was Pinocchio
Seus grandes olhos verdes se abriram com espanto
his big green eyes opened with astonishment
"**Que espécie de peixe é esta??**"
"What species of fish is this??"
"**Peixe deste tipo não me lembro de ter comido**"
"Fish of this kind I don't remember to have eaten"
E voltou a olhá-lo com atenção

And he looked at him again attentively
e examinou-o bem por todo o lado
and he examined him well all over
"Eu sei: ele deve ser um lagostim"
"I know: he must be a craw-fish"
Pinóquio ficou mortificado ao ser confundido com uma lagosta
Pinocchio was mortified at being mistaken for a craw-fish
"Você me leva para um lagostim?"
"Do you take me for a craw-fish?"
"Isso não é maneira de tratar seus convidados!"
"that's no way to treat your guests!"
"Deixe-me dizer-lhe que sou uma marioneta"
"Let me tell you that I am a puppet"
"Um boneco?", respondeu o pescador
"A puppet?" replied the fisherman
"então devo dizer-lhe a verdade"
"then I must tell you the truth"
"Um boneco é um peixe novo para mim"
"a puppet is quite a new fish to me"
"Mas isso é ainda melhor!"
"but that is even better!"
"Comer-te-ei com maior prazer"
"I shall eat you with greater pleasure"
"Você pode me comer tudo o que quiser"
"you can eat me all you want"
"mas você vai entender que eu não sou um peixe?"
"but will you understand that I am not a fish?"
"Você não ouve que eu falo?"
"Do you not hear that I talk?"
"Não vês que eu raciocino como tu?"
"can you not see that I reason as you do?"
"Isso é bem verdade", disse o pescador
"That is quite true," said the fisherman
"Você é realmente um peixe com o talento de falar"
"you are indeed a fish with the talent of talking"
"e tu és um peixe que raciocina como eu"

"and you are a fish that can reason as I do"
"Devo tratá-lo com a devida atenção"
"I must treat you with appropriate attention"
"E qual seria essa atenção?"
"And what would this attention be?"
"Deixe-me dar-lhe um sinal da minha amizade"
"let me give you a token of my friendship"
"e deixem-me mostrar o meu particular respeito"
"and let me show my particular regard"
"Vou deixar você escolher como você gostaria de ser cozinhado"
"I will let you choose how you would like to be cooked"
"Gostaria de ser frita na frigideira?"
"Would you like to be fried in the frying-pan?"
"Ou prefere ser guisado com molho de tomate?"
"or would you prefer to be stewed with tomato sauce?"
— Deixe-me dizer-lhe a verdade — respondeu Pinóquio
"let me tell you the truth," answered Pinocchio
"se tivesse de escolher, gostaria de ser libertado"
"if I had to choose, I would like to be set free"
"Você está brincando!", riu o pescador
"You are joking!" laughed the fisherman
"Por que eu perderia a oportunidade de provar um peixe tão raro?"
"why would I lose the opportunity to taste such a rare fish?"
"Posso garantir-vos que os marionetas são raros aqui"
"I can assure you puppet fish are rare here"
"Não se apanha um peixe-marionete todos os dias"
"one does not catch a puppet fish every day"
"Deixe-me fazer a escolha por você"
"Let me make the choice for you"
"Você vai estar com o outro peixe"
"you will be with the other fish"
"Vou fritar-te na frigideira"
"I will fry you in the frying-pan"
"e você ficará bastante satisfeito"
"and you will be quite satisfied"

"É sempre consolação estar frito em companhia"
"It is always consolation to be fried in company"
Neste discurso, o infeliz Pinóquio começou a chorar
At this speech the unhappy Pinocchio began to cry
gritou e implorou por misericórdia
he screamed and implored for mercy
"Quão melhor teria sido se eu tivesse ido à escola!"
"How much better it would have been if I had gone to school!"
"Não devia ter ouvido os meus companheiros"
"I shouldn't have listened to my companions"
"e agora estou pagando por isso"
"and now I am paying for it"
E contorceu-se como uma enguia
And he wriggled like an eel
e fez esforços indescritíveis para escapar
and he made indescribable efforts to slip out
mas ele estava apertado nas garras do pescador verde
but he was tight in clutches of the green fisherman
e todos os esforços de Pinóquio foram inúteis
and all of Pinocchio's efforts were useless
o pescador tomou uma longa faixa de pressa
the fisherman took a long strip of rush
e amarrou as mãos e os pés dos bonecos;
and he bound the puppets hands and feet
O pobre Pinóquio foi amarrado como uma salsicha
Poor Pinocchio was tied up like a sausage
e atirou-o para a panela com os outros peixes
and he threw him into the pan with the other fish
Ele então buscou uma tigela de madeira cheia de farinha
He then fetched a wooden bowl full of flour
e um a um começou a enfarinhar cada peixe
and one by one he began to flour each fish
Logo todos os peixinhos estavam prontos
soon all the little fish were ready
e atirou-os para a frigideira
and he threw them into the frying-pan
Os primeiros a dançar no óleo a ferver foram os pobres

verdinhos
The first to dance in the boiling oil were the poor whitings
Os caranguejos foram os próximos a seguir a dança
the crabs were next to follow the dance
e depois vieram também as sardinhas
and then the sardines came too
e, finalmente, as anchovas foram lançadas
and finally the anchovies were thrown in
finalmente chegara a vez de Pinóquio
at last it had come to Pinocchio's turn
viu a morte horrível que o esperava
he saw the horrible death waiting for him
e você pode imaginar o quão assustado ele estava
and you can imagine how frightened he was
tremia violentamente e com grande esforço
he trembled violently and with great effort
e não lhe restava voz nem fôlego para novas súplicas
and he had neither voice nor breath left for further entreaties
Mas o pobre menino implorou com os olhos!
But the poor boy implored with his eyes!
O pescador verde, no entanto, não se importou minimamente
The green fisherman, however, didn't care the least
e mergulhou-o cinco ou seis vezes na farinha
and he plunged him five or six times in the flour
Finalmente, ele estava branco da cabeça aos pés
finally he was white from head to foot
e parecia um boneco feito de gesso
and he looked like a puppet made of plaster

Pinóquio regressa à casa das fadas
Pinocchio Returns to the Fairy's House

Pinóquio estava pendurado sobre a frigideira
Pinocchio was dangling over the frying pan
O pescador estava prestes a jogá-lo
the fisherman was just about to throw him in
mas então um cão de grande porte entrou na caverna
but then a large dog entered the cave
O cão tinha cheirado o cheiro salgado de peixe frito
the dog had smelled the savoury odour of fried fish
e ele tinha sido atraído para a caverna
and he had been enticed into the cave
"Saia!", gritou o pescador
"Get out!" shouted the fisherman
Ele estava segurando o boneco enfarinhado em uma das mãos
he was holding the floured puppet in one hand
e ameaçou o cão com a outra mão
and he threatened the dog with the other hand
Mas o pobre cão estava tão faminto quanto um lobo
But the poor dog was as hungry as a wolf
e choramingou e abanou o rabo
and he whined and wagged his tail
Se pudesse ter falado, teria dito:
if he could have talked he would have said:
"Dá-me um peixe e eu deixar-te-ei em paz"
"Give me some fish and I will leave you in peace"
"Saia, eu te digo!", repetiu o pescador
"Get out, I tell you!" repeated the fisherman
e esticou a perna para lhe dar um pontapé
and he stretched out his leg to give him a kick
Mas o cão não aguentaria a bagunça
But the dog would not stand trifling
estava com fome demais para que lhe fosse negada a comida
he was too hungry to be denied the food
começou a rosnar para o pescador

he started growling at the fisherman
e mostrou os seus dentes terríveis
and he showed his terrible teeth
Naquele momento, uma voz um pouco fraca gritou
At that moment a little feeble voice called out
"Salve-me, Alidoro, por favor!"
"Save me, Alidoro, please!"
"Se não me salvares, serei frito!"
"If you do not save me I shall be fried!"
O cão reconheceu a voz de Pinóquio
The dog recognized Pinocchio's voice
tudo o que via era o feixe enfarinhado na mão do pescador
all he saw was the floured bundle in the fisherman's hand
Deve ser daí que veio a voz
that must be where the voice had come from
Então, o que você acha que ele fez?
So what do you think he did?
Alidoro surgiu até o pescador
Alidoro sprung up to the fisherman
e agarrou o feixe na boca
and he seized the bundle in his mouth
Ele segurou o feixe suavemente em seus dentes
he held the bundle gently in his teeth
e ele saiu correndo da caverna novamente
and he rushed out of the cave again
e então ele se foi como um relâmpago
and then he was gone like a flash of lightning
O pescador ficou furioso
The fisherman was furious
o raro peixe-marionete tinha sido arrancado dele
the rare puppet fish had been snatched from him
e correu atrás do cão
and he ran after the dog
Tentou recuperar o peixe
he tried to get his fish back
mas o pescador não correu muito longe
but the fisherman did not run far

porque tinha sido tomado por um ataque de tosse
because he had been taken by a fit of coughing

Alidoro correu quase para a aldeia
Alidoro ran almost to the village
quando chegou ao caminho, parou;
when he got to the path he stopped
ele colocou seu amigo Pinóquio gentilmente no chão
he put his friend Pinocchio gently on the ground
"Quanto eu tenho que te agradecer!", disse o fantoche
"How much I have to thank you for!" said the puppet
"Não há necessidade", respondeu o cão
"There is no necessity," replied the dog
"Você me salvou e eu já devolvi"
"You saved me and I have now returned it"
"Vocês sabem que todos devemos ajudar-nos uns aos outros neste mundo"
"You know that we must all help each other in this world"
Pinóquio ficou feliz por ter salvo Alidoro
Pinocchio was happy to have saved Alidoro
"Mas como você entrou na caverna?"
"But how did you get into the cave?"
"Estava deitado na praia mais morto do que vivo"
"I was lying on the shore more dead than alive"
"Então o vento trouxe-me o cheiro a peixe frito"

"then the wind brought to me the smell of fried fish"
"O cheiro excitou o meu apetite"
"The smell excited my appetite"
"e segui o nariz"
"and I followed my nose"
"Se eu tivesse chegado um segundo depois..."
"If I had arrived a second later..."
"Não o mencione!", suspirou Pinóquio
"Do not mention it!" sighed Pinocchio
Ele ainda tremia de susto
he was still trembling with fright
"Eu já seria um boneco frito"
"I would be a fried puppet by now"
"Faz-me estremecer só de pensar nisso!"
"It makes me shudder just to think of it!"
Alidoro riu um pouco da ideia
Alidoro laughed a little at the idea
mas estendeu a pata direita ao boneco
but he extended his right paw to the puppet
Pinóquio sacudiu a pata de coração
Pinocchio shook his paw heartily
e então seguiram caminhos separados
and then they went their separate ways
O cão levou a estrada para casa
The dog took the road home
e Pinóquio foi para uma cabana não muito longe
and Pinocchio went to a cottage not far off
havia um velhinho aquecendo-se ao sol
there was a little old man warming himself in the sun
Pinóquio falou com o velhinho
Pinocchio spoke to the little old man
"Diga-me, bom homem", começou
"Tell me, good man," he started
"Sabes alguma coisa de um pobre rapaz chamado Eugénio?"
"do you know anything of a poor boy called Eugene?"
"foi ferido na cabeça"
"he was wounded in the head"

"O menino foi trazido por alguns pescadores para esta casa"
"The boy was brought by some fishermen to this cottage"
"e agora não sei o que lhe aconteceu"
"and now I do not know what happened to him"
"E agora ele está morto!", interrompeu Pinóquio com grande tristeza
"And now he is dead!" interrupted Pinocchio with great sorrow
"Não, ele está vivo", interrompeu o pescador
"No, he is alive," interrupted the fisherman
"e ele foi devolvido à sua casa"
"and he has been returned to his home"
"É verdade?", gritou o fantoche
"Is it true?" cried the puppet
e Pinóquio dançou com prazer
and Pinocchio danced with delight
"Então a ferida não era grave?"
"Then the wound was not serious?"
respondeu o velhinho Pinóquio
the little old man answered Pinocchio
"Pode ter sido muito grave"
"It might have been very serious"
"Pode até ter sido fatal"
"it could even have been fatal"
"atiraram-lhe um livro grosso à cabeça"
"they threw a thick book at his head"
"E quem a atirou contra ele?"
"And who threw it at him?"
"Um dos seus colegas de escola, de nome Pinóquio"
"One of his school-fellows, by the name of Pinocchio"
"E quem é esse Pinóquio?", perguntou o fantoche
"And who is this Pinocchio?" asked the puppet
e fingiu a sua ignorância o melhor que pôde
and he pretended his ignorance as best he could
"Dizem que ele é um bad boy"
"They say that he is a bad boy"
"um, um bom para nada"

"a vagabond, a regular good-for-nothing"
"Calúnias! todas as calúnias!"
"Calumnies! all calumnies!"
"Conhece este Pinóquio?"
"Do you know this Pinocchio?"
"De vista!", respondeu o fantoche
"By sight!" answered the puppet
"E qual é a sua opinião sobre ele?", perguntou o rapaz
"And what is your opinion of him?" asked the little man
"Parece-me um rapaz muito bom"
"He seems to me to be a very good boy"
"Ele está ansioso para aprender", acrescentou Pinóquio
"he is anxious to learn," added Pinocchio
"e é obediente e afetuoso com o pai e a família"
"and he is obedient and affectionate to his father and family"
O fantoche disparou um monte de mentiras
the puppet fired off a bunch of lies
mas depois lembrou-se de tocar no nariz
but then he remembered to touch his nose
seu nariz parecia ter crescido mais de uma mão
his nose seemed to have grown by more than a hand
Muito alarmado, começou a chorar:
Very much alarmed he began to cry:
"Não acredite em mim, bom homem"
"Don't believe me, good man"
"o que eu disse foram todas mentiras"
"what I said were all lies"
"Conheço muito bem Pinóquio"
"I know Pinocchio very well"
"e posso garantir-vos que ele é um rapaz muito mau"
"and I can assure you that he is a very bad boy"
"Ele é desobediente e ocioso"
"he is disobedient and idle"
"Em vez de ir à escola, foge com os companheiros"
"instead of going to school, he runs off with his companions"
Mal tinha terminado de falar quando o nariz ficou mais curto

He had hardly finished speaking when his nose became shorter
e, finalmente, seu nariz voltou ao tamanho antigo
and finally his nose returned to the old size
O velhinho reparou na cor dos rapazes
the little old man noticed the boys' colour
"E por que vocês estão todos cobertos de branco?"
"And why are you all covered with white?"
— Vou te dizer o porquê — disse Pinóquio
"I will tell you why," said Pinocchio
"Sem observar, esfreguei-me contra uma parede"
"Without observing it I rubbed myself against a wall"
"mal sabia eu que o muro tinha acabado de ser caiado"
"little did I know that the wall had been freshly whitewashed"
tinha vergonha de confessar a verdade
he was ashamed to confess the truth
na verdade, ele tinha sido enfarinhado como um peixe
in fact he had been floured like a fish
"E o que você fez com sua jaqueta?"
"And what have you done with your jacket?"
"Onde estão suas calças e seu boné?"
"where are your trousers, and your cap?"
"Conheci alguns ladrões na minha viagem"
"I met some robbers on my journey"
"e tiraram-me todas as minhas coisas"
"and they took all my things from me"
"Bom velhinho, tenho um favor a pedir"
"Good old man, I have a favour to ask"
"Você poderia me dar algumas roupas para voltar para casa?"
"could you perhaps give me some clothes to return home in?"
"Meu menino, gostaria de ajudá-lo"
"My boy, I would like to help you"
"mas não tenho nada além de um pequeno saco"
"but I have nothing but a little sack"
"é apenas um saco em que guardo feijão"
"it is but a sack in which I keep beans"
"mas se você tiver necessidade dele, leve-o"

"but if you have need of it, take it"
Pinóquio não esperou ser perguntado duas vezes
Pinocchio did not wait to be asked twice
Ele pegou o saco de uma vez
He took the sack at once
e pegou emprestado uma tesoura
and he borrowed a pair of scissors
e abriu um buraco na ponta do saco
and he cut a hole at the end of the sack
de cada lado, cortava pequenos orifícios para os braços
at each side, he cut out small holes for his arms
e vestiu o saco como uma camisa
and he put the sack on like a shirt
E com a sua nova roupagem partiu para a aldeia
And with his new clothing he set off for the village
Mas, à medida que ia, não se sentia nada confortável
But as he went he did not feel at all comfortable
por cada passo em frente dava mais um passo atrás
for each step forward he took another step backwards
"Como me apresentarei à minha boa fada?"
"How shall I ever present myself to my good little Fairy?"
"O que ela vai dizer quando me vir?"
"What will she say when she sees me?"
"Será que ela vai me perdoar essa segunda escapada?"
"Will she forgive me this second escapade?"
"Ah, tenho certeza que ela não vai me perdoar!"
"Oh, I am sure that she will not forgive me!"
"E serve-me bem, porque sou um patife"
"And it serves me right, because I am a rascal"
"Prometo sempre corrigir-me"
"I am always promising to correct myself"
"mas nunca cumpro a minha palavra!"
"but I never keep my word!"
Quando chegou à aldeia era noite
When he reached the village it was night
e tinha ficado muito escuro
and it had gotten very dark

Uma tempestade tinha chegado da costa
A storm had come in from the shore
e a chuva caía em torrentes
and the rain was coming down in torrents
ele foi direto para a casa da Fada
he went straight to the Fairy's house
Estava decidido a bater à porta
he was resolved to knock at the door
Mas quando lá esteve a sua coragem falhou-lhe
But when he was there his courage failed him
em vez de bater, fugiu uns vinte passos
instead of knocking he ran away some twenty paces
Voltou à porta uma segunda vez
He returned to the door a second time
e segurou o batedor de porta na mão
and he held the door knocker in his hand
Tremendo, bateu um pouco à porta
trembling, he gave a little knock at the door
Esperou e esperou que a mãe abrisse a porta
He waited and waited for his mother to open the door
Pinóquio deve ter esperado nada menos que meia hora
Pinocchio must have waited no less than half an hour
Finalmente, uma janela no último andar foi aberta
At last a window on the top floor was opened
A casa tinha quatro andares de altura
the house was four stories high
e Pinóquio viu um grande caracol
and Pinocchio saw a big Snail
tinha uma vela acesa na cabeça para olhar para fora
it had a lighted candle on her head to look out
"Quem está lá a esta hora?"
"Who is there at this hour?"
"A Fada está em casa?", perguntou o boneco
"Is the Fairy at home?" asked the puppet
— A Fada está dormindo — respondeu o caracol
"The Fairy is asleep," answered the snail
"e ela não deve ser despertada"

"and she must not be awakened"
"mas quem és tu?", perguntou o Caracol
"but who are you?" asked the Snail
"Sou eu", respondeu Pinóquio
"It is I," answered Pinocchio
"Quem sou eu?", perguntou o caracol
"Who is I?" asked the Snail
"Sou eu, Pinóquio", respondeu Pinóquio
"It is I, Pinocchio," answered Pinocchio
"E quem é Pinóquio?", perguntou o Caracol
"And who is Pinocchio?" asked the Snail
"O fantoche que vive na casa da Fada"
"The puppet who lives in the Fairy's house"
"Ah, eu entendo!", disse o Caracol
"Ah, I understand!" said the Snail
"Espere por mim lá"
"Wait for me there"
"Vou descer e abrir a porta"
"I will come down and open the door"
"Seja rápido, por piedade"
"Be quick, for pity's sake"
"porque estou a morrer de frio"
"because I am dying of cold"
"Meu menino, eu sou um caracol"
"My boy, I am a snail"
"e os caracóis nunca têm pressa"
"and snails are never in a hurry"
Passou-se uma hora e depois duas
An hour passed, and then two
e a porta ainda não estava aberta
and the door was still not opened
Pinóquio estava molhado por todo o lado
Pinocchio was wet through and through
e tremia de frio e medo
and he was trembling from cold and fear
Finalmente teve a coragem de bater de novo
at last he had the courage to knock again

desta vez, bateu mais alto do que antes
this time he knocked louder than before
Nesta segunda batida abriu-se uma janela no piso inferior
At this second knock a window on the lower story opened
e o mesmo caracol apareceu na janela
and the same Snail appeared at the window
"Lindo caracolzinho", gritou Pinóquio
"Beautiful little Snail," cried Pinocchio
"Estou à espera há duas horas!"
"I have been waiting for two hours!"
"Duas horas numa noite destas parece mais de dois anos"
"two hours on such a night seems longer than two years"
"Seja rápido, por piedade"
"Be quick, for pity's sake"
"Meu menino", respondeu o bichinho calmo
"My boy," answered the calm little animal
"você sabe que eu sou um caracol"
"you know that I am a snail"
"e os caracóis nunca têm pressa"
"and snails are never in a hurry"
E a janela foi fechada novamente
And the window was shut again
Pouco depois da meia-noite atingiu
Shortly afterwards midnight struck
depois uma hora, depois duas horas
then one o'clock, then two o'clock
e a porta continuava por abrir
and the door still remained unopened
Pinóquio finalmente perdeu toda a paciência
Pinocchio finally lost all patience
apoderou-se furiosamente do batedor da porta
he seized the door knocker in a rage
ele pretendia bater a porta o mais forte que podia
he intended bang the door as hard as he could
um golpe que ressoaria pela casa
a blow that would resound through the house
o batedor da porta era feito de ferro

- 222 -

the door knocker was made from iron
mas, de repente, transformou-se numa enguia
but suddenly it turned into an eel
e a enguia escorregou da mão de Pinóquio
and the eel slipped out of Pinocchio's hand
Descendo a rua havia um fluxo de água
down the street was a stream of water
e a enguia desapareceu rio abaixo
and the eel disappeared down the stream
Pinóquio ficou cego de raiva
Pinocchio was blinded with rage
"Ah! então é assim?"
"Ah! so that's the way it is?"
"então vou chutar com todas as minhas forças"
"then I will kick with all my might"
Pinóquio correu um pouco até a porta
Pinocchio took a little run up to the door
e chutou a porta com todas as suas forças
and he kicked the door with all his might
foi realmente um chute forte e poderoso
it was indeed a mighty strong kick
e o pé atravessou a porta
and his foot went through the door
Pinóquio tentou puxar o pé para fora
Pinocchio tried to pull his foot out
mas então ele percebeu sua situação
but then he realized his predicament
era como se o pé tivesse sido pregado
it was as if his foot had been nailed down
Pense na situação do pobre Pinóquio!
Think of poor Pinocchio's situation!
Teve de passar o resto da noite com um pé
He had to spend the rest of the night on one foot
e o outro pé estava no ar
and the other foot was in the air
depois de muitas horas o amanhecer finalmente chegou
after many hours daybreak finally came

e finalmente a porta foi aberta
and at last the door was opened
o caracol só tinha levado nove horas
it had only taken the Snail nine hours
ele tinha vindo todo o caminho do quarto andar
he had come all the way from the fourth story
É evidente que seus esforços devem ter sido grandes
It is evident that her exertions must have been great
mas ela estava igualmente confusa com Pinóquio
but she was equally confused by Pinocchio
"O que você está fazendo com o pé na porta?"
"What are you doing with your foot in the door?"
"Foi um acidente", respondeu o boneco
"It was an accident," answered the puppet
"oh caracol lindo, por favor me ajude"
"oh beautiful snail, please help me"
"Tente tirar o pé da porta"
"try and get my foot out the door"
"Meu menino, isso é obra de carpinteiro""
"My boy, that is the work of a carpenter""
"e nunca fui carpinteiro"
"and I have never been a carpenter"
"Nesse caso, por favor, arranje a Fada para mim!"
"in that case please get the Fairy for me!"
"A Fada ainda está a dormir"
"The Fairy is still asleep"
"e ela não deve ser despertada"
"and she must not be awakened"
"Mas o que posso fazer com o pé preso na porta?"
"But what can I do with me foot stuck in the door?"
"Há muitas formigas nesta área"
"there are many ants in this area"
"Divirta-se contando todas as formiguinhas"
"Amuse yourself by counting all the little ants"
"Traga-me pelo menos algo para comer"
"Bring me at least something to eat"
"porque estou bastante exausta e com fome"

"because I am quite exhausted and hungry"
— De imediato — disse o caracol
"At once," said the Snail
Na verdade, foi quase tão rápido quanto ela havia dito
it was in fact almost as fast as she had said
depois de três horas, ela voltou para Pinóquio
after three hours she returned to Pinocchio
e em sua cabeça havia uma bandeja de prata
and on her head was a silver tray
A bandeja continha um pão
The tray contained a loaf of bread
e havia um frango assado
and there was a roast chicken
e havia quatro damascos maduros
and there were four ripe apricots
"Aqui está o pequeno-almoço que a Fada lhe enviou"
"Here is the breakfast that the Fairy has sent you"
estas eram todas as coisas que Pinóquio gostava de comer
these were all things Pinocchio liked to eat
O boneco sentiu-se muito reconfortado com a vista
The puppet felt very much comforted at the sight
Mas então ele começou a comer a comida
But then he began to eat the food
e ficou muito revoltado com o gosto
and he was most disgusted by the taste
descobriu que o pão era gesso
he discovered that the bread was plaster
o frango era feito de papelão
the chicken was made of cardboard
e os quatro damascos eram alabastro
and the four apricots were alabaster
O pobre Pinóquio queria chorar
Poor Pinocchio wanted to cry
Desesperado, tentou deitar fora a bandeja
In his desperation he tried to throw away the tray
talvez tenha sido por causa de sua dor
perhaps it was because of his grief

ou poderia ter sido que ele estava exausto
or it could have been that he was exhausted
e o pequeno boneco desmaiou com o esforço
and the little puppet fainted from the effort
Eventualmente, ele recuperou a consciência
eventually he regained consciousness
e descobriu que estava deitado num sofá
and he found that he was lying on a sofa
e a boa Fada estava ao seu lado
and the good Fairy was beside him
"Vou perdoá-lo mais uma vez", disse a Fada
"I will pardon you once more," the Fairy said
"Mas ai de ti se te comportares mal uma terceira vez!"
"but woe to you if you behave badly a third time!"
Pinóquio prometeu e jurou que estudaria
Pinocchio promised and swore that he would study
e jurou que sempre se comportaria bem
and he swore he would always conduct himself well
E manteve a sua palavra durante o resto do ano
And he kept his word for the remainder of the year
Pinóquio obteve notas muito boas na escola
Pinocchio got very good grades at school
e teve a honra de ser o melhor aluno
and he had the honour of being the best student
O seu comportamento em geral foi muito louvável
his behaviour in general was very praiseworthy
e a Fada estava muito satisfeita com ele
and the Fairy was very much pleased with him
"Amanhã o vosso desejo será gratificado"
"Tomorrow your wish shall be gratified"
"Que desejo era esse?", perguntou Pinóquio
"what wish was that?" asked Pinocchio
"Amanhã deixarás de ser marionete de madeira"
"Tomorrow you shall cease to be a wooden puppet"
"e você finalmente se tornará um menino"
"and you shall finally become a boy"
você não poderia imaginar a alegria de Pinóquio

you could not have imagined Pinocchio's joy
e Pinóquio foi autorizado a fazer uma festa
and Pinocchio was allowed to have a party
Todos os seus colegas de escola deveriam ser convidados
All his school-fellows were to be invited
haveria um grande café da manhã na casa da Fada
there would be a grand breakfast at the Fairy's house
juntos celebrariam o grande evento
together they would celebrate the great event
A Fada tinha preparado duzentas xícaras de café e leite
The Fairy had prepared two hundred cups of coffee and milk
e quatrocentos pães foram cortados
and four hundred rolls of bread were cut
e todo o pão era amanteigado de cada lado
and all the bread was buttered on each side
O dia prometia ser muito feliz e delicioso
The day promised to be most happy and delightful
mas...
but...
Infelizmente na vida das marionetas há sempre um "mas" que estraga tudo
Unfortunately in the lives of puppets there is always a "but" that spoils everything

A Terra dos Pássaros Boobie
The Land of the Boobie Birds

Claro que Pinóquio pediu permissão à Fada
Of course Pinocchio asked the Fairy's permission
"Posso percorrer a cidade para distribuir os convites?"
"may I go round the town to give out the invitations?"
e a Fada disse-lhe:
and the Fairy said to him:
"Vá, se quiser, tem a minha permissão"
"Go, if you like, you have my permission"
"Convide seus companheiros para o café da manhã amanhã"

"invite your companions for the breakfast tomorrow"
"mas lembre-se de voltar para casa antes de escurecer"
"but remember to return home before dark"
"Você entendeu?", ela verificou
"Have you understood?" she checked
"Prometo estar de volta daqui a uma hora"
"I promise to be back in an hour"
"Cuida-te, Pinóquio!", avisou-o
"Take care, Pinocchio!" she cautioned him
"Os rapazes estão sempre muito prontos a prometer"
"Boys are always very ready to promise"
"mas geralmente os rapazes lutam para cumprir a sua palavra"
"but generally boys struggle to keep their word"
"Mas não sou como os outros rapazes"
"But I am not like other boys"
"Quando digo uma coisa, faço-a"
"When I say a thing, I do it"
"Vamos ver se vai cumprir a sua promessa"
"We shall see if you will keep your promise"
"Se você é desobediente, tanto pior para você"
"If you are disobedient, so much the worse for you"
"Por que seria tão pior para mim?"
"Why would it be so much the worse for me?"
"Há rapazes que não ouvem os conselhos"
"there are boys who do not listen to the advice"
"conselhos de pessoas que sabem mais do que eles"
"advice from people who know more than them"
"e eles sempre se deparam com um infortúnio ou outro"
"and they always meet with some misfortune or other"
"Eu vivenciei isso", disse Pinóquio
"I have experienced that," said Pinocchio
"mas nunca mais cometo esse erro"
"but I shall never make that mistake again"
"Vamos ver se isso é verdade"
"We shall see if that is true"
e o fantoche despediu-se da sua boa Fada

and the puppet took leave of his good Fairy
a boa Fada era agora como uma mamã para ele
the good Fairy was now like a mamma to him
e saiu de casa cantando e dançando
and he went out of the house singing and dancing
Em menos de uma hora todos os seus amigos foram convidados
In less than an hour all his friends were invited
Alguns aceitaram de imediato com entusiasmo
Some accepted at once heartily
outros, no início, exigiam algum convencimento
others at first required some convincing
mas depois ouviram que haveria café
but then they heard that there would be coffee
e o pão ia ser amanteigado de ambos os lados
and the bread was going to be buttered on both sides
"Viremos também, para vos fazer um prazer"
"We will come also, to do you a pleasure"

Agora devo dizer-lhe que Pinóquio tinha muitos amigos
Now I must tell you that Pinocchio had many friends
e havia muitos meninos com quem ele ia para a escola
and there were many boys he went to school with
mas havia um rapaz de que ele gostava especialmente
but there was one boy he especially liked
O nome deste rapaz era Romeu
This boy's name was Romeo
mas ele sempre foi pelo seu apelido
but he always went by his nickname
todos os meninos o chamavam de Vela-pavio
all the boys called him Candle-wick
porque ele era tão magro, reto e brilhante
because he was so thin, straight and bright
como o novo pavio de uma pequena luz noturna
like the new wick of a little nightlight
Vela-pavio era o mais preguiçoso dos meninos
Candle-wick was the laziest of the boys
e ele era mais do que os outros meninos também
and he was naughtier than the other boys too
mas Pinóquio era devotado a ele
but Pinocchio was devoted to him
ele tinha ido para a casa de Vela-pavio antes dos outros
he had gone to Candle-wick's house before the others
mas não o encontrara
but he had not found him
Ele voltou uma segunda vez, mas Vela-pavio não estava lá
He returned a second time, but Candle-wick was not there
Foi uma terceira vez, mas foi em vão
He went a third time, but it was in vain
Onde poderia procurá-lo?
Where could he search for him?
Ele olhou para aqui, para lá e para todos os lugares
He looked here, there, and everywhere
e finalmente encontrou seu amigo Vela-pavio
and at last he found his friend Candle-wick
ele estava escondido na varanda de uma casa de camponês

he was hiding on the porch of a peasant's cottage
"O que você está fazendo lá?", perguntou Pinóquio
"What are you doing there?" asked Pinocchio
"Estou à espera da meia-noite"
"I am waiting for midnight"
"Vou fugir"
"I am going to run away"
"E para onde vais?"
"And where are you going?"
"Vou viver para outro país"
"I am going to live in another country"
"O país mais encantador do mundo"
"the most delightful country in the world"
"Uma verdadeira terra de doces!"
"a real land of sweetmeats!"
"E como se chama?"
"And what is it called?"
"Chama-se Terra dos Atobás"
"It is called the Land of Boobies"
"Por que você não vem também?"
"Why do you not come, too?"
"Eu? Não, mesmo que eu quisesse!"
"I? No, even if I wanted to!"
"Você está errado, Pinóquio"
"You are wrong, Pinocchio"
"Se não vieres, arrepender-te-ás"
"If you do not come you will repent it"
"Onde você poderia encontrar um país melhor para meninos?"
"Where could you find a better country for boys?"
"Não há escolas lá"
"There are no schools there"
"Não há mestres lá"
"there are no masters there"
"e não há livros lá"
"and there are no books there"
"Naquela terra deliciosa ninguém nunca estuda"

"In that delightful land nobody ever studies"
"Sábado nunca há escola"
"On Saturday there is never school"
"todas as semanas são seis sábados"
"every week consists of six Saturdays"
"e o resto da semana são domingos"
"and the remainder of the week are Sundays"
"pense em todo o tempo que há para brincar"
"think of all the time there is to play"
"as férias de outono começam no dia primeiro de janeiro"
"the autumn holidays begin on the first of January"
"e terminam no último dia de dezembro"
"and they finish on the last day of December"
"Esse é o país para mim!"
"That is the country for me!"
"É assim que todos os países civilizados devem ser!"
"That is what all civilized countries should be like!"
"Mas como são passados os dias na Terra dos Atobás?"
"But how are the days spent in the Land of Boobies?"
"Os dias são passados a brincar e a divertir-se"
"The days are spent in play and amusement"
"Você se diverte de manhã até a noite"
"you enjoy yourself from morning till night"
"e quando a noite chega você vai para a cama"
"and when night comes you go to bed"
"e então você recomeça a diversão no dia seguinte"
"and then you recommence the fun the next day"
"O que você acha disso?"
"What do you think of it?"
"Hum!", disse Pinóquio, pensativo
"Hum!" said Pinocchio thoughtfully
e balançou ligeiramente a cabeça
and he shook his head slightly
o gesto parecia dizer alguma coisa
the gesture did seem to say something
"Essa é uma vida que eu também levaria de bom grado"
"That is a life that I also would willingly lead"

mas ainda não tinha aceitado o convite
but he had not accepted the invitation yet
"Bem, você vai comigo?"
"Well, will you go with me?"
"Sim ou não? Resolva rapidamente"
"Yes or no? Resolve quickly"
"Não, não, não e não novamente"
"No, no, no, and no again"
"Prometi à minha boa Fada ser bom rapaz"
"I promised my good Fairy to be good boy"
"e cumprirei a minha palavra"
"and I will keep my word"
"O sol vai pôr-se em breve"
"the sun will soon be setting"
"então devo deixá-lo e fugir"
"so I must leave you and run away"
"Adeus e uma viagem agradável para você"
"Good-bye, and a pleasant journey to you"
"Para onde você está correndo com tanta pressa?"
"Where are you rushing off to in such a hurry?"
"Vou para casa", disse Pinóquio
"I am going home," said Pinocchio
"Minha boa Fada deseja que eu esteja de volta antes do anoitecer"
"My good Fairy wishes me to be back before dark"
"Espere mais dois minutos"
"Wait another two minutes"
"Vai fazer-me tarde demais"
"It will make me too late"
"Apenas dois minutos", implorou Vela-pavio
"Only two minutes," Candle-wick pleaded
"E se a Fada me repreender?"
"And if the Fairy scolds me?"
"Deixa ela te repreender", sugeriu
"Let her scold you," he suggested
Vela-pavio era um patife bastante persuasivo
Candle-wick was quite a persuasive rascal

"**Quando ela tiver repreendido bem, vai segurar a língua**"
"When she has scolded well she will hold her tongue"
"**E o que você vai fazer?**"
"And what are you going to do?"
"**Vai sozinho ou com companheiros?**"
"Are you going alone or with companions?"
"**oh não se preocupe com esse Pinóquio**"
"oh don't worry about that Pinocchio"
"**Não estarei sozinho na Terra dos Atobás**"
"I will not be alone in the Land of Boobies"
"**Haverá mais de uma centena de meninos**"
"there will be more than a hundred boys"
"**E você faz a viagem a pé?**"
"And do you make the journey on foot?"
"**Um treinador vai passar em breve**"
"A coach will pass by shortly"
"**a carruagem levar-me-á a esse país feliz**"
"the carriage will take me to that happy country"
"**O que eu não daria para o treinador passar agora!**"
"What would I not give for the coach to pass by now!"
"**Por que você quer que o treinador passe tão mal?**"
"Why do you want the coach to come by so badly?"
"**para que eu possa ver vocês todos indo juntos**"
"so that I can see you all go together"
"**Fique aqui um pouco mais, Pinóquio**"
"Stay here a little longer, Pinocchio"
"**Fique um pouco mais e você vai nos ver**"
"stay a little longer and you will see us"
"**Não, não, tenho de ir para casa**"
"No, no, I must go home"
"**Espere mais dois minutos**"
"just wait another two minutes"
"**Já demorei demais**"
"I have already delayed too long"
"**A Fada vai ficar ansiosa por mim**"
"The Fairy will be anxious about me"
"**Ela tem medo que os morcegos te comam?**"

"Is she afraid that the bats will eat you?"
Pinóquio tinha ficado um pouco curioso
Pinocchio had grown a little curious
"Tem a certeza de que não há escolas?"
"are you certain that there are no schools?"
"Não há sequer a sombra de uma escola"
"there is not even the shadow of a school"
"E também não há mestres?"
"And are there no masters either?"
"a Terra dos Boobies está livre de senhores"
"the Land of the Boobies is free of masters"
"E ninguém é feito para estudar?"
"And no one is ever made to study?"
"Nunca, nunca e nunca mais!"
"Never, never, and never again!"
Pinóquio ficou com água na boca com a ideia
Pinocchio's mouth watered at the idea
"Que país delicioso!", disse Pinóquio
"What a delightful country!" said Pinocchio
"Eu nunca estive lá", disse Vela-pavio
"I have never been there," said Candle-wick
"mas posso imaginá-lo perfeitamente bem"
"but I can imagine it perfectly well"
"Por que você não virá também?"
"Why will you not come also?"
"É inútil tentar-me"
"It is useless to tempt me"
"Fiz uma promessa à minha boa Fada"
"I made a promise to my good Fairy"
"Vou tornar-me um rapaz sensato"
"I will become a sensible boy"
"e eu não vou quebrar a minha palavra"
"and I will not break my word"
"Adeus, então", disse Vela-pavio
"Good-bye, then," said Candle-wick
"Cumprimentar todos os meninos da escola"
"give my compliments to all the boys at school"

"Adeus, Vela-pavio; uma viagem agradável para você"
"Good-bye, Candle-wick; a pleasant journey to you"
"Divirta-se nesta terra agradável"
"amuse yourself in this pleasant land"
"e pense às vezes nos seus amigos"
"and think sometimes of your friends"
Assim dizendo, o boneco deu dois passos para ir
Thus saying, the puppet made two steps to go
Mas depois parou a meio caminho
but then he stopped halfway in his track
e, voltando-se para o amigo, perguntou:
and, turning to his friend, he inquired:
"Mas você tem certeza de tudo isso?"
"But are you quite certain about all this?"
"naquele país todas as semanas consistem em seis sábados?"
"in that country all the weeks consist of six Saturdays?"
"e o resto da semana é aos domingos?"
"and the rest of the week consists of Sundays?"
"todos os dias da semana consistem certamente em seis sábados"
"all the weekdays most certainly consist of six Saturdays"
"e o resto dos dias são mesmo domingos"
"and the rest of the days are indeed Sundays"
"E você tem certeza sobre as férias?"
"and are you quite sure about the holidays?"
"as férias definitivamente começam no dia primeiro de janeiro?"
"the holidays definitely begin on the first of January?"
"E você tem certeza de que as férias terminam no último dia de dezembro?"
"and you're sure the holidays finish on the last day of December?"
"Tenho a certeza de que é assim"
"I am assuredly certain that this is how it is"
"Que país delicioso!", repetiu Pinóquio
"What a delightful country!" repeated Pinocchio
e ficou encantado com tudo o que ouvira

and he was enchanted by all that he had heard
desta vez, Pinóquio falou mais resoluto;
this time Pinocchio spoke more resolute
"Desta vez muito adeus"
"This time really good-bye"
"Desejo-lhe boa viagem e vida"
"I wish you pleasant journey and life"
"Adeus, meu amigo", curvou-se Vela-pavio
"Good-bye, my friend," bowed Candle-wick
"Quando começa?", perguntou Pinóquio
"When do you start?" inquired Pinocchio
"Vou sair muito em breve"
"I will be leaving very soon"
"Que pena que você deve sair tão cedo!"
"What a pity that you must leave so soon!"
"Quase me sentiria tentado a esperar"
"I would almost be tempted to wait"
"E a Fada?", perguntou Vela-pavio
"And the Fairy?" asked Candle-wick
"Já é tarde", confirmou Pinóquio
"It is already late," confirmed Pinocchio
"Posso voltar para casa uma hora mais cedo"
"I can return home an hour sooner"
"ou posso voltar para casa uma hora depois"
"or I can return home an hour later"
"Realmente vai ser tudo igual"
"really it will be all the same"
"mas e se a Fada te repreender?"
"but what if the Fairy scolds you?"
"Tenho de ter paciência!"
"I must have patience!"
"Vou deixá-la me repreender"
"I will let her scold me"
"Quando ela tiver repreendido bem, vai segurar a língua"
"When she has scolded well she will hold her tongue"
Entretanto, a noite tinha chegado
In the meantime night had come on

e a essa altura já estava bastante escuro
and by now it had gotten quite dark
De repente, viram ao longe uma pequena luz em movimento
Suddenly they saw in the distance a small light moving

ouviram um barulho de conversa
they heard a noise of talking
e ouvia-se o som de uma trombeta
and there was the sound of a trumpet
mas o som ainda era pequeno e fraco
but the sound was still small and feeble
Assim, o som ainda se assemelhava ao zumbido de um mosquito
so the sound still resembled the hum of a mosquito
"Aqui está!", gritou Vela-pavio, saltando para seus pés
"Here it is!" shouted Candle-wick, jumping to his feet
"O que é isso?", perguntou Pinóquio num sussurro
"What is it?" asked Pinocchio in a whisper
"É a carruagem que vem levar-me"
"It is the carriage coming to take me"
"Então você virá, sim ou não?"
"so will you come, yes or no?"
"Mas será mesmo verdade?", perguntou o fantoche
"But is it really true?" asked the puppet

"Nesse país os rapazes nunca são obrigados a estudar?"
"in that country boys are never obliged to study?"
"Nunca, nunca e nunca mais!"
"Never, never, and never again!"
"Que país delicioso!"
"What a delightful country!"

Pinóquio desfruta de seis meses de felicidade
Pinocchio Enjoys Six Months of Happiness

Finalmente, o vagão finalmente chegou
At last the wagon finally arrived
e chegou sem fazer o menor barulho
and it arrived without making the slightest noise
porque as suas rodas estavam atadas com linho e trapos
because its wheels were bound with flax and rags
Foi puxado por doze pares de burros
It was drawn by twelve pairs of donkeys
todos os burros tinham o mesmo tamanho
all the donkeys were the same size
mas cada burro tinha uma cor diferente
but each donkey was a different colour
Alguns dos burros eram cinzentos
Some of the donkeys were gray
e alguns dos burros eram brancos
and some of the donkeys were white
e alguns burros foram salgados como pimenta e sal
and some donkeys were brindled like pepper and salt
e outros burros tinham grandes riscas de amarelo e azul
and other donkeys had large stripes of yellow and blue
Mas havia algo de extraordinário neles
But there was something most extraordinary about them
eles não eram empurrados como outros animais de carga
they were not shod like other beasts of burden
Nos pés, os burros tinham botas de homem
on their feet the donkeys had men's boots

"E o cocheiro?", você pode perguntar
"And the coachman?" you may ask
Imagine para si mesmo um homenzinho mais largo do que longo
Picture to yourself a little man broader than long
flácido e gorduroso como um pedaço de manteiga
flabby and greasy like a lump of butter
com um pequeno rosto redondo como um laranja
with a small round face like an orange
uma bocazinha que estava sempre rindo
a little mouth that was always laughing
e uma voz suave e acariciante de um gato
and a soft, caressing voice of a cat
Todos os rapazes lutaram pelo seu lugar no treinador
All the boys fought for their place in the coach
todos queriam ser conduzidos para a Terra dos Boobies
they all wanted to be conducted to the Land of Boobies
A carruagem estava, de facto, bastante cheia de rapazes
The carriage was, in fact, quite full of boys
e todos os rapazes tinham entre oito e catorze anos
and all the boys were between eight and fourteen years
os rapazes amontoavam-se uns sobre os outros
the boys were heaped one upon another
tal como os arenques são espremidos num barril
just like herrings are squeezed into a barrel
Eles estavam desconfortáveis e embalados juntos
They were uncomfortable and packed closely together
e mal conseguiam respirar
and they could hardly breathe
mas nenhum dos rapazes pensou em resmungar
but not one of the boys thought of grumbling
foram consolados pelas promessas do seu destino
they were consoled by the promises of their destination
um lugar sem livros, sem escolas e sem mestres
a place with no books, no schools, and no masters
isso os deixou tão felizes e resignados
it made them so happy and resigned

e não sentiram nem cansaço nem inconveniência
and they felt neither fatigue nor inconvenience
nem fome, nem sede, nem falta de sono
neither hunger, nor thirst, nor want of sleep
logo o vagão os alcançou
soon the wagon had reached them
o homenzinho virou-se diretamente para Vela-pavio
the little man turned straight to Candle-wick
tinha mil sorrisos e caretas
he had a thousand smirks and grimaces
"Diga-me, meu bom rapaz";
"Tell me, my fine boy;"
"Você também gostaria de ir para o país afortunado?"
"would you also like to go to the fortunate country?"
"Eu certamente quero ir"
"I certainly wish to go"
"Mas devo avisar-te, meu querido filho"
"But I must warn you, my dear child"
"Não há mais lugar no vagão".
"there is not a place left in the wagon"
"Você pode ver por si mesmo que está bastante cheio"
"You can see for yourself that it is quite full"
"Não importa", respondeu Vela-pavio
"No matter," replied Candle-wick
"Não preciso de me sentar na carroça"
"I do not need to sit in the wagon"
"Vou sentar-me no arco da roda"
"I will sit on the arch of the wheel"
E com um salto sentou-se acima da roda
And with a leap he sat above the wheel
"E você, meu amor!", disse o homenzinho
"And you, my love!" said the little man
e voltou-se de forma lisonjeira para Pinóquio
and he turned in a flattering manner to Pinocchio
"O que tenciona fazer?"
"what do you intend to do?"
"Você está vindo com a gente?

"Are you coming with us?
"Ou vai ficar para trás?"
"or are you going to remain behind?"
"Vou ficar para trás", respondeu Pinóquio
"I will remain behind," answered Pinocchio
"Vou para casa", respondeu orgulhoso
"I am going home," he answered proudly
"Pretendo estudar, como todos os meninos bem conduzidos fazem"
"I intend to study, as all well conducted boys do"
"Que te faça muito bem!"
"Much good may it do you!"
"Pinóquio!", gritou Vela-pavio
"Pinocchio!" called out Candle-wick
"Vem connosco e vamos divertir-nos"
"come with us and we shall have such fun"
"Não, não e não novamente!", respondeu Pinóquio
"No, no, and no again!" answered Pinocchio
Um coro de cem vozes gritou do treinador
a chorus of hundred voices shouted from the the coach
"Vem connosco e vamos divertir-nos muito"
"Come with us and we shall have so much fun"
mas o fantoche não tinha certeza
but the puppet was not at all sure
"Se eu vier contigo, o que dirá a minha boa Fada?"
"if I come with you, what will my good Fairy say?"
e começava a ceder
and he was beginning to yield
"Não perturbe a cabeça com pensamentos melancólicos"
"Do not trouble your head with melancholy thoughts"
"considere apenas o quão delicioso será"
"consider only how delightful it will be"
"vamos para a Terra dos Boobies"
"we are going to the Land of the Boobies"
"Todo o dia estaremos em liberdade para fazer tumultos"
"all day we shall be at liberty to run riot"
Pinóquio não respondeu, mas suspirou

Pinocchio did not answer, but he sighed
suspirou de novo, e depois suspirou pela terceira vez
he sighed again, and then sighed for the third time
finalmente Pinóquio decidiu
finally Pinocchio made up his mind
"Faça um pequeno espaço para mim"
"Make a little room for me"
"porque eu gostaria de vir também"
"because I would like to come, too"
"Os lugares estão todos cheios", respondeu o homenzinho
"The places are all full," replied the little man
"Mas, deixe-me mostrar-lhe como você é bem-vindo"
"but, let me show you how welcome you are"
"Vou deixar você ter meu lugar na caixa"
"I will let you have my seat on the box"
"E onde você vai se sentar?"
"And where will you sit?"
"Ah, vou a pé"
"Oh, I will go on foot"
"Não, de facto, não podia permitir isso"
"No, indeed, I could not allow that"
"Prefiro montar um destes burros"
"I would rather mount one of these donkeys"
assim Pinóquio subiu o primeiro burro
so Pinocchio went up the the first donkey
e tentou montar o animal
and he attempted to mount the animal
mas o burro virou-se contra ele
but the little donkey turned on him
e o burro deu-lhe um grande golpe no estômago
and the donkey gave him a great blow in the stomach
e rolou-o com as pernas no ar
and it rolled him over with his legs in the air
todos os meninos estavam assistindo a isso
all the boys had been watching this
então você pode imaginar o riso do vagão
so you can imagine the laughter from the wagon

Mas o homenzinho não riu
But the little man did not laugh
Aproximou-se do burro rebelde
He approached the rebellious donkey
e, a princípio, fingiu beijá-lo
and at first he pretended to kiss him
mas depois mordeu metade da orelha
but then he bit off half of his ear
Pinóquio, entretanto, levantou-se do chão
Pinocchio in the meantime had gotten up from the ground
ele ainda estava muito cruzado com o animal
he was still very cross with the animal
mas com uma mola saltou sobre ele
but with a spring he jumped onto him
e sentou-se nas costas do pobre animal
and he seated himself on the poor animal's back
E ele surgiu tão bem que os meninos pararam de rir
And he sprang so well that the boys stopped laughing
e começaram a gritar: "Hurra, Pinóquio!"
and they began to shout: "Hurrah, Pinocchio!"
e bateram palmas e o aplaudiram
and they clapped their hands and applauded him
Logo os burros estavam galopando pela pista
soon the donkeys were galloping down the track
e a carroça agitava-se sobre as pedras
and the wagon was rattling over the stones
mas o fantoche pensou que ouvia uma voz baixa
but the puppet thought that he heard a low voice
"Coitado do tolo! você deveria ter seguido o seu próprio caminho"
"Poor fool! you should have followed your own way"
"mas tu te arrependerás de ter vindo!"
"but but you will repent having come!"
Pinóquio ficou um pouco assustado com o que ouvira
Pinocchio was a little frightened by what he had heard
Ele olhou de um lado para o outro para ver o que era
he looked from side to side to see what it was

ele tentou ver de onde essas palavras poderiam ter vindo
he tried to see where these words could have come from
mas, independentemente de onde olhasse, não via ninguém
but regardless of of where he looked he saw nobody
Os burros galoparam e a carroça tremeu
The donkeys galloped and the wagon rattled
e o tempo todo os meninos lá dentro dormiam
and all the while the boys inside slept
Vela-pavio roncava como um dorrato
Candle-wick snored like a dormouse
e o homenzinho sentou-se na caixa
and the little man seated himself on the box
e cantava canções entre os dentes
and he sang songs between his teeth
"Durante a noite todos dormem"
"During the night all sleep"
"Mas eu durmo nunca"
"But I sleep never"
logo eles tinham ido mais um quilômetro
soon they had gone another mile
Pinóquio voltou a ouvir a mesma vozinha baixa
Pinocchio heard the same little low voice again
"Tenha isso em mente, simplório!"
"Bear it in mind, simpleton!"
"Há rapazes que se recusam a estudar"
"there are boys who refuse to study"
"Dão as costas aos livros"
"they turn their backs upon books"
"Eles acham que são bons demais para ir à escola
"they think they're too good to go to school
"e eles não obedecem aos seus senhores"
"and they don't obey their masters"
"Passam o tempo a brincar e a divertir-se"
"they pass their time in play and amusement"
"mas, mais cedo ou mais tarde, chegam a um mau fim"
"but sooner or later they come to a bad end"
"Sei-o pela minha experiência"

"I know it from my experience"
"e posso dizer-vos como acaba sempre"
"and I can tell you how it always ends"
"**Virá um dia em que chorareis**"
"A day will come when you will weep"
"**você vai chorar como eu estou chorando agora**"
"you will weep just as I am weeping now"
"**Mas então será tarde demais!**"
"but then it will be too late!"
as palavras tinham sido sussurradas muito suavemente
the words had been whispered very softly
mas Pinóquio podia ter certeza do que ouvira
but Pinocchio could be sure of what he had heard
O boneco estava mais assustado do que nunca
the puppet was more frightened than ever
Desceu das costas do seu burro
he sprang down from the back of his donkey
e foi agarrar-se à boca do burro
and he went and took hold of the donkey's mouth
você pode imaginar a surpresa de Pinóquio com o que ele viu
you can imagine Pinocchio's surprise at what he saw
o burro chorava como um menino!
the donkey was crying just like a boy!
"**Eh! Sir Coachman**", gritou Pinóquio
"Eh! Sir Coachman," cried Pinocchio
"**Aqui está uma coisa extraordinária!**"
"here is an extraordinary thing!"
"**Este burro está a chorar**"
"This donkey is crying"
"**Deixa ele chorar**", disse o cocheiro
"Let him cry," said the coachman
"**Ele vai rir quando for noivo**"
"he will laugh when he is a bridegroom"
"**Mas você por acaso o ensinou a falar?**"
"But have you by chance taught him to talk?"
"**Não; mas passou três anos com cães eruditos**"

"No; but he spent three years with learned dogs"
"e aprendeu a murmurar algumas palavras"
"and he learned to mutter a few words"
"Pobre besta!", acrescentou o cocheiro
"Poor beast!" added the coachman
— Mas não se preocupe — disse o homenzinho
"but don't you worry," said the little man
"Não nos deixem perder tempo a ver um burro chorar"
"don't let us waste time in seeing a donkey cry"
"Monte-o e continuemos"
"Mount him and let us go on"
"A noite é fria e a estrada é longa"
"the night is cold and the road is long"
Pinóquio obedeceu sem outra palavra
Pinocchio obeyed without another word

De manhã, ao amanhecer, chegaram
In the morning about daybreak they arrived
eles estavam agora em segurança na Terra dos Pássaros Boobie
they were now safely in the Land of Boobie Birds
Era um país diferente de qualquer outro país do mundo
It was a country unlike any other country in the world
A população era composta inteiramente por rapazes
The population was composed entirely of boys
O mais velho dos rapazes tinha catorze anos

The oldest of the boys were fourteen
e os mais novos tinham apenas oito anos
and the youngest were scarcely eight years old
Nas ruas havia grande alegria
In the streets there was great merriment
a visão dele era suficiente para virar a cabeça de qualquer um
the sight of it was enough to turn anybody's head
Havia tropas de rapazes por todo o lado
There were troops of boys everywhere
Alguns brincavam com nozes que tinham encontrado
Some were playing with nuts they had found
Alguns estavam jogando com Battledores
some were playing games with battledores
Muitos meninos estavam jogando futebol
lots of boys were playing football
Alguns montavam velocípedes, outros cavalos de madeira
Some rode velocipedes, others wooden horses
Um grupo de rapazes brincava de esconde-esconde
A party of boys were playing hide and seek
alguns rapazes perseguiam-se uns aos outros
a few boys were chasing each other
Alguns estavam recitando e cantando músicas
Some were reciting and singing songs
outros estavam apenas saltando para o ar
others were just leaping into the air
Alguns divertiam-se a andar com as mãos
Some amused themselves with walking on their hands
outros estavam a tropeçar aros ao longo da estrada
others were trundling hoops along the road
e alguns andavam vestidos de generais
and some were strutting about dressed as generals
eles usavam capacetes feitos de folhas
they were wearing helmets made from leaves
e comandavam um esquadrão de soldados de papelão
and they were commanding a squadron of cardboard soldiers
Alguns riam e outros gritavam

Some were laughing and some shouting
e alguns gritavam coisas bobas
and some were calling out silly things
outros batiam palmas, ou assobiavam
others clapped their hands, or whistled
alguns depenaram como uma galinha que acabou de pôr um ovo
some clucked like a hen who has just laid an egg
Em todas as praças, teatros de tela foram erguidos
In every square, canvas theatres had been erected
e eles estavam lotados de meninos durante todo o dia
and they were crowded with boys all day long
Nas paredes das casas havia inscrições
On the walls of the houses there were inscriptions
"Viva os brinquedos"
"Long live the playthings"
"Não teremos mais escolas"
"we will have no more schools"
"Descendo o vaso sanitário com aritmética"
"down the toilet with arithmetic"
e outros bons sentimentos semelhantes foram escritos
and similar other fine sentiments were written
Claro que todos os slogans estavam em má ortografia
of course all the slogans were in bad spelling
Pinóquio, Vela-pavio e os outros rapazes foram para a cidade
Pinocchio, Candle-wick and the other boys went to the town
eles estavam no meio do tumulto
they were in the thick of the tumult
e eu não preciso dizer o quão divertido foi
and I need not tell you how fun it was
Em poucos minutos, eles se familiarizaram com todos
within minutes they acquainted themselves with everybody
Onde poderiam ser encontrados meninos mais felizes ou mais satisfeitos?
Where could happier or more contented boys be found?
as horas, os dias e as semanas passavam como um relâmpago
the hours, days and weeks passed like lightning

o tempo voa quando você está se divertindo
time flies when you're having fun
"Oh, que vida deliciosa!", disse Pinóquio
"Oh, what a delightful life!" said Pinocchio
"Veja, então, eu não estava certo?", respondeu Vela-pavio
"See, then, was I not right?" replied Candle-wick
"E pensar que você não queria vir!"
"And to think that you did not want to come!"
"imagine que você tinha voltado para casa para a sua Fada"
"imagine you had returned home to your Fairy"
"Você queria perder seu tempo estudando!"
"you wanted to lose your time in studying!"
"Agora estás livre do incómodo dos livros"
"now you are free from the bother of books"
"Você deve reconhecer que você deve isso a mim"
"you must acknowledge that you owe it to me"
"só os amigos sabem prestar serviços tão bons"
"only friends know how to render such great services"
"É verdade, Vela-pavio!", confirmou Pinóquio
"It is true, Candle-wick!" confirmed Pinocchio
"Se agora sou um menino feliz, é tudo o que você faz"
"If I am now a happy boy, it is all your doing"
"Mas você sabe o que o mestre costumava dizer?"
"But do you know what the master used to say?"
"Não se associe a esse malandro Vela-pavio"
"Do not associate with that rascal Candle-wick"
"porque ele é um mau companheiro para você"
"because he is a bad companion for you"
"E Ele só te levará à maldade!"
"and he will only lead you into mischief!"
"Pobre mestre!", respondeu o outro, balançando a cabeça
"Poor master!" replied the other, shaking his head
"Sei muito bem que ele não gostava de mim"
"I know only too well that he disliked me"
"e divertiu-se dificultando a minha vida"
"and he amused himself by making my life hard"
"mas sou generoso e perdoo-o!"

"but I am generous, and I forgive him!"
"Você é uma alma nobre!", disse Pinóquio
"you are a noble soul!" said Pinocchio
e abraçou o amigo carinhosamente
and he embraced his friend affectionately
e beijou-o entre os olhos
and he kissed him between the eyes
Esta vida deliciosa tinha durado cinco meses
This delightful life had gone on for five months
Os dias tinham sido inteiramente passados em brincadeiras e diversões
The days had been entirely spent in play and amusement
nem um pensamento foi gasto em livros ou escola
not a thought was spent on books or school
mas uma manhã Pinóquio acordou com uma surpresa muito desagradável
but one morning Pinocchio awoke to a most disagreeable surprise
o que viu colocou-o num humor muito mau
what he saw put him into a very bad humour

Pinóquio transforma-se num burro
Pinocchio Turns into a Donkey

quando acordou Pinóquio, coçou a cabeça
when he Pinocchio awoke he scratched his head
Ao coçar a cabeça, descobriu algo...
when scratching his head he discovered something...
suas orelhas tinham crescido mais do que uma mão!
his ears had grown more than a hand!
Você pode imaginar sua surpresa
You can imagine his surprise
porque ele sempre teve orelhas muito pequenas
because he had always had very small ears
Ele foi imediatamente em busca de um espelho
He went at once in search of a mirror

ele tinha que ter um olhar melhor para si mesmo
he had to have a better look at himself
mas ele não foi capaz de encontrar qualquer tipo de espelho
but he was not able to find any kind of mirror
então encheu a bacia de água
so he filled the basin with water
e viu um reflexo que nunca desejou ver
and he saw a reflection he never wished to see
Um magnífico par de orelhas de burro embelezava-lhe a cabeça!
a magnificent pair of donkey's ears embellished his head!
pensem na tristeza, na vergonha e no desespero do pobre Pinóquio!
think of poor Pinocchio's sorrow, shame and despair!
Começou a chorar e a rugir
He began to cry and roar
e bateu a cabeça contra a parede
and he beat his head against the wall
mas quanto mais chorava, mais os seus ouvidos cresciam;
but the more he cried the longer his ears grew
e as suas orelhas cresceram, e cresceram, e cresceram
and his ears grew, and grew, and grew
e suas orelhas ficaram peludas em direção aos pontos
and his ears became hairy towards the points
um pouco de Marmota ouviu os gritos de Pinóquio
a little Marmot heard Pinocchio's loud cries
Vendo o boneco com tanta dor, ela perguntou sinceramente:
Seeing the puppet in such grief she asked earnestly:
"O que te aconteceu, meu caro companheiro de alojamento?"
"What has happened to you, my dear fellow-lodger?"
"Estou doente, minha querida pequena Marmota"
"I am ill, my dear little Marmot"
"muito doente, e a minha doença assusta-me"
"very ill, and my illness frightens me"
"Você entende contar um pulso?"
"Do you understand counting a pulse?"
"Um pouco", soluçou Pinóquio

"A little," sobbed Pinocchio
"Depois sinto e vê se por acaso tenho febre"
"Then feel and see if by chance I have got fever"
A pequena Marmota levantou a pata dianteira direita
The little Marmot raised her right fore-paw
e a pequena Marmota sentiu o pulso de Pinóquio
and the little Marmot felt Pinocchio's pulse
e ela disse-lhe, suspirando:
and she said to him, sighing:
"Meu amigo, isso me entristece muito"
"My friend, it grieves me very much".
"mas sou obrigado a dar-vos más notícias!"
"but I am obliged to give you bad news!"
"O que é?", perguntou Pinóquio
"What is it?" asked Pinocchio
"Você está com uma febre muito ruim!"
"You have got a very bad fever!"
"Que febre é essa?"
"What fever is it?"
"tem um caso de febre do burro"
"you have a case of donkey fever"
"É uma febre que não entendo"
"That is a fever that I do not understand"
mas compreendeu-o demasiado bem
but he understood it only too well
— Então eu vou te explicar — disse a Marmota
"Then I will explain it to you," said the Marmot
"Em breve você não será mais um fantoche"
"soon you will no longer be a puppet"
"Não vai demorar mais do que duas ou três horas"
"it won't take longer than two or three hours"
"Nem serás um rapaz"
"nor will you be a boy either"
"Então o que serei eu?"
"Then what shall I be?"
"vais ser um burro"
"you will well and truly be a little donkey"

"um burro como os que desenham as carroças"
"a donkey like those that draw the carts"
"um burro que leva couves para o mercado"
"a donkey that carries cabbages to market"
"Oh, como eu sou infeliz!", gritou Pinóquio
"Oh, how unfortunate I am!" cried Pinocchio
e agarrou as duas orelhas com as mãos
and he seized his two ears with his hands
e puxou e rasgou as orelhas furiosamente
and he pulled and tore at his ears furiously
puxou como se fossem orelhas de outra pessoa
he pulled as if they had been someone else's ears
"Meu querido menino", disse a Marmota
"My dear boy," said the Marmot
e ela fez o possível para consolá-lo
and she did her best to console him
"Não se pode fazer nada a respeito"
"you can do nothing about it"
"É teu destino tornar-te burro"
"It is your destiny to become a donkey"
"Está escrito nos decretos da sabedoria"
"It is written in the decrees of wisdom"
"acontece a todos os rapazes que são preguiçosos"
"it happens to all boys who are lazy"
"acontece aos rapazes que não gostam de livros"
"it happens to the boys that dislike books"
"acontece aos rapazes que não vão às escolas"
"it happens to the boys that don't go to schools"
"e acontece aos rapazes que desobedecem aos seus senhores"
"and it happens to boys who disobey their masters"
"todos os meninos que passam o tempo se divertindo"
"all boys who pass their time in amusement"
"Todos os meninos que jogam o dia todo"
"all the boys who play games all day"
"Rapazes que se distraem com desvios"
"boys who distract themselves with diversions"
"o mesmo destino espera todos aqueles meninos"

"the same fate awaits all those boys"
"Mais cedo ou mais tarde tornam-se pequenos burros"
"sooner or later they become little donkeys"
"Mas será mesmo assim?", perguntou o boneco, soluçando
"But is it really so?" asked the puppet, sobbing
"É verdade demais!"
"It is indeed only too true!"
"E as lágrimas agora são inúteis"
"And tears are now useless"
"Você deveria ter pensado nisso mais cedo!"
"You should have thought of it sooner!"
"Mas a culpa não foi minha; acredite, pequena Marmot"
"But it was not my fault; believe me, little Marmot"
"a culpa foi toda de Vela-pavio!"
"the fault was all Candle-wick's!"
"E quem é este Vela-pavio?"
"And who is this Candle-wick?"
"Vela-pavio é um dos meus colegas de escola"
"Candle-wick is one of my school-fellows"
"Queria voltar para casa e ser obediente"
"I wanted to return home and be obedient"
"Queria estudar e ser um bom rapaz"
"I wished to study and be a good boy"
"mas Vela-pavio convenceu-me do contrário"
"but Candle-wick convinced me otherwise"
"Por que você deveria se preocupar estudando?"
'Why should you bother yourself by studying?'
"Por que você deveria ir à escola?"
'Why should you go to school?'
"Venha connosco para a Terra dos Pássaros"
'Come with us instead to the Land of Boobies Birds'
"Aí nenhum de nós terá de aprender"
'there we shall none of us have to learn'
"Vamos divertir-nos de manhã à noite"
'we will amuse ourselves from morning to night'
"E seremos sempre alegres"
'and we shall always be merry'

"aquele seu amigo era falso"
"that friend of yours was false"
"Por que você seguiu o conselho dele?"
"why did you follow his advice?"
"Porque, minha querida pequena Marmota, eu sou uma marionete"
"Because, my dear little Marmot, I am a puppet"
"Não tenho sentido nem coração"
"I have no sense and no heart"
"se tivesse tido um coração nunca teria saído"
"if I had had a heart I would never have left"
"Deixei minha boa fada que me amava como uma mamãe"
"I left my good Fairy who loved me like a mamma"
"a boa Fada que tanto fez por mim!"
"the good Fairy who had done so much for me!"
"E eu não ia mais ser marionete"
"And I was going to be a puppet no longer"
"A esta altura, eu já teria me tornado um menino"
"I would by this time have become a little boy"
"e eu seria como os outros meninos"
"and I would be like the other boys"
"Mas se eu encontrar Vela-pavio, ai dele!"
"But if I meet Candle-wick, woe to him!"
"Ele ouvirá o que eu penso dele!"
"He shall hear what I think of him!"
E virou-se para sair
And he turned to go out
Mas depois lembrou-se que tinha orelhas de burro
But then he remembered he had donkey's ears
Claro que tinha vergonha de mostrar os ouvidos em público
of course he was ashamed to show his ears in public
Então, o que você acha que ele fez?
so what do you think he did?
Ele levou um grande chapéu de algodão
He took a big cotton hat
e pôs o chapéu de algodão na cabeça
and he put the cotton hat on his head

e puxou o chapéu bem para baixo sobre o nariz
and he pulled the hat well down over his nose
Ele então partiu em busca de Vela-pavio
He then set out in search of Candle-wick
Procurou-o nas ruas
He looked for him in the streets
e procurou-o nos pequenos teatros
and he looked for him in the little theatres
Ele olhou em todos os lugares possíveis
he looked in every possible place
mas não o encontrava onde quer que olhasse
but he could not find him wherever he looked
Perguntou-lhe a todos os que conhecia
He inquired for him of everybody he met
mas ninguém parecia tê-lo visto
but no one seemed to have seen him
Ele então foi procurá-lo em sua casa
He then went to seek him at his house
e, tendo chegado à porta, bateu
and, having reached the door, he knocked
"Quem está lá?", perguntou Vela-pavio de dentro
"Who is there?" asked Candle-wick from within
"Sou eu!", respondeu o fantoche
"It is I!" answered the puppet
"Espere um momento e eu vou deixá-lo entrar"
"Wait a moment and I will let you in"
Depois de meia hora, a porta foi aberta
After half an hour the door was opened
agora você pode imaginar o sentimento de Pinóquio com o que viu
now you can imagine Pinocchio's feeling at what he saw
seu amigo também tinha um grande chapéu de algodão na cabeça
his friend also had a big cotton hat on his head
Ao ver o boné, Pinóquio sentiu-se quase consolado
At the sight of the cap Pinocchio felt almost consoled
e Pinóquio pensou consigo mesmo:

and Pinocchio thought to himself:
"O meu amigo tem a mesma doença que eu?"
"Has my friend got the same illness that I have?"
"Ele também está sofrendo de febre de burro?"
"Is he also suffering from donkey fever?"
mas, a princípio, Pinóquio fingiu não ter notado
but at first Pinocchio pretended not to have noticed
Ele apenas casualmente lhe fez uma pergunta, sorrindo:
he just casually asked him a question, smiling:
"Como estás, meu caro Vela-pavio?"
"How are you, my dear Candle-wick?"
"bem como um rato em um queijo parmesão"
"as well as a mouse in a Parmesan cheese"
"Você está dizendo isso a sério?"
"Are you saying that seriously?"
"Por que eu deveria te contar uma mentira?"
"Why should I tell you a lie?"
"Mas por que, então, você usa um chapéu de algodão?"
"but why, then, do you wear a cotton hat?"
"está tapando todos os seus ouvidos"
"is covers up all of your ears"
"O médico mandou-me usá-lo"
"The doctor ordered me to wear it"
"porque machuquei esse joelho"
"because I have hurt this knee"
"E você, querido fantoche", perguntou Vela-pavio
"And you, dear puppet," asked Candle-wick
"Por que você puxou aquele chapéu de algodão que passou pelo nariz?"
"why have you pulled that cotton hat passed your nose?"
"O médico receitou-o porque eu rojei o pé"
"The doctor prescribed it because I have grazed my foot"
"Oh, pobre Pinóquio!" - "Oh, pobre Vela-pavio!"
"Oh, poor Pinocchio!" - "Oh, poor Candle-wick!"
Depois destas palavras, seguiu-se um longo silêncio
After these words a long silence followed
Os dois amigos não fizeram nada além de olhar

zombeteiramente um para o outro
the two friends did nothing but look mockingly at each other
Por fim, o boneco disse em voz suave ao companheiro:
At last the puppet said in a soft voice to his companion:
"Satisfaça a minha curiosidade, meu querido Vela-pavio"
"Satisfy my curiosity, my dear Candle-wick"
"Você já sofreu de doença dos ouvidos?"
"have you ever suffered from disease of the ears?"
"Nunca sofri de doença dos ouvidos!"
"I have never suffered from disease of the ears!"
"E você, Pinóquio?", perguntou Vela-pavio
"And you, Pinocchio?" asked Candle-wick
"Você já sofreu de doença dos ouvidos?"
"have you ever suffered from disease of the ears?"
"Também nunca sofri dessa doença"
"I have never suffered from that disease either"
"Só desde esta manhã um dos meus ouvidos dói"
"Only since this morning one of my ears aches"
"O meu ouvido também me dói"
"my ear is also paining me"
"E qual dos teus ouvidos te magoa?"
"And which of your ears hurts you?"
"Os meus dois ouvidos doem"
"Both of my ears happen to hurt"
"E você?"
"And what about you?"
"Os meus dois ouvidos também doem"
"Both of my ears happen to hurt too"
Podemos ter a mesma doença?"
Can we have got the same illness?"
"Temo que tenhamos tido febre"
"I fear we might have caught a fever"
"Você vai me fazer uma bondade, Vela-pavio?"
"Will you do me a kindness, Candle-wick?"
"De bom grado! De todo o coração"
"Willingly! With all my heart"
"Você vai me deixar ver seus ouvidos?"

"Will you let me see your ears?"
"Por que eu negaria seu pedido?"
"Why would I deny your request?"
"Mas primeiro, meu caro Pinóquio, gostaria de ver o seu"
"But first, my dear Pinocchio, I should like to see yours"
"Não: você deve fazê-lo primeiro"
"No: you must do so first"
"Não, querido. Primeiro você e depois eu!"
"No, dear. First you and then I!"
— **Bem — disse o fantoche**
"Well," said the puppet
"cheguemos a um acordo como bons amigos"
"let us come to an agreement like good friends"
"Deixem-me ouvir o que é este acordo"
"Let me hear what this agreement is"
"Vamos tirar o chapéu no mesmo momento"
"We will both take off our hats at the same moment"
"Você concorda em fazê-lo?"
"Do you agree to do it?"
"Eu concordo, e você tem a minha palavra"
"I agree, and you have my word"
E Pinóquio começou a contar em voz alta:
And Pinocchio began to count in a loud voice:
"Um, dois, três!", contou
"One, two, three!" he counted
No "Três!", os dois rapazes tiraram o chapéu
At "Three!" the two boys took off their hats
e atiraram os chapéus para o ar
and they threw their hats into the air
e você deve ter visto a cena que se seguiu
and you should have seen the scene that followed
pareceria incrível se não fosse verdade
it would seem incredible if it were not true
viram que ambos foram atingidos pelo mesmo infortúnio
they saw they were both struck by the same misfortune
mas não sentiram mortificação nem tristeza
but they felt neither mortification nor grief

em vez disso, começaram a picar as orelhas desgrenhadas
instead they began to prick their ungainly ears
e começaram a fazer mil palhaçadas
and they began to make a thousand antics
Acabaram por cair em gargalhadas
they ended by going into bursts of laughter
E eles riram, e riram, e riram
And they laughed, and laughed, and laughed
até que tiveram de se manter unidos
until they had to hold themselves together

Mas no meio da sua alegria algo aconteceu
But in the midst of their merriment something happened
Vela-pavio de repente parou de rir e brincar
Candle-wick suddenly stopped laughing and joking
Ele cambaleou e mudou de cor
he staggered around and changed colour
"Socorro, socorro, Pinóquio!", gritou
"Help, help, Pinocchio!" he cried
"Qual é o problema consigo?"
"What is the matter with you?"
"Infelizmente, já não consigo ficar de pé"
"Alas, I cannot any longer stand upright"
"Nem eu posso", exclamou Pinóquio
"Neither can I," exclaimed Pinocchio
e começou a cambalear e a chorar

and he began to totter and cry
E enquanto conversavam, ambos dobraram a aposta
And whilst they were talking, they both doubled up
e começaram a correr pela sala com as mãos e os pés
and they began to run round the room on their hands and feet
E enquanto corriam, as suas mãos tornaram-se cascos
And as they ran, their hands became hoofs
seus rostos alongados em focinheiras
their faces lengthened into muzzles
e suas costas ficaram cobertas com cabelos grisalhos claros
and their backs became covered with a light gray hairs
e seus cabelos estavam polvilhados de preto
and their hair was sprinkled with black
Mas sabe qual foi o pior momento?
But do you know what was the worst moment?
Um momento foi pior do que todos os outros
one moment was worse than all the others
Ambos os meninos cresceram rabos de burro
both of the boys grew donkey tails
os meninos foram vencidos pela vergonha e pela tristeza
the boys were vanquished by shame and sorrow
e choraram e lamentaram o seu destino
and they wept and lamented their fate
Ah, se tivessem sido mais sábios!
Oh, if they had but been wiser!
mas não podiam lamentar o seu destino
but they couldn't lament their fate
porque eles só podiam bray como jumentos
because they could only bray like asses
e bradaram alto em coro: "Hee-haw!"
and they brayed loudly in chorus: "Hee-haw!"
Enquanto isto acontecia, alguém bateu à porta
Whilst this was going on someone knocked at the door
e havia uma voz do lado de fora que dizia:
and there was a voice on the outside that said:
"Abra a porta! Eu sou o homenzinho"
"Open the door! I am the little man"

"Eu sou o cocheiro que te trouxe a este país"
"I am the coachman who brought you to this country"
"Abra de uma vez, ou será o pior para você!"
"Open at once, or it will be the worse for you!"

Pinóquio é treinado para o circo
Pinocchio gets Trained for the Circus

a porta não se abria a seu mando
the door wouldn't open at his command
então o homenzinho deu um violento chute na porta
so the little man gave the door a violent kick
e o cocheiro invadiu a sala
and the coachman burst into the room
Falou com a sua gargalhada habitual:
he spoke with his usual little laugh:
"Parabéns, meninos! Você bradou bem"
"Well done, boys! You brayed well"
"e eu te reconheci pelas tuas vozes"
"and I recognized you by your voices"
"É por isso que estou aqui"
"That is why I am here"
Os dois burrinhos estavam bastante estupefatos
the two little donkeys were quite stupefied
Ficaram de cabeça baixa
they stood with their heads down
tinham as orelhas abaixadas
they had their ears lowered
e tinham o rabo entre as pernas
and they had their tails between their legs
No início, o homenzinho acariciou-os e acariciou-os
At first the little man stroked and caressed them
Em seguida, ele tirou um pente de curry
then he took out a currycomb
e penteou bem os burros
and he currycombed the donkeys well

por este processo, ele os poliu
by this process he had polished them
e os dois burros brilhavam como dois espelhos
and the two donkeys shone like two mirrors
Ele colocou um cabresto em torno de seus pescoços
he put a halter around their necks
e levou-os ao mercado
and he led them to the market-place

ele estava na esperança de vendê-los
he was in hopes of selling them
ele pensou que poderia obter um bom lucro
he thought he could get a good profit
E, de facto, havia compradores para os burros
And indeed there were buyers for the donkeys
Vela-pavio foi comprado por um camponês
Candle-wick was bought by a peasant
o seu burro tinha morrido no dia anterior
his donkey had died the previous day
Pinóquio foi vendido ao diretor de uma empresa
Pinocchio was sold to the director of a company
eles eram uma companhia de bufões e dançarinos de corda bamba
they were a company of buffoons and tight-rope dancers
comprou-o para o ensinar a dançar

he bought him so that he might teach him to dance
podia dançar com os outros animais de circo
he could dance with the other circus animals
E agora, meus pequenos leitores, vocês entendem
And now, my little readers, you understand
o homenzinho era apenas um homem de negócios
the little man was just a businessman
e foi um negócio lucrativo que ele liderou
and it was a profitable business that he led
O monstrinho perverso com uma cara de leite e mel
The wicked little monster with a face of milk and honey
Fazia viagens frequentes à volta do mundo
he made frequent journeys round the world
Prometeu e lisonjeou por onde passou;
he promised and flattered wherever he went
e recolheu todos os meninos ociosos
and he collected all the idle boys
e havia muitos meninos ociosos para colecionar
and there were many idle boys to collect
todos os rapazes que não gostavam de livros
all the boys who had taken a dislike to books
e todos os meninos que não gostavam da escola
and all the boys who weren't fond of school
cada vez que sua carroça se enchia com esses meninos
each time his wagon filled up with these boys
e levou-os todos para a Terra dos Pássaros Boobie
and he took them all to the Land of Boobie Birds
Aqui eles passaram o tempo jogando
here they passed their time playing games
e houve alvoroço e muita diversão
and there was uproar and much amusement
mas o mesmo destino esperava todos os meninos iludidos
but the same fate awaited all the deluded boys
muita brincadeira e nenhum estudo os transformaram em burros
too much play and no study turned them into donkeys
depois apoderou-se deles com grande prazer

then he took possession of them with great delight
e levou-os para as feiras e mercados
and he carried them off to the fairs and markets
E assim fez montes de dinheiro
And in this way he made heaps of money
O que aconteceu com Vela-pavio eu não sei
What became of Candle-wick I do not know
mas sei o que aconteceu ao pobre Pinóquio
but I do know what happened to poor Pinocchio
Desde o primeiro dia ele suportou uma vida muito dura
from the very first day he endured a very hard life
Pinóquio foi colocado em sua tenda
Pinocchio was put into his stall
e o seu mestre encheu a manjedoura de palha
and his master filled the manger with straw
mas Pinóquio não gostava nada de comer palha
but Pinocchio didn't like eating straw at all
e o burro cuspiu a palha de novo
and the little donkey spat the straw out again
Então seu mestre, resmungando, encheu a manjedoura de feno
Then his master, grumbling, filled the manger with hay
mas o feno também não agradou a Pinóquio
but hay did not please Pinocchio either
"Ah!", exclamou apaixonado o seu mestre
"Ah!" exclaimed his master in a passion
"O feno também não te agrada?"
"Does not hay please you either?"
"Deixa comigo, meu burro fino"
"Leave it to me, my fine donkey"
"Vejo que estás cheio de caprichos"
"I see you are full of caprices"
"mas não se preocupe, eu vou encontrar uma maneira de curá-lo!"
"but worry not, I will find a way to cure you!"
E golpeou as pernas do burro com o chicote
And he struck the donkey's legs with his whip

Pinóquio começou a chorar e a tremer de dor
Pinocchio began to cry and bray with pain
"Hee-haw! Não consigo digerir palha!"
"Hee-haw! I cannot digest straw!"
"Então coma feno!", disse seu mestre
"Then eat hay!" said his master
ele entendia perfeitamente o dialeto asinino
he understood perfectly the asinine dialect
"Hee-haw! feno dá-me uma dor no estômago"
"Hee-haw! hay gives me a pain in my stomach"
"Vejo como é burro"
"I see how it is little donkey"
"Você gostaria de ser alimentado com capões em geléia"
"you would like to be fed with capons in jelly"
e ele ficou cada vez mais irritado
and he got more and more angry
e voltou a chicotear o pobre Pinóquio
and he whipped poor Pinocchio again
na segunda vez que Pinóquio segurou a língua
the second time Pinocchio held his tongue
e aprendeu a não dizer mais nada
and he learned to say nothing more
O estábulo foi então fechado
The stable was then shut
e Pinóquio ficou sozinho
and Pinocchio was left alone
Ele não comia há muitas horas
He had not eaten for many hours
e começou a bocejar de fome
and he began to yawn from hunger
seus bocejos pareciam tão largos quanto um forno
his yawns seemed as wide as an oven
mas não encontrou mais nada para comer
but he found nothing else to eat
por isso, resignou-se à sua sorte
so he resigned himself to his fate
e cedeu e mastigou um pouco de feno

and gave in and chewed a little hay
mastigou bem o feno, porque estava seco
he chewed the hay well, because it was dry
e fechou os olhos e engoliu-a
and he shut his eyes and swallowed it
"Este feno não é mau", disse a si próprio
"This hay is not bad," he said to himself
"mas melhor teria sido se eu tivesse estudado!"
"but better would have been if I had studied!"
"Em vez de feno, agora podia estar a comer pão"
"Instead of hay I could now be eating bread"
"e talvez eu estivesse comendo salsichas finas"
"and perhaps I would have been eating fine sausages"
"Mas tenho de ter paciência!"
"But I must have patience!"
Na manhã seguinte, acordou novamente
The next morning he woke up again
Ele olhou na manjedoura para um pouco mais de feno
he looked in the manger for a little more hay
mas não havia mais feno para ser encontrado
but there was no more hay to be found
porque tinha comido todo o feno durante a noite
for he had eaten all the hay during the night
Em seguida, ele tomou um bocado de palha picada
Then he took a mouthful of chopped straw
mas ele tinha que reconhecer o gosto horrível
but he had to acknowledge the horrible taste
não tinha o menor sabor de macarrão ou torta
it tasted not in the least like macaroni or pie
"Espero que outros meninos, aprendam com a minha lição"
"I hope other naughty boys learn from my lesson"
"Mas tenho de ter paciência!"
"But I must have patience!"
e o burro continuava a mastigar a palha
and the little donkey kept chewing the straw
"Paciência mesmo!", gritou seu mestre
"Patience indeed!" shouted his master

ele tinha entrado naquele momento no estábulo
he had come at that moment into the stable
"mas não fique muito confortável, meu burro"
"but don't get too comfortable, my little donkey"
"Não te comprei para te dar comida e bebida"
"I didn't buy you to give you food and drink"
"Comprei-te para te fazer trabalhar"
"I bought you to make you work"
"Eu comprei você para que você me ganhe dinheiro"
"I bought you so that you earn me money"
"Lá em cima você fica, então, de uma vez!"
"Up you get, then, at once!"
"Você deve vir comigo para o circo"
"you must come with me into the circus"
"lá vou ensinar-te a saltar por entre argolas"
"there I will teach you to jump through hoops"
"Você vai aprender a ficar de pé sobre as patas traseiras"
"you will learn to stand upright on your hind legs"
"e você vai aprender a dançar valsas e polcas"
"and you will learn to dance waltzes and polkas"
O pobre Pinóquio teve que aprender todas essas coisas boas
Poor Pinocchio had to learn all these fine things
e não posso dizer que foi fácil de aprender
and I can't say it was easy to learn
demorou três meses a aprender os truques
it took him three months to learn the tricks
Levou muitas chicotadas que quase lhe tiraram a pele
he got many a whipping that nearly took off his skin
Por fim, seu mestre fez o anúncio
At last his master made the announcement
muitos cartazes coloridos colados nas esquinas
many coloured placards stuck on the street corners
"Grande representação de vestido completo"
"Great Full Dress Representation"
"Esta noite terão lugar os feitos e surpresas habituais"
"TONIGHT will Take Place the Usual Feats and Surprises"
"Performances executadas por todos os artistas e cavalos"

"Performances Executed by All the Artists and horses"
"e além disso; O famoso PEQUENO BURRO PINÓQUIO"
"and moreover; The Famous LITTLE DONKEY PINOCCHIO"
"A ESTRELA DA DANÇA"
"THE STAR OF THE DANCE"
"O teatro será brilhantemente iluminado"
"the theatre will be brilliantly illuminated"
você pode imaginar como o teatro estava lotado
you can imagine how crammed the theatre was
O circo estava cheio de crianças de todas as idades
The circus was full of children of all ages
todos vieram ver o famoso burro Pinóquio dançar
all came to see the famous little donkey Pinocchio dance
A primeira parte da apresentação terminou
the first part of the performance was over
O diretor da empresa apresentou-se ao público
the director of the company presented himself to the public
Ele estava vestido com um casaco preto e bermudas brancas
he was dressed in a black coat and white breeches
e grandes botas de couro que vinham acima dos joelhos
and big leather boots that came above his knees
fez uma profunda reverência à multidão
he made a profound bow to the crowd
Começou com muita solenidade um discurso ridículo:
he began with much solemnity a ridiculous speech:
"Público respeitável, senhoras e senhores!"
"Respectable public, ladies and gentlemen!"
"É com muita honra e prazer"
"it is with great honour and pleasure"
"Estou aqui perante esta distinta audiência"
"I stand here before this distinguished audience"
"e apresento-vos o célebre burro"
"and I present to you the celebrated little donkey"
"O burro que já teve a honra"
"the little donkey who has already had the honour"
"a honra de dançar na presença de Sua Majestade"
"the honour of dancing in the presence of His Majesty"

"E, agradecendo, peço-vos que nos ajudem"
"And, thanking you, I beg of you to help us"
"Ajude-nos com a sua presença inspiradora"
"help us with your inspiring presence"
"e por favor, estimado público, seja indulgente conosco"
"and please, esteemed audience, be indulgent to us"
Este discurso foi recebido com muitas gargalhadas e aplausos
This speech was received with much laughter and applause
mas os aplausos logo foram ainda mais altos do que antes
but the applause soon was even louder than before
o pequeno burro Pinóquio fez sua aparição
the little donkey Pinocchio made his appearance
e ficou no meio do circo
and he stood in the middle of the circus
Ele estava enfeitado para a ocasião
He was decked out for the occasion
Ele tinha um novo freio de couro polido
He had a new bridle of polished leather
e usava fivelas e pregos de latão
and he was wearing brass buckles and studs
e tinha duas camélias brancas nos ouvidos
and he had two white camellias in his ears
Sua crina estava dividida e enrolada
His mane was divided and curled
e cada ondulação era amarrada com laços de fita colorida
and each curl was tied with bows of coloured ribbon
Ele tinha uma circunferência de ouro e prata ao redor de seu corpo
He had a girth of gold and silver round his body
sua cauda estava entrançada com amaranto e fitas de veludo azul
his tail was plaited with amaranth and blue velvet ribbons
Ele era, na verdade, um burro para se apaixonar!
He was, in fact, a little donkey to fall in love with!
O diretor acrescentou estas poucas palavras:
The director added these few words:

"**Meus respeitáveis auditores!**"
"My respectable auditors!"
"**Não estou aqui para vos dizer falsidades**"
"I am not here to tell you falsehoods"
"**foram grandes as dificuldades que tive de ultrapassar**"
"there were great difficulties I had to overcome"
"**Compreendi e subjuguei este mamífero**"
"I understood and subjugated this mammifer"
"**pastava em liberdade entre as montanhas**"
"he was grazing at liberty amongst the mountains"
"**vivia nas planícies da zona tórrida**"
"he lived in the plains of the torrid zone"
"**Peço-vos que observem o revirar selvagem dos seus olhos**"
"I beg you will observe the wild rolling of his eyes"
"**Todos os meios foram tentados em vão para domá-lo**"
"Every means had been tried in vain to tame him"
"**Habituei-o à vida de quadrúpedes domésticos**"
"I have accustomed him to the life of domestic quadrupeds"
"**e poupei-lhe o argumento convincente do chicote**"
"and I spared him the convincing argument of the whip"
"**Mas toda a minha bondade só aumentou a sua crueldade**"
"But all my goodness only increased his viciousness"
"**No entanto, descobri no crânio uma cartilagem óssea**"
"However, I discovered in his cranium a bony cartilage"
"**Mandei inspecioná-lo pela Faculdade de Medicina de Paris**"
"I had him inspected by the Faculty of Medicine of Paris"
"**Não poupei custos ao tratamento do meu burro**"
"I spared no cost for my little donkey's treatment"
"**Nele os médicos encontraram o córtex regenerador da dança**"
"in him the doctors found the regenerating cortex of dance"
"**Por isso não só o ensinei a dançar**"
"For this reason I have not only taught him to dance"
"**mas também o ensinei a saltar através de argolas**"
"but I also taught him to jump through hoops"
"**Admirá-lo e depois passar a sua opinião sobre ele!**"
"Admire him, and then pass your opinion on him!"

"Mas antes de me despedir de ti, permita-me isto";
"But before taking my leave of you, permit me this;"
"Senhoras e senhores, estimados membros da multidão"
"ladies and gentlemen, esteemed members of the crowd"
"Convido-vos para o espetáculo diário de amanhã"
"I invite you to tomorrow's daily performance"
Aqui o realizador fez outra profunda reverência
Here the director made another profound bow
e, voltando-se para Pinóquio, disse:
and, then turning to Pinocchio, he said:
"Coragem, Pinóquio! Mas antes de começar:"
"Courage, Pinocchio! But before you begin:"
"Curva-te a este ilustre público"
"bow to this distinguished audience"
Pinóquio obedeceu às ordens de seu mestre
Pinocchio obeyed his master's commands
e dobrou os dois joelhos até tocarem o chão
and he bent both his knees till they touched the ground
O diretor quebrou o chicote e gritou:
the director cracked his whip and shouted:
"A um passo de pé, Pinóquio!"
"At a foot's pace, Pinocchio!"
Então o pequeno burro levantou-se sobre as suas quatro pernas
Then the little donkey raised himself on his four legs
e começou a andar pelo teatro
and began to walk round the theatre
e o tempo todo ele se manteve no ritmo de um pé
and the whole time he kept at a foot's pace
Depois de algum tempo, o diretor gritou novamente:
After a little time the director shouted again:
"Trote!" e Pinóquio, obedeceu à ordem
"Trot!" and Pinocchio, obeyed the order
e ele mudou seu ritmo para um trote
and he changed his pace to a trot
"Galop!" e Pinóquio irrompeu a galope
"Gallop!" and Pinocchio broke into a gallop

"Galope total!" e Pinóquio foi a galope completo
"Full gallop!" and Pinocchio went full gallop
Ele corria ao redor do circo como um cavalo de corrida
he was running round the circus like a racehorse
Mas então o diretor disparou uma pistola
but then the director fired off a pistol
a toda velocidade, caiu no chão
at full speed he fell to the floor
e o pequeno burro fingiu estar ferido
and the little donkey pretended to be wounded
levantou-se do chão no meio de uma explosão de aplausos
he got up from the ground amidst an outburst of applause
Houve gritos e palmas
there were shouts and clapping of hands
e ele naturalmente levantou a cabeça e olhou para cima
and he naturally raised his head and looked up
e viu numa das caixas uma bela senhora
and he saw in one of the boxes a beautiful lady
ela usava em volta do pescoço uma grossa corrente de ouro
she wore round her neck a thick gold chain
e da corrente pendia um medalhão
and from the chain hung a medallion
No medalhão foi pintado o retrato de uma marionete
On the medallion was painted the portrait of a puppet
"Esse é o meu retrato!", percebeu Pinóquio
"That is my portrait!" realized Pinocchio
"Essa senhora é a Fada!", disse Pinóquio para si mesmo
"That lady is the Fairy!" said Pinocchio to himself
Pinóquio reconheceu-a imediatamente
Pinocchio had recognized her immediately
e, tomado de prazer, tentou chamá-la
and, overcome with delight, he tried to call her
"Oh, minha pequena fada! Oh, minha pequena fada!"
"Oh, my little Fairy! Oh, my little Fairy!"
Mas, em vez dessas palavras, um raio veio de sua garganta
But instead of these words a bray came from his throat
um bray tão prolongado que todos os espectadores riram

a bray so prolonged that all the spectators laughed
e todas as crianças do teatro riram especialmente
and all the children in the theatre especially laughed
Depois, o realizador deu-lhe uma lição
Then the director gave him a lesson
não é uma boa maneira irrever perante o público
it is not good manners to bray before the public
com o cabo do chicote bateu no nariz do burro
with the handle of his whip he smacked the donkey's nose
O pobre burro pôs a língua para fora um centímetro
The poor little donkey put his tongue out an inch
e lambeu o nariz por pelo menos cinco minutos
and he licked his nose for at least five minutes
ele pensou que talvez aliviasse a dor
he thought perhaps that it would ease the pain
Mas como ele se desesperou ao olhar para cima uma segunda vez
But how he despaired when looking up a second time
viu que o assento estava vazio
he saw that the seat was empty
a boa Fada dele tinha desaparecido!
the good Fairy of his had disappeared!
Pensou que ia morrer
He thought he was going to die
Seus olhos se encheram de lágrimas e ele começou a chorar
his eyes filled with tears and he began to weep
Ninguém, no entanto, notou suas lágrimas
Nobody, however, noticed his tears
"Coragem, Pinóquio!", gritou o diretor
"Courage, Pinocchio!" shouted the director
"Mostre ao público como você pode saltar graciosamente através dos aros"
"show the audience how gracefully you can jump through the hoops"
Pinóquio tentou duas ou três vezes
Pinocchio tried two or three times
mas passar pelo aro não é fácil para um burro

but going through the hoop is not easy for a donkey
e achou mais fácil ir para debaixo do aro
and he found it easier to go under the hoop
Por fim, deu um salto e passou pelo aro
At last he made a leap and went through the hoop
mas sua perna direita infelizmente pegou no aro
but his right leg unfortunately caught in the hoop
e isso fez com que ele caísse no chão
and that caused him to fall to the ground
ele foi dobrado em uma pilha do outro lado
he was doubled up in a heap on the other side
Quando se levantou, estava coxo
When he got up he was lame
só com grande dificuldade regressou ao estábulo
only with great difficulty did he return to the stable
"Tira Pinóquio!", gritavam todos os rapazes
"Bring out Pinocchio!" shouted all the boys
"Queremos o burro!", esbravejou o teatro
"We want the little donkey!" roared the theatre
Eles ficaram emocionados e lamentaram o triste acidente
they were touched and sorry for the sad accident
Mas o pequeno burro não foi mais visto naquela noite
But the little donkey was seen no more that evening
Na manhã seguinte, o veterinário visitou-o
The following morning the veterinary paid him a visit
os veterinários são médicos dos animais
the vets are doctors to the animals
e declarou que permaneceria coxo por toda a vida
and he declared that he would remain lame for life
O diretor, então, disse ao estábulo:
The director then said to the stable-boy:
"O que você acha que eu posso fazer com um burro manco?"
"What do you suppose I can do with a lame donkey?"
"Ele vai comer comida sem ganhá-la"
"He will eat food without earning it"
"Leve-o ao mercado e venda-o"
"Take him to the market and sell him"

Quando chegaram ao mercado, foi imediatamente encontrado um comprador
When they reached the market a purchaser was found at once
Perguntou ao estábulo:
He asked the stable-boy:
"Quanto queres para aquele burro coxo?"
"How much do you want for that lame donkey?"
"Vinte dólares e eu vou vendê-lo para você"
"Twenty dollars and I'll sell him to you"
"Vou dar-lhe dois dólares"
"I will give you two dollars"
"mas não suponha que eu vou fazer uso dele"
"but don't suppose that I will make use of him"
"Estou a comprá-lo apenas para a sua pele"
"I am buying him solely for his skin"
"Vejo que a pele dele está muito dura"
"I see that his skin is very hard"
"Pretendo fazer uma bateria com ele"
"I intend to make a drum with him"
ouviu dizer que estava destinado a tornar-se tambor!
he heard that he was destined to become a drum!
você pode imaginar os sentimentos do pobre Pinóquio
you can imagine poor Pinocchio's feelings
os dois dólares foram entregues
the two dollars were handed over
e o homem recebeu o seu burro
and the man was given his donkey
Levou o pequeno burro à beira-mar
he led the little donkey to the seashore
Em seguida, colocou uma pedra em volta do pescoço
he then put a stone round his neck
e deu-lhe um empurrão súbito na água
and he gave him a sudden push into the water
Pinóquio foi pesado pela pedra
Pinocchio was weighted down by the stone
e foi direto para o fundo do mar
and he went straight to the bottom of the sea

seu dono segurou firmemente o cordão
his owner kept tight hold of the cord
Sentou-se calmamente num pedaço de rocha
he sat down quietly on a piece of rock
e esperou até que o pequeno burro se afogasse
and he waited until the little donkey was drowned
e então ele pretendia esfolá-lo
and then he intended to skin him

Pinóquio é engolido pelo peixe-cão
Pinocchio gets Swallowed by the Dog-Fish

Pinóquio tinha estado cinquenta minutos debaixo de água
Pinocchio had been fifty minutes under the water
O seu comprador disse em voz alta a si mesmo:
his purchaser said aloud to himself:
"O meu burro coxo já deve estar bastante afogado"
"My little lame donkey must by now be quite drowned"
"Por isso, vou tirá-lo da água"
"I will therefore pull him out of the water"
"e farei um tambor fino de sua pele"
"and I will make a fine drum of his skin"
E começou a puxar a corda
And he began to haul in the rope
a corda que tinha amarrado à perna do burro
the rope he had tied to the donkey's leg
e ele arrastou, e arrastou, e arrastou
and he hauled, and hauled, and hauled
ele arrastou até que, finalmente...
he hauled until at last...
O que você acha que apareceu acima da água?
what do you think appeared above the water?
não puxou um burro morto para aterrar
he did not pull a dead donkey to land
em vez disso, ele viu um pequeno boneco vivo
instead he saw a living little puppet

e este pequeno boneco estava se contorcendo como uma enguia!
and this little puppet was wriggling like an eel!
o pobre homem pensou que estava sonhando
the poor man thought he was dreaming
e foi surpreendido de espanto
and he was struck dumb with astonishment
ele finalmente se recuperou de sua estupefação
he eventually recovered from his stupefaction
e perguntou ao boneco com voz trêmula:
and he asked the puppet in a quavering voice:
"Onde está o burro que joguei no mar?"
"where is the little donkey I threw into the sea?"
"Eu sou o burro!", disse Pinóquio
"I am the little donkey!" said Pinocchio
e Pinóquio riu de ser um fantoche novamente
and Pinocchio laughed at being a puppet again
"Como podes ser o burro??"
"How can you be the little donkey??"
"Eu era o burrozinho", respondeu Pinóquio
"I was the little donkey," answered Pinocchio
"e agora sou um fantoche de novo"
"and now I'm a little puppet again"
"Ah, um acampamento jovem é o que você é!!"

"Ah, a young scamp is what you are!!"
"Você se atreve a zombar de mim?"
"Do you dare to make fun of me?"
"Para tirar sarro de você?", perguntou Pinóquio
"To make fun of you?" asked Pinocchio
"Muito pelo contrário, meu querido mestre?"
"Quite the contrary, my dear master?"
"Estou a falar a sério convosco"
"I am speaking seriously with you"
"Há pouco tempo foste um burro"
"a short time ago you were a little donkey"
"Como você pode ter se tornado um boneco de madeira?"
"how can you have become a wooden puppet?"
"Ser deixado na água não faz isso a um burro!"
"being left in the water does not do that to a donkey!"
"Deve ter sido o efeito da água do mar"
"It must have been the effect of sea water"
"O mar provoca mudanças extraordinárias"
"The sea causes extraordinary changes"
"Cuidado, marionete, eu não estou com vontade!"
"Beware, puppet, I am not in the mood!"
"Não imagine que você pode se divertir às minhas custas"
"Don't imagine that you can amuse yourself at my expense"
"Ai de ti se eu perder a paciência!"
"Woe to you if I lose patience!"
"Bem, mestre, você deseja saber a verdadeira história?"
"Well, master, do you wish to know the true story?"
"Se você libertar minha perna, eu lhe direi"
"If you set my leg free I will tell it you"
O bom homem estava curioso para ouvir a história verdadeira
The good man was curious to hear the true story
e imediatamente desatou o nó
and he immediately untied the knot
Pinóquio estava novamente tão livre quanto um pássaro no ar
Pinocchio was again as free as a bird in the air

e começou a contar a sua história
and he commenced to tell his story
"Você deve saber que eu já fui um fantoche"
"You must know that I was once a puppet"
"ou seja, nem sempre fui burro"
"that is to say, I wasn't always a donkey"
"Estava prestes a tornar-me menino"
"I was on the point of becoming a boy"
"Eu teria sido como os outros meninos do mundo"
"I would have been like the other boys in the world"
"mas, como outros meninos, eu não gostava de estudar"
"but like other boys, I wasn't fond of study"
"e segui os conselhos dos maus companheiros"
"and I followed the advice of bad companions"
"e finalmente fugi de casa"
"and finally I ran away from home"
"Um belo dia, quando acordei, vi-me mudado"
"One fine day when I awoke I found myself changed"
"Tinha-me tornado um burro de orelhas compridas"
"I had become a donkey with long ears"
"e eu tinha crescido uma cauda longa também"
"and I had grown a long tail too"
"Que vergonha foi para mim!"
"What a disgrace it was to me!"
"Nem mesmo o seu pior inimigo o infligiria a você!"
"even your worst enemy would not inflict it upon you!"
"Fui levado ao mercado para ser vendido"
"I was taken to the market to be sold"
"e fui comprado por uma empresa equestre"
"and I was bought by an equestrian company"
"Queriam fazer de mim uma bailarina famosa"
"they wanted to make a famous dancer of me"
"Mas uma noite, durante uma apresentação, tive uma queda ruim"
"But one night during a performance I had a bad fall"
"e fiquei com duas pernas coxas"
"and I was left with two lame legs"

"**Já não servia para o circo**"
"I was of no use to the circus no more"
"**E novamente fui levado ao mercado**
"and again I was taken to the market
"**E no mercado você foi meu comprador!**"
"and at the market you were my purchaser!"
"**Só é verdade demais**", lembrou o homem
"Only too true," remembered the man
"**E eu paguei dois dólares por você**"
"And I paid two dollars for you"
"**E agora, quem me devolverá o meu bom dinheiro?**"
"And now, who will give me back my good money?"
"**E por que você me comprou?**"
"And why did you buy me?"
"**Você me comprou para fazer um tambor da minha pele!**"
"You bought me to make a drum of my skin!"
"**Verdade demais!**", disse o homem
"Only too true!" said the man
"**E agora, onde vou encontrar outra pele?**"
"And now, where shall I find another skin?"
"**Não se desespere, mestre**"
"Don't despair, master"
"**Há muitos burrinhos no mundo!**"
"There are many little donkeys in the world!"
"**Diga-me, seu patife impertinente**";
"Tell me, you impertinent rascal;"
"**A sua história termina aqui?**"
"does your story end here?"
"**Não**", respondeu o fantoche
"No," answered the puppet
"**Tenho mais duas palavras para dizer**"
"I have another two words to say"
"**e então a minha história terá terminado**"
"and then my story shall have finished"
"**Você me trouxe a este lugar para me matar**"
"you brought me to this place to kill me"
"**mas então você cedeu a um sentimento de compaixão**"

- 282 -

"but then you yielded to a feeling of compassion"
"E você preferiu amarrar uma pedra no meu pescoço
"and you preferred to tie a stone round my neck
"e você me jogou no mar"
"and you threw me into the sea"
"Este sentimento humano honra-vos muito"
"This humane feeling does you great honour"
"e serei sempre grato a vocês"
"and I shall always be grateful to you"
"Mas, mesmo assim, querido mestre, esqueceste-te de uma coisa"
"But, nevertheless, dear master, you forgot one thing"
"você fez seus cálculos sem considerar a Fada!"
"you made your calculations without considering the Fairy!"
"E quem é a Fada?"
"And who is the Fairy?"
"Ela é minha mãe", respondeu Pinóquio
"She is my mamma," replied Pinocchio
"e ela se assemelha a todas as outras boas mamãs"
"and she resembles all other good mammas"
"e todas as boas mamãs cuidam dos seus filhos"
"and all good mammas care for their children"
"mamãs que nunca perdem de vista os filhos""
"mammas who never lose sight of their children""
"Mamãs que ajudam seus filhos amorosamente"
"mammas who help their children lovingly"
"e amam-nos mesmo quando merecem ser abandonados"
"and they love them even when they deserve to be abandoned"
"Minha boa mamãe me manteve à vista dela"
"my good mamma kept me in her sight"
"e ela viu que eu corria o risco de me afogar"
"and she saw that I was in danger of drowning"
"então ela imediatamente enviou um imenso cardume de peixes"
"so she immediately sent an immense shoal of fish"
"Primeiro pensaram mesmo que eu era um burro morto"

"first they really thought I was a little dead donkey"
"e assim começaram a comer-me em grandes bocas"
"and so they began to eat me in big mouthfuls"
"Nunca soube que os peixes eram mais gananciosos do que os meninos!"
"I never knew fish were greedier than boys!"
"Alguns comeram os meus ouvidos e o meu focinho"
"Some ate my ears and my muzzle"
"e outros peixes meu pescoço e crina"
"and other fish my neck and mane"
"alguns deles comeram a pele das minhas pernas"
"some of them ate the skin of my legs"
"e outros aproveitaram para comer o meu pelo"
"and others took to eating my fur"
"Entre eles havia um peixinho especialmente educado"
"Amongst them there was an especially polite little fish"
"e ele condescendeu em comer o meu rabo"
"and he condescended to eat my tail"
O comprador ficou horrorizado com o que ouviu
the purchaser was horrified by what he heard
"Juro que nunca mais vou tocar em peixe!"
"I swear that I will never touch fish again!"
"Imagine abrir uma tainha e encontrar o rabo de burro!"
"imagine opening a mullet and finding a donkey's tail!"
"Concordo contigo", disse a marioneta, a rir
"I agree with you," said the puppet, laughing
"No entanto, devo dizer-lhe o que aconteceu a seguir"
"However, I must tell you what happened next"
"o peixe tinha acabado de comer o couro do burro"
"the fish had finished eating the donkey's hide"
"o couro de burro que me cobriu"
"the donkey's hide that had covered me"
"depois chegaram naturalmente ao osso"
"then they naturally reached the bone"
"mas não era osso, mas sim madeira"
"but it was not bone, but rather wood"
"pois, como vês, sou feito da madeira mais dura"

"for, as you see, I am made of the hardest wood"
"Tentaram dar mais umas mordidas"
"they tried to take a few more bites"
"Mas logo descobriram que eu não era para comer"
"But they soon discovered I was not for eating"
"Revoltados com comida tão indigesta, nadaram"
"disgusted with such indigestible food, they swam off"
"e saíram sem sequer agradecer"
"and they left without even saying thank you"
"E agora, finalmente, ouviste a minha história"
"And now, at last, you have heard my story"
"e é por isso que não encontrou um burro morto"
"and that is why you didn't find a dead donkey"
"e em vez disso você encontrou um boneco vivo"
"and instead you found a living puppet"
"Ri-me da tua história", gritou o homem furioso
"I laugh at your story," cried the man in a rage
"Só sei que gastei dois dólares para te comprar"
"I only know that I spent two dollars to buy you"
"e terei o meu dinheiro de volta"
"and I will have my money back"
"Devo dizer-vos o que farei?"
"Shall I tell you what I will do?"
"Vou levá-lo de volta ao mercado"
"I will take you back to the market"
"e eu te venderei a peso como madeira temperada"
"and I will sell you by weight as seasoned wood"
e o comprador pode acender fogueiras consigo"
and the purchaser can light fires with you"
Pinóquio não estava muito preocupado com isso
Pinocchio was not too worried about this
"Vende-me se quiser; Estou contente"
"Sell me if you like; I am content"
e mergulhou de volta na água
and he plunged back into the water
Ele nadou alegremente para longe da costa
he swam gaily away from the shore

e chamou o seu pobre dono
and he called to his poor owner
"Adeus, mestre, não se esqueça de mim"
"Good-bye, master, don't forget me"
"o boneco de madeira que você queria para sua pele"
"the wooden puppet you wanted for its skin"
"e eu espero que você pegue seu tambor um dia"
"and I hope you get your drum one day"
E ele riu e foi nadar
And he laughed and went on swimming
e depois de um tempo ele se virou novamente
and after a while he turned around again
"Adeus, mestre", gritou mais alto
"Good-bye, master," he shouted louder
"e lembre-se de mim quando você precisa de madeira bem temperada"
"and remember me when you need well seasoned wood"
"E pense em mim quando estiver acendendo uma fogueira"
"and think of me when you're lighting a fire"
logo Pinóquio nadou em direção ao horizonte
soon Pinocchio had swam towards the horizon
e agora mal era visível da costa
and now he was scarcely visible from the shore
ele era um pontinho preto na superfície do mar
he was a little black speck on the surface of the sea
de vez em quando levantava-se da água
from time to time he lifted out of the water
e saltou e capinou como um golfinho feliz
and he leaped and capered like a happy dolphin
Pinóquio nadava e não sabia
Pinocchio was swimming and he knew not whither
viu no meio do mar uma rocha
he saw in the midst of the sea a rock
a rocha parecia ser feita de mármore branco
the rock seemed to be made of white marble
e no cume havia uma bela cabra
and on the summit there stood a beautiful little goat

a cabra sangrou amorosamente para Pinóquio
the goat bleated lovingly to Pinocchio
e o bode fez sinais para que ele se aproximasse
and the goat made signs to him to approach
Mas o mais singular foi o seguinte:
But the most singular thing was this:
O cabelo da cabra não era branco nem preto
The little goat's hair was not white nor black
nem era uma mistura de duas cores
nor was it a mixture of two colours
Isto é habitual com outras cabras
this is usual with other goats
mas o cabelo da cabra era um azul muito vivo
but the goat's hair was a very vivid blue
um azul vívido como o cabelo da bela Criança
a vivid blue like the hair of the beautiful Child
imagine a rapidez com que o coração de Pinóquio começou a bater
imagine how rapidly Pinocchio's heart began to beat
Ele nadou com força e energia redobradas
He swam with redoubled strength and energy
e em pouco tempo ele estava no meio do caminho
and in no time at all he was halfway there
mas então ele viu que algo saiu da água
but then he saw something came out the water
a cabeça horrível de um monstro marinho!
the horrible head of a sea-monster!
Sua boca estava escancarada e cavernosa
His mouth was wide open and cavernous
Havia três fileiras de dentes enormes
there were three rows of enormous teeth
até mesmo uma imagem de se iria aterrorizá-lo
even a picture of if would terrify you
E sabe o que era esse monstro marinho?
And do you know what this sea-monster was?
era nada mais nada menos do que aquele gigantesco Cão-Peixe

it was none other than that gigantic Dog-Fish
o Cão-Peixe mencionado muitas vezes nesta história
the Dog-Fish mentioned many times in this story
Devo dizer-lhe o nome deste peixe terrível
I should tell you the name of this terrible fish
Átila de Peixes e Pescadores
Attila of Fish and Fishermen
por causa de sua matança e voracidade insaciável
on account of his slaughter and insatiable voracity
pense no terror do pobre Pinóquio à vista
think of poor Pinocchio's terror at the sight
Um verdadeiro monstro marinho estava nadando para ele
a true sea monster was swimming at him
Ele tentou evitar o cação-peixe
He tried to avoid the Dog-Fish
ele tentou nadar em outras direções
he tried to swim in other directions
Fez tudo o que podia para escapar
he did everything he could to escape
mas aquela imensa boca aberta era grande demais
but that immense wide-open mouth was too big
e vinha com a velocidade de uma flecha
and it was coming with the velocity of an arrow
A bela cabra tentou sangrar
the beautiful little goat tried to bleat
"Seja rápido, Pinóquio, por piedade!"
"Be quick, Pinocchio, for pity's sake!"
E Pinóquio nadou desesperadamente com tudo o que podia
And Pinocchio swam desperately with all he could
os braços, o peito, as pernas e os pés
his arms, his chest, his legs, and his feet
"Rápido, Pinóquio, o monstro está perto de você!"
"Quick, Pinocchio, the monster is close upon you!"
E Pinóquio nadou mais rápido do que nunca
And Pinocchio swam quicker than ever
Ele voou com a rapidez de uma bola de uma arma
he flew on with the rapidity of a ball from a gun

Quase chegara à rocha
He had nearly reached the rock
e quase chegara à cabra
and he had almost reached the little goat
e a pequena cabra debruçou-se sobre o mar
and the little goat leaned over towards the sea
Ela esticou as pernas dianteiras para ajudá-lo
she stretched out her fore-legs to help him
talvez ela pudesse tirá-lo da água
perhaps she could get him out of the water
Mas todos os seus esforços foram tarde demais!
But all their efforts were too late!
O monstro ultrapassara Pinóquio
The monster had overtaken Pinocchio
Desenhou uma grande lufada de ar e água
he drew in a big breath of air and water
e chupou o pobre fantoche
and he sucked in the poor puppet
como se tivesse chupado um ovo de galinha
like he would have sucked a hen's egg
e o cação-peixe engoliu-o inteiro
and the Dog-Fish swallowed him whole

Pinóquio caiu entre os dentes
Pinocchio tumbled through his teeth
e ele caiu na garganta do peixe-cão
and he tumbled down the Dog-Fish's throat
e, finalmente, ele pousou pesadamente em seu estômago
and finally he landed heavily in his stomach
Permaneceu inconsciente durante um quarto de hora
he remained unconscious for a quarter of an hour
mas acabou por voltar a si mesmo
but eventually he came to himself again
ele não podia minimamente imaginar em que mundo ele era
he could not in the least imagine in what world he was
Ao seu redor não havia nada além de escuridão
All around him there was nothing but darkness
era como se tivesse caído num pote de tinta
it was as if he had fallen into a pot of ink
Ele ouviu, mas não conseguia ouvir barulho
He listened, but he could hear no noise
ocasionalmente, grandes rajadas de vento sopravam em seu rosto
occasionally great gusts of wind blew in his face
primeiro ele não conseguia entender de onde vinha
first he could not understand from where it came from
mas finalmente descobriu a fonte
but at last he discovered the source
saiu dos pulmões do monstro
it came out of the monster's lungs
há uma coisa que você deve saber sobre o Cão-Peixe
there is one thing you must know about the Dog-Fish
o Cão-Peixe sofria muito de asma
the Dog-Fish suffered very much from asthma
quando ele respirava era exatamente como o vento norte
when he breathed it was exactly like the north wind
Pinóquio, a princípio, tentou manter sua coragem
Pinocchio at first tried to keep up his courage
mas a realidade da situação lentamente se apercebeu dele
but the reality of the situation slowly dawned on him

ele estava realmente fechado no corpo deste monstro marinho
he was really shut up in the body of this sea-monster
e começou a chorar, a gritar e a soluçar
and he began to cry and scream and sob
"Socorro! Ajuda! Oh, como eu sou infeliz!"
"Help! help! Oh, how unfortunate I am!"
"Ninguém virá para me salvar?"
"Will nobody come to save me?"
Do escuro veio uma voz
from the dark there came a voice
a voz soava como uma guitarra desafinada
the voice sounded like a guitar out of tune
"Quem você acha que poderia salvá-lo, desgraçado infeliz?"
"Who do you think could save you, unhappy wretch?"
Pinóquio congelou de terror na voz
Pinocchio froze with terror at the voice
"Quem está falando?", perguntou Pinóquio, finalmente
"Who is speaking?" asked Pinocchio, finally
"Sou eu! Eu sou um pobre Atum"
"It is I! I am a poor Tunny Fish"
"Fui engolido pelo Cão-Peixe junto com você"
"I was swallowed by the Dog-Fish along with you"
"E que peixe és tu?"
"And what fish are you?"
"Não tenho nada em comum com peixes"
"I have nothing in common with fish"
"Eu sou um fantoche", acrescentou Pinóquio
"I am a puppet," added Pinocchio
"Então por que você se deixou engolir?"
"Then why did you let yourself be swallowed?"
"Não me deixei engolir"
"I didn't let myself be swallowed"
"Foi o monstro que me engoliu!"
"it was the monster that swallowed me!"
"E agora, o que devemos fazer aqui no escuro?"
"And now, what are we to do here in the dark?"

"Não há muito que possamos fazer a não ser resignarmo-nos"
"there's not much we can do but to resign ourselves"
"e agora esperamos até que o cação-peixe nos tenha digerido"
"and now we wait until the Dog-Fish has digested us"
"Mas não quero ser digerido!", uivou Pinóquio
"But I do not want to be digested!" howled Pinocchio
e voltou a chorar
and he began to cry again
"Nem quero ser digerido", acrescentou o Atum
"Neither do I want to be digested," added the Tunny Fish
"mas sou filósofo o suficiente para me consolar"
"but I am enough of a philosopher to console myself"
"quando se nasce um Atum a vida pode ser entendida"
"when one is born a Tunny Fish life can be made sense of"
"é mais digno morrer na água do que no petróleo"
"it is more dignified to die in the water than in oil"
"Isso é tudo bobagem!", gritou Pinóquio
"That is all nonsense!" cried Pinocchio
"É a minha opinião", respondeu o Atum
"It is my opinion," replied the Tunny Fish
"e as opiniões devem ser respeitadas"
"and opinions ought to be respected"
"é o que dizem os políticos Atum"
"that is what the political Tunny Fish say"
"Resumindo, quero fugir daqui"
"To sum it all up, I want to get away from here"
"Eu quero escapar."
"I do want to escape."
"Fuja, se você for capaz!"
"Escape, if you are able!"
"Será que este peixe-cão que nos engoliu é muito grande?"
"Is this Dog-Fish who has swallowed us very big?"
"Grande? Meu menino, você só pode imaginar"
"Big? My boy, you can only imagine"
"o corpo dele tem dois quilômetros de comprimento sem contar a cauda"

"his body is two miles long without counting his tail"
Eles mantiveram essa conversa no escuro por algum tempo
they held this conversation in the dark for some time
eventualmente os olhos de Pinóquio ajustaram-se à escuridão
eventually Pinocchio's eyes adjusted to the darkness
Pinóquio pensou que via uma luz muito longe
Pinocchio thought that he saw a light a long way off
"Que luzinha é essa que eu vejo ao longe?"
"What is that little light I see in the distance?"
"É muito provável que seja algum companheiro na desgraça"
"It is most likely some companion in misfortune"
"Ele, como nós, está à espera de ser digerido"
"he, like us, is waiting to be digested"
"Vou encontrá-lo"
"I will go and find him"
"talvez seja um peixe velho que sabe o que fazer"
"perhaps it is an old fish that knows his way around"
"Espero que assim seja, de todo o coração, querido fantoche"
"I hope it may be so, with all my heart, dear puppet"
"Adeus, Atum Peixe" - "Adeus, marioneta"
"Good-bye, Tunny Fish" - "Good-bye, puppet"
"e desejo-vos boa sorte"
"and I wish a good fortune to you"
"Onde nos encontraremos novamente?"
"Where shall we meet again?"
"Quem pode ver essas coisas no futuro?"
"Who can see such things in the future?"
"É melhor nem pensar nisso!"
"It is better not even to think of it!"

Uma feliz surpresa para Pinóquio
A Happy Surprise for Pinocchio

Pinóquio despediu-se do amigo Atum
Pinocchio said farewell to his friend the Tunny Fish
e começou a tatear o seu caminho através do Cão-Peixe
and he began to grope his way through the Dog-Fish
deu pequenos passos na direção da luz
he took small steps in the direction of the light
a pequena luz brilhando fracamente a uma grande distância
the small light shining dimly at a great distance
quanto mais avançava, mais brilhante se tornava a luz
the farther he advanced the brighter became the light
e andou e andou até finalmente alcançá-la
and he walked and walked until at last he reached it
e quando chegou à luz, o que encontrou?
and when he reached the light, what did he find?
Vou deixar você ter mil e um palpites
I will let you have a thousand and one guesses
o que ele encontrou foi uma mesinha toda preparada
what he found was a little table all prepared
sobre a mesa estava uma vela acesa em uma garrafa verde
on the table was a lighted candle in a green bottle
e sentado à mesa estava um velhinho
and seated at the table was a little old man
o velhinho estava comendo alguns peixes vivos
the little old man was eating some live fish
e os peixinhos vivos estavam muito vivos
and the little live fish were very much alive
alguns dos peixinhos até saltaram de sua boca
some of the little fish even jumped out of his mouth
a esta vista, Pinóquio encheu-se de felicidade
at this sight Pinocchio was filled with happiness
Ficou quase delirando com uma alegria inesperada
he became almost delirious with unexpected joy
Ele queria rir e chorar ao mesmo tempo
He wanted to laugh and cry at the same time

Ele queria dizer mil coisas de uma só vez
he wanted to say a thousand things at once
mas tudo o que ele conseguiu foram algumas palavras confusas
but all he managed were a few confused words
Por fim, conseguiu proferir um grito de alegria
At last he succeeded in uttering a cry of joy
e jogou o braço em volta do velhinho
and he threw his arm around the little old man
"Oh, meu querido papai!", gritou de alegria
"Oh, my dear papa!" he shouted with joy
"Encontrei-te finalmente!", exclamou Pinóquio
"I have found you at last!" cried Pinocchio
"Nunca mais te abandonarei"
"I will never never never never leave you again"
O velhinho também não podia acreditar
the little old man couldn't believe it either
"Os meus olhos estão a dizer a verdade?", questionou
"are my eyes telling the truth?" he said
e esfregou os olhos para se certificar
and he rubbed his eyes to make sure
"então você é realmente meu querido Pinóquio?"
"then you are really my dear Pinocchio?"
"Sim, sim, eu sou Pinóquio, eu realmente sou!"
"Yes, yes, I am Pinocchio, I really am!"
"E você me perdoou, não é?"
"And you have forgiven me, have you not?"
"Oh, meu querido papai, como você é bom!"
"Oh, my dear papa, how good you are!"
"E pensar o quão ruim eu fui para você"
"And to think how bad I've been to you"
"mas se você soubesse o que eu passei"
"but if you only knew what I've gone through"
"todos os infortúnios que tive derramado sobre mim"
"all the misfortunes I've had poured on me"
"E todas as outras coisas que me aconteceram!"
"and all the other things that have befallen me!"

"oh pense no dia em que você vendeu sua jaqueta"
"oh think back to the day you sold your jacket"
"oh você deve ter sido terrivelmente frio"
"oh you must have been terribly cold"
"mas você fez isso para me comprar um livro de ortografia"
"but you did it to buy me a spelling book"
"para poder estudar como os outros meninos"
"so that I could study like the other boys"
"mas em vez disso eu escapei para ver o show de marionetes"
"but instead I escaped to see the puppet show"
"e o showman queria me colocar no fogo"
"and the showman wanted to put me on the fire"
"para que eu pudesse assar seu carneiro para ele"
"so that I could roast his mutton for him"
"mas depois o mesmo showman deu-me cinco peças de ouro"
"but then the same showman gave me five gold pieces"
"Ele queria que eu te desse o ouro"
"he wanted me to give you the gold"
"mas depois conheci a Raposa e o Gato"
"but then I met the Fox and the Cat"
"e levaram-me para a estalagem do The Red Craw-Fish"
"and they took me to the inn of The Red Craw-Fish"
"e na pousada comiam como lobos famintos"
"and at the inn they ate like hungry wolves"
"e saí sozinho a meio da noite"
"and I left by myself in the middle of the night"
"e encontrei assassinos que correram atrás de mim"
"and I encountered assassins who ran after me"
"e fugi dos assassinos"
"and I ran away from the assassins"
"mas os assassinos seguiram-me tão depressa"
"but the assassins followed me just as fast"
"e fugi deles o mais rápido que pude"
"and I ran away from them as fast as I could"
"mas eles sempre me seguiram por mais rápido que eu corresse"
"but they always followed me however fast I ran"

"e eu continuei correndo para fugir deles"
"and I kept running to get away from them"
"mas acabaram por me apanhar"
"but eventually they caught me after all"
"e penduraram-me num ramo de um grande carvalho"
"and they hung me to a branch of a Big Oak"
"mas depois havia a linda Criança de cabelos azuis"
"but then there was the beautiful Child with blue hair"
"Ela mandou uma carruagem para me buscar"
"she sent a little carriage to fetch me"
"e os médicos todos olharam bem para mim"
"and the doctors all had a good look at me"
"e imediatamente fizeram o mesmo diagnóstico"
"and they immediately made the same diagnosis"
"Se ele não está morto, é uma prova de que ainda está vivo"
"If he is not dead, it is a proof that he is still alive"
"e então, por acaso, contei uma mentira"
"and then by chance I told a lie"
"e o meu nariz começou a crescer, a crescer e a crescer"
"and my nose began to grow and grow and grow"
"e logo já não conseguia passar pela porta"
"and soon I could no longer get through the door"
"então fui de novo com a Raposa e o Gato"
"so I went again with the Fox and the Cat"
"e juntos enterrámos as quatro peças de ouro"
"and together we buried the four gold pieces"
"porque um pedaço de ouro eu tinha gasto na pousada"
"because one piece of gold I had spent at the inn"
"e o papagaio começou a rir de mim"
"and the Parrot began to laugh at me"
"e não havia duas mil peças de ouro"
"and there were not two thousand pieces of gold"
"Já não havia pedaços de ouro"
"there were no pieces of gold at all anymore"
"então fui ao juiz da cidade para lhe dizer"
"so I went to the judge of the town to tell him"
"ele disse que eu tinha sido assaltada e me colocou na

prisão"
"he said I had been robbed, and put me in prison"
"enquanto escapava, vi um lindo cacho de uvas"
"while escaping I saw a beautiful bunch of grapes"
"mas no campo fui apanhado numa armadilha"
"but in the field I was caught in a trap"
"e o camponês tinha todo o direito de me apanhar"
"and the peasant had every right to catch me"
"Ele colocou uma coleira de cachorro no meu pescoço"
"he put a dog-collar round my neck"
"e fez-me o cão de guarda do galinheiro"
"and he made me the guard dog of the poultry-yard"
"mas ele reconheceu a minha inocência e deixou-me ir"
"but he acknowledged my innocence and let me go"
"e a Serpente com o rabo fumegante começou a rir"
"and the Serpent with the smoking tail began to laugh"
"mas a Serpente riu até quebrar um vaso sanguíneo"
"but the Serpent laughed until he broke a blood-vessel"
"e assim voltei para a casa do belo Menino"
"and so I returned to the house of the beautiful Child"
"mas então o belo Menino estava morto"
"but then the beautiful Child was dead"
"e o pombo podia ver que eu estava chorando"
"and the Pigeon could see that I was crying"
"e o pombo disse: 'Eu vi seu pai'"
"and the Pigeon said, 'I have seen your father'"
'Ele estava construindo um barquinho para te procurar'
'he was building a little boat to search of you'
"E eu disse-lhe: 'Oh! se eu também tivesse asas'"
"and I said to him, 'Oh! if I also had wings,'"
"E ele disse-me: 'Queres ver o teu pai?'"
"and he said to me, 'Do you want to see your father?'"
"E eu disse: 'Sem dúvida eu gostaria de vê-lo!'"
"and I said, 'Without doubt I would like to see him!'"
"'Mas quem me levará até ele?' Eu perguntei"
"'but who will take me to him?' I asked"
"e ele disse-me: 'Levar-te-ei'."

"and he said to me, 'I will take you,'"
"E eu disse a ele: 'Como você vai me levar?'"
"and I said to him, 'How will you take me?'"
"E ele disse-me: 'Mete nas minhas costas'."
"and he said to me, 'Get on my back,'"
"e assim voamos durante toda aquela noite"
"and so we flew through all that night"
"e depois de manhã havia todos os pescadores"
"and then in the morning there were all the fishermen"
"e os pescadores olhavam para o mar"
"and the fishermen were looking out to sea"
"e um disse-me: 'Há um pobre homem num barco'"
"and one said to me, 'There is a poor man in a boat'"
"está a ponto de se afogar"
"he is on the point of being drowned"
"E eu te reconheci imediatamente, mesmo a essa distância
"and I recognized you at once, even at that distance
"Porque meu coração me disse que era você"
"because my heart told me that it was you"
"e eu fiz sinais para que você voltasse para a terra"
"and I made signs so that you would return to land"
"Eu também te reconheci", disse Gepeto
"I also recognized you," said Geppetto
"e eu teria voltado de bom grado para a costa"
"and I would willingly have returned to the shore"
"mas o que eu deveria fazer tão longe no mar?"
"but what was I to do so far out at sea?"
"O mar estava tremendamente irritado naquele dia"
"The sea was tremendously angry that day"
"e uma grande onda veio e perturbou o meu barco"
"and a great wave came over and upset my boat"
"Então eu vi o horrível Dog-Fish"
"Then I saw the horrible Dog-Fish"
"e o horrível Dog-Fish também me viu"
"and the horrible Dog-Fish saw me too"
"e assim o horrível Dog-Fish veio até mim"
"and so the horrible Dog-Fish came to me"

"e pôs a língua para fora e engoliu-me"
"and he put out his tongue and swallowed me"
"como se eu tivesse sido uma pequena torta de maçã"
"as if I had been a little apple tart"
"E há quanto tempo estás fechado aqui?"
"And how long have you been shut up here?"
"Esse dia deve ter sido há quase dois anos"
"that day must have been nearly two years ago"
"Dois anos, meu caro Pinóquio", disse
"two years, my dear Pinocchio," he said
"Aqueles dois anos pareceram dois séculos!"
"those two years seemed like two centuries!"
"E como conseguiu viver?"
"And how have you managed to live?"
"E de onde você tirou a vela?"
"And where did you get the candle?"
"E de onde vêm os fósforos para a vela?
"And from where are the matches for the candle?
"Parem, e eu vou te contar tudo"
"Stop, and I will tell you everything"
"Não fui o único no mar naquele dia"
"I was not the only one at sea that day"
"A tempestade também perturbou um navio mercante"
"the storm had also upset a merchant vessel"
"os marinheiros da embarcação foram todos salvos"
"the sailors of the vessel were all saved"
"mas a carga do navio afundou no fundo"
"but the cargo of the vessel sunk to the bottom"
"o cação-peixe tinha um excelente apetite naquele dia"
"the Dog-Fish had an excellent appetite that day"
"depois de me engolir engoliu o vaso"
"after swallowing me he swallowed the vessel"
"Como ele engoliu o vaso inteiro?"
"How did he swallow the entire vessel?"
"Ele engoliu o barco inteiro de uma só vez"
"He swallowed the whole boat in one mouthful"
"a única coisa que cuspiu foi o mastro"

"the only thing that he spat out was the mast"
"tinha ficado preso entre os dentes como uma espinha de peixe"
"it had stuck between his teeth like a fish-bone"
"Felizmente para mim, a embarcação estava totalmente carregada"
"Fortunately for me, the vessel was fully laden"
"havia conservas de carnes em latas, biscoitos"
"there were preserved meats in tins, biscuit"
"e havia garrafas de vinho e passas secas"
"and there were bottles of wine and dried raisins"
"e eu tinha queijo, café e açúcar"
"and I had cheese and coffee and sugar"
"e com as velas havia caixas de fósforos"
"and with the candles were boxes of matches"
"Com isto consegui viver durante dois anos"
"With this I have been able to live for two years"
"Mas cheguei ao fim dos meus recursos"
"But I have arrived at the end of my resources"
"Não há mais nada na despensa"
"there is nothing left in the larder"
"e esta vela é a última que fica"
"and this candle is the last that remains"
"E depois disso, o que faremos?"
"And after that what will we do?"
"Oh meu querido menino, Pinóquio", gritou
"oh my dear boy, Pinocchio," he cried
"Depois disso, permaneceremos ambos no escuro"
"After that we shall both remain in the dark"
"Então, querido papai pequeno não há tempo a perder"
"Then, dear little papa there is no time to lose"
"Temos de pensar numa forma de escapar"
"We must think of a way of escaping"
"Que maneira de escapar podemos pensar?"
"what way of escaping can we think of?"
"Temos de escapar pela boca do cação-peixe"
"We must escape through the mouth of the Dog-Fish"

"Temos de nos atirar ao mar e nadar"
"we must throw ourselves into the sea and swim away"
"Você fala bem, meu caro Pinóquio"
"You talk well, my dear Pinocchio"
"mas não sei nadar"
"but I don't know how to swim"
"O que isso importa?", respondeu Pinóquio
"What does that matter?" replied Pinocchio
"Sou um bom nadador", sugeriu
"I am a good swimmer," he suggested
"Você pode ficar nos meus ombros"
"you can get on my shoulders"
"e eu te levarei em segurança para a costa"
"and I will carry you safely to shore"
"Todas as ilusões, meu menino!", respondeu Gepeto
"All illusions, my boy!" replied Geppetto
e balançou a cabeça com um sorriso melancólico
and he shook his head with a melancholy smile
"meu caro Pinóquio, você mal tem um metro de altura"
"my dear Pinocchio, you are scarcely a yard high"
"Como você poderia nadar comigo em seus ombros?"
"how could you swim with me on your shoulders?"
"Experimente e você verá!", respondeu Pinóquio
"Try it and you will see!" replied Pinocchio
Sem outra palavra, Pinóquio tomou a vela
Without another word Pinocchio took the candle
"Siga-me e não tenha medo"
"Follow me, and don't be afraid"
e eles caminharam por algum tempo através do Dog-Fish
and they walked for some time through the Dog-Fish
eles andaram todo o caminho através do estômago
they walked all the way through the stomach
e foi aí que começou a garganta do Cão-Peixe
and they were where the Dog-Fish's throat began
e aqui acharam melhor parar
and here they thought they should better stop
e pensaram no melhor momento para escapar

and they thought about the best moment for escaping
Agora, devo dizer-lhe que o Dog-Fish era muito antigo
Now, I must tell you that the Dog-Fish was very old
e sofria de asma e palpitações cardíacas
and he suffered from asthma and heart palpitations
por isso foi obrigado a dormir de boca aberta
so he was obliged to sleep with his mouth open
e pela sua boca podiam ver o céu estrelado
and through his mouth they could see the starry sky
e o mar foi iluminado por um belo luar
and the sea was lit up by beautiful moonlight
Pinóquio voltou-se cuidadosa e silenciosamente para o pai
Pinocchio carefully and quietly turned to his father
"Este é o momento de escapar", sussurrou-lhe
"This is the moment to escape," he whispered to him
"o peixe-cão está a dormir como um dorrato"
"the Dog-Fish is sleeping like a dormouse"
"o mar está calmo e é leve como o dia"
"the sea is calm, and it is as light as day"
"Siga-me, querido papai", disse-lhe
"follow me, dear papa," he told him
"e em pouco tempo estaremos em segurança"
"and in a short time we shall be in safety"
subiram na garganta do monstro marinho
they climbed up the throat of the sea-monster
e logo alcançaram a sua imensa boca
and soon they reached his immense mouth
então começaram a andar na ponta dos pés pela língua
so they began to walk on tiptoe down his tongue
estavam prestes a dar o salto final
they were about to make the final leap
O boneco virou-se para o pai
the puppet turned around to his father
"Pega nos meus ombros, querido Papai", sussurrou
"Get on my shoulders, dear Papa," he whispered
"e coloque os braços bem apertados ao redor do meu pescoço"

"and put your arms tightly around my neck"
"Vou cuidar do resto", prometeu
"I will take care of the rest," he promised
logo Gepeto estava firmemente assente nos ombros de seu filho
soon Geppetto was firmly settled on his son's shoulders
Pinóquio demorou um pouco para criar coragem
Pinocchio took a moment to build up courage
e depois atirou-se à água
and then he threw himself into the water
e começou a nadar para longe do Cão-Peixe
and began to swim away from the Dog-Fish
O mar estava liso como o petróleo
The sea was as smooth as oil
A lua brilhou brilhantemente no céu
the moon shone brilliantly in the sky
e o Cão-Peixe estava em sono profundo
and the Dog-Fish was in deep sleep
nem mesmo os canhões o teriam acordado
even cannons wouldn't have awoken him

Pinóquio finalmente deixa de ser um fantoche e se torna um menino

Pinocchio at last Ceases to be a Puppet and Becomes a Boy

Pinóquio nadava rapidamente em direção à costa
Pinocchio was swimming quickly towards the shore
Gepeto tinha as pernas nos ombros do filho
Geppetto had his legs on his son's shoulders
mas Pinóquio descobriu que seu pai estava tremendo
but Pinocchio discovered his father was trembling
tremia de frio como se estivesse com febre
he was shivering from cold as if in a fever
mas o frio não era a única causa de seu tremor
but cold was not the only cause of his trembling
Pinóquio pensava que a causa do tremor era o medo

Pinocchio thought the cause of the trembling was fear
e o fantoche tentou confortar o pai
and the Puppet tried to comfort his father
"Coragem, papai! Vê como sei nadar?"
"Courage, papa! See how well I can swim?"
"Dentro de poucos minutos estaremos em segurança em terra"
"In a few minutes we shall be safely on shore"
mas seu pai tinha um ponto de vista mais alto
but his father had a higher vantage point
"Mas onde está esta costa abençoada?"
"But where is this blessed shore?"
e ficou ainda mais assustado
and he became even more frightened
e enroscou os olhos como um alfaiate
and he screwed up his eyes like a tailor
quando enfiam corda através de uma agulha
when they thread string through a needle
"Tenho olhado em todas as direções"
"I have been looking in every direction"
"e não vejo nada além do céu e do mar"
"and I see nothing but the sky and the sea"
"Mas eu também vejo a costa", disse o fantoche
"But I see the shore as well," said the puppet
"Você deve saber que eu sou como um gato"
"You must know that I am like a cat"
"Vejo melhor de noite do que de dia"
"I see better by night than by day"
O pobre Pinóquio fazia uma fingimento;
Poor Pinocchio was making a pretence
ele estava tentando mostrar otimismo
he was trying to show optimism
mas, na realidade, ele estava começando a se sentir desanimado
but in reality he was beginning to feel discouraged
as suas forças estavam a falhar-lhe rapidamente
his strength was failing him rapidly

e ele estava ofegante e ofegante para respirar
and he was gasping and panting for breath
Já não conseguia nadar muito mais
He could not swim much further anymore
e a costa ainda estava longe
and the shore was still far off
Ele nadou até não ter mais fôlego
He swam until he had no breath left
e depois virou a cabeça para Gepeto
and then he turned his head to Geppetto
"Papai, me ajuda, estou morrendo!", disse ele
"Papa, help me, I am dying!" he said
Pai e filho estavam a ponto de se afogar
The father and son were on the point of drowning
mas ouviram uma voz como uma guitarra desafinada
but they heard a voice like an out of tune guitar
"Quem é que está morrendo?", disse a voz
"Who is it that is dying?" said the voice
"Sou eu e meu pobre pai!"
"It is I, and my poor father!"
"Eu conheço essa voz! Você é Pinóquio!"
"I know that voice! You are Pinocchio!"
"Precisamente; e você?", perguntou Pinóquio
"Precisely; and you?" asked Pinocchio
"Eu sou o Atum", disse seu companheiro de prisão
"I am the Tunny Fish," said his prison companion
"conhecemo-nos no corpo do Cão-Peixe"
"we met in the body of the Dog-Fish"
"E como conseguiu escapar?"
"And how did you manage to escape?"
"Segui o seu exemplo"
"I followed your example"
"Você me mostrou a estrada"
"You showed me the road"
"e eu escapei depois de ti"
"and I escaped after you"
"Atum Peixe, você chegou no momento certo!"

"Tunny Fish, you have arrived at the right moment!"
"Imploro que nos ajudes ou estamos mortos"
"I implore you to help us or we are dead"
"Vou ajudá-lo de bom grado de todo o coração"
"I will help you willingly with all my heart"
"Vocês dois devem segurar meu rabo"
"You must, both of you, take hold of my tail"
"Deixem que Mim vos guie
"leave it to me to guide you
"Vou levar os dois para terra em quatro minutos"
"I will take you both on shore in four minutes"
Eu não preciso dizer o quão felizes eles estavam
I don't need to tell you how happy they were
Gepeto e Pinóquio aceitaram a oferta imediatamente
Geppetto and Pinocchio accepted the offer at once
mas agarrar o rabo não era o mais confortável
but grabbing the tail was not the most comfortable
então eles ficaram nas costas do Atum
so they got on the Tunny Fish's back

O Atum demorou apenas quatro minutos
The Tunny Fish did indeed take only four minutes
Pinóquio foi o primeiro a saltar para a terra
Pinocchio was the first to jump onto the land
dessa forma, ele poderia ajudar seu pai fora do peixe
that way he could help his father off the fish
Em seguida, virou-se para o seu amigo, o Atum.
He then turned to his friend the Tunny Fish
"Meu amigo, você salvou a vida do meu pai"
"My friend, you have saved my papa's life"
A voz de Pinóquio estava cheia de emoções profundas
Pinocchio's voice was full of deep emotions
"Não encontro palavras para vos agradecer devidamente"
"I can find no words with which to thank you properly"
"Permita-me pelo menos dar-lhe um beijo"
"Permit me at least to give you a kiss"
"É um sinal da minha eterna gratidão!"
"it is a sign of my eternal gratitude!"
O Atum colocou a cabeça para fora da água
The Tunny put his head out of the water
e Pinóquio ajoelhou-se à beira da costa
and Pinocchio knelt on the edge of the shore
e beijou-o ternamente na boca
and he kissed him tenderly on the mouth
O Atum não estava habituado a um carinho tão caloroso
The Tunny Fish was not used to such warm affection
sentiu-se muito tocado, mas também envergonhado
he felt both very touched, but also ashamed
porque ele tinha começado a chorar como uma criança pequena
because he had started crying like a small child
e mergulhou de volta na água e desapareceu
and he plunged back into the water and disappeared
Por esta altura, o dia já tinha amanhecido
By this time the day had dawned
Gepeto mal tinha fôlego para ficar de pé
Geppetto had scarcely breath to stand

"**Apoia-te no meu braço, querido papai, e deixa-nos ir**"
"Lean on my arm, dear papa, and let us go"
"**Vamos andar muito devagar, como as formigas**"
"We will walk very slowly, like the ants"
"**e quando estamos cansados podemos descansar à beira do caminho**"
"and when we are tired we can rest by the wayside"
"**E para onde iremos?**", **perguntou Gepeto**
"And where shall we go?" asked Geppetto
"**vamos procurar alguma casa ou chalé**"
"let us search for some house or cottage"
"**lá nos darão alguma caridade**"
"there they will give us some charity"
"**Talvez recebamos um bocado de pão**"
"perhaps we will receive a mouthful of bread"
"**e um pouco de palha para servir de cama**"
"and a little straw to serve as a bed"
Pinóquio e o pai não tinham ido muito longe
Pinocchio and his father hadn't walked very far
eles tinham visto dois indivíduos de aparência vilã
they had seen two villainous-looking individuals
o Gato e a Raposa estavam na estrada mendigando
the Cat and the Fox were at the road begging

mas eram quase irreconhecíveis
but they were scarcely recognizable
o Gato fingiu cegueira durante toda a sua vida
the Cat had feigned blindness all her life
e agora ela ficou cega na realidade
and now she became blind in reality
e um destino semelhante deve ter encontrado a Raposa
and a similar fate must have met the Fox
sua pele tinha ficado velha e viril
his fur had gotten old and mangy
um dos seus lados ficou paralisado
one of his sides was paralyzed
e não lhe restava sequer o rabo
and he had not even his tail left
tinha caído na mais esquálida das misérias
he had fallen in the most squalid of misery
e um belo dia foi obrigado a vender o rabo
and one fine day he was obliged to sell his tail
um mascate viajante comprou seu belo rabo
a travelling peddler bought his beautiful tail
e agora sua cauda era usada para afugentar moscas
and now his tail was used for chasing away flies
"Oh, Pinóquio!", gritou a Raposa
"Oh, Pinocchio!" cried the Fox
"Dai um pouco de caridade a duas pessoas pobres e enfermas"
"give a little in charity to two poor, infirm people"
"Gente enferma", repetiu o gato
"Infirm people," repeated the Cat
"Vão-se embora, impostores!", respondeu o fantoche
"Be gone, impostors!" answered the puppet
"Você me enganou uma vez com seus truques"
"You fooled me once with your tricks"
"mas você nunca mais vai me pegar"
"but you will never catch me again"
"desta vez você deve acreditar em nós, Pinóquio"
"this time you must believe us, Pinocchio"

"Agora somos pobres e infelizes mesmo!"
"we are now poor and unfortunate indeed!"
"Se és pobre, mereces"
"If you are poor, you deserve it"
e Pinóquio pediu-lhes que se lembrassem de um provérbio
and Pinocchio asked them to recollect a proverb
"O dinheiro roubado nunca frutifica"
"Stolen money never fructifies"
"Vão-se embora, impostores!", disse-lhes
"Be gone, impostors!" he told them
E Pinóquio e Gepeto seguiram o seu caminho em paz
And Pinocchio and Geppetto went their way in peace
logo tinham ido mais cem metros
soon they had gone another hundred yards
eles viram um caminho indo para um campo
they saw a path going into a field
e no campo eles viram uma pequena cabana agradável
and in the field they saw a nice little hut
a cabana era feita de telhas, palha e tijolos
the hut was made from tiles and straw and bricks
"Essa cabana deve ser habitada por alguém"
"That hut must be inhabited by someone"
"Vamos bater à porta"
"Let us go and knock at the door"
Então eles foram e bateram à porta
so they went and knocked at the door
De dentro da cabana veio uma vozinha
from in the hut came a little voice
"Quem está lá?", perguntou a vozinha
"who is there?" asked the little voice
Pinóquio respondeu à vozinha
Pinocchio answered to the little voice
"Somos um pobre pai e filho"
"We are a poor father and son"
"Estamos sem pão e sem teto"
"we are without bread and without a roof"
A mesma vozinha falou novamente:

the same little voice spoke again:
"Vire a chave e a porta abrir-se-á"
"Turn the key and the door will open"
Pinóquio virou a chave e a porta abriu-se
Pinocchio turned the key and the door opened
Eles entraram e olharam ao redor
They went in and looked around
olhavam para cá, para lá e para todo o lado
they looked here, there, and everywhere
mas não conseguiam ver ninguém na cabana
but they could see no one in the hut
Pinóquio ficou muito surpreso que a cabana estava vazia
Pinocchio was much surprised the hut was empty
"Ah! Onde está o dono da casa?"
"Oh! where is the master of the house?"
"Aqui estou, aqui em cima!", disse a vozinha
"Here I am, up here!" said the little voice
Pai e filho olhavam para o teto
The father and son looked up to the ceiling
e numa viga viram o pequeno Grilo falante
and on a beam they saw the talking little Cricket
"Oh, meu querido pequeno Grilo!", disse Pinóquio
"Oh, my dear little Cricket!" said Pinocchio
e Pinóquio curvou-se educadamente ao pequeno Grilo
and Pinocchio bowed politely to the little Cricket
"Ah! agora você me chama de seu querido pequeno Grilo"
"Ah! now you call me your dear little Cricket"
"Mas você se lembra de quando nos conhecemos pela primeira vez?"
"But do you remember when we first met?"
"Você queria que eu saísse da sua casa"
"you wanted me gone from your house"
"e você jogou o cabo de um martelo em mim"
"and you threw the handle of a hammer at me"
"Você tem razão, pequeno Grilo! Afaste-me também!"
"You are right, little Cricket! Chase me away also!"
"Atire o cabo de um martelo em mim"

"Throw the handle of a hammer at me"
"Mas, por favor, tenha piedade do meu pobre papai"
"but please, have pity on my poor papa"
"Vou ter pena do pai e do filho"
"I will have pity on both father and son"
"mas queria recordar-vos os meus maus tratos"
"but I wished to remind you my ill treatment"
"os maus-tratos que recebi de ti"
"the ill treatment I received from you"
"mas há uma lição que quero que aprenda"
"but there's a lesson I want you to learn"
"A vida neste mundo nem sempre é fácil"
"life in this world is not always easy"
"Sempre que possível, devemos ser cortês com todos"
"when possible, we must be courteous to everyone"
"Só assim podemos esperar receber cortesia"
"only so can we expect to receive courtesy"
"porque nunca sabemos quando poderemos estar em necessidade"
"because we never know when we might be in need"
"Você está certo, pequeno Grilo, você está certo"
"You are right, little Cricket, you are right"
"e terei em mente a lição que me ensinaste"
"and I will bear in mind the lesson you have taught me"
"Mas diga-me como conseguiu comprar esta bela cabana"
"But tell me how you managed to buy this beautiful hut"
"Esta cabana foi-me dada ontem"
"This hut was given to me yesterday"
"O dono da cabana era uma cabra"
"the owner of the hut was a goat"
"e ela tinha lã de uma bela cor azul"
"and she had wool of a beautiful blue colour"
Pinóquio ficou animado e curioso com esta notícia
Pinocchio grew lively and curious at this news
"E para onde foi a cabra?", perguntou Pinóquio
"And where has the goat gone?" asked Pinocchio
"Não sei para onde ela foi"

"I do not know where she has gone"
"E quando voltará a cabra?", perguntou Pinóquio
"And when will the goat come back?" asked Pinocchio
"oh ela nunca vai voltar, eu tenho medo"
"oh she will never come back, I'm afraid"
"Ela foi embora ontem com muita dor"
"she went away yesterday in great grief"
"O seu sangramento parecia querer dizer alguma coisa"
"her bleating seemed to want to say something"
"Pobre Pinóquio! Nunca mais o verei"
"Poor Pinocchio! I shall never see him again"
"a esta altura, o peixe-cão deve tê-lo devoravdo!"
"by now the Dog-Fish must have devoured him!"
"Será que a cabra realmente disse isso?"
"Did the goat really say that?"
"Depois foi ela, a cabra azul"
"Then it was she, the blue goat"
"Era a minha querida fada", exclamou Pinóquio
"It was my dear little Fairy," exclaimed Pinocchio
e chorou e soluçou lágrimas amargas
and he cried and sobbed bitter tears
Quando chorou durante algum tempo, secou os olhos
When he had cried for some time he dried his eyes
e preparou uma confortável cama de palha para Gepeto
and he prepared a comfortable bed of straw for Geppetto
Depois, pediu mais ajuda ao Grilo
Then he asked the Cricket for more help
"Diga-me, pequeno Grilo, por favor"
"Tell me, little Cricket, please"
"onde posso encontrar um copo de leite"
"where can I find a tumbler of milk"
"O meu pobre papá não comeu o dia todo"
"my poor papa has not eaten all day"
"Três campos daqui vive um jardineiro"
"Three fields from here there lives a gardener"
"o jardineiro chama-se Giangio"
"the gardener is called Giangio"

"e no seu jardim também tem vacas"
"and in his garden he also has cows"
"Ele vai deixar você ter o leite que você quer"
"he will let you have the milk you want"
Pinóquio correu até a casa de Giangio
Pinocchio ran all the way to Giangio's house
e o jardineiro perguntou-lhe:
and the gardener asked him:
"Quanto leite você quer?"
"How much milk do you want?"
"Quero um tumblerful", respondeu Pinóquio
"I want a tumblerful," answered Pinocchio
"Um copo de leite custa cinco cêntimos"
"A tumbler of milk costs five cents"
"Comece por me dar os cinco cêntimos"
"Begin by giving me the five cents"
"Não tenho nem um centavo", respondeu Pinóquio
"I have not even one cent," replied Pinocchio
e ele estava triste por estar tão sem dinheiro
and he was grieved from being so penniless
"Isso é ruim, fantoche", respondeu o jardineiro
"That is bad, puppet," answered the gardener
"Se você não tem um centavo, eu não tenho uma gota de leite"
"If you have not one cent, I have not a drop of milk"
"Tenho de ter paciência!", disse Pinóquio
"I must have patience!" said Pinocchio
e virou-se para ir novamente
and he turned to go again
"Espere um pouco", disse Giangio
"Wait a little," said Giangio
"Podemos chegar a um acordo juntos"
"We can come to an arrangement together"
"Você vai se comprometer a ligar a máquina de bombeamento?"
"Will you undertake to turn the pumping machine?"
"O que é a máquina de bombeamento?"

"What is the pumping machine?"
"É uma espécie de parafuso de madeira"
"It is a kind of wooden screw"
"serve para retirar a água da cisterna"
"it serves to draw up the water from the cistern"
"e depois rega os legumes"
"and then it waters the vegetables"
"Posso tentar ligar a máquina de bombeamento"
"I can try to turn the pumping machine"
"ótimo, preciso de cem baldes de água"
"great, I need a hundred buckets of water"
"e para o trabalho você vai ter um copo de leite"
"and for the work you'll get a tumbler of milk"
"Temos um acordo", confirmou Pinóquio
"we have an agreement," confirmed Pinocchio
Giangio então levou Pinóquio para a horta
Giangio then led Pinocchio to the kitchen garden
e ensinou-o a girar a máquina de bombeamento
and he taught him how to turn the pumping machine
Pinóquio começou imediatamente a trabalhar
Pinocchio immediately began to work
mas cem baldes de água dava muito trabalho
but a hundred buckets of water was a lot of work
a transpiração jorrava de sua cabeça
the perspiration was pouring from his head
Nunca antes tinha sofrido tanto cansaço
Never before had he undergone such fatigue
o jardineiro veio ver o progresso de Pinóquio
the gardener came to see Pinocchio's progress
"O meu burro fazia este trabalho"
"my little donkey used to do this work"
"mas o pobre animal está morrendo"
"but the poor animal is dying"
"Você vai me levar para vê-lo?", disse Pinóquio
"Will you take me to see him?" said Pinocchio
"Claro, por favor, venha ver o meu burro"
"sure, please come to see my little donkey"

Pinóquio entrou no estábulo
Pinocchio went into the stable
e viu um lindo burro
and he saw a beautiful little donkey
mas o burro estava esticado na palha
but the donkey was stretched out on the straw
estava desgastado pela fome e pelo excesso de trabalho
he was worn out from hunger and overwork
Pinóquio ficou muito perturbado com o que viu
Pinocchio was much troubled by what he saw
"Tenho a certeza de que conheço este burro!"
"I am sure I know this little donkey!"
"O rosto dele não é novo para mim"
"His face is not new to me"
e Pinóquio aproximou-se do pequeno burro
and Pinocchio came closer to the little Donkey
e falou-lhe em linguagem asinina
and he spoke to him in asinine language:
"Quem é você?", perguntou Pinóquio
"Who are you?" asked Pinocchio
O pequeno burro abriu os olhos moribundos
the little donkey opened his dying eyes
e respondeu com palavras quebradas na mesma língua:
and he answered in broken words in the same language:
"Eu sou... Vela-pavio"
"I... am... Candle-wick"
E, tendo novamente fechado os olhos, morreu
And, having again closed his eyes, he died
"Oh, pobre Vela-pavio!", disse Pinóquio
"Oh, poor Candle-wick!" said Pinocchio
e levou um punhado de palha
and he took a handful of straw
e secou uma lágrima rolando pelo rosto
and he dried a tear rolling down his face
o jardineiro tinha visto Pinóquio chorar
the gardener had seen Pinocchio cry
"Você sofre por um burro morto?"

"Do you grieve for a dead donkey?"
"nem era o seu burro"
"it was not even your donkey"
"imagina como devo me sentir"
"imagine how I must feel"
Pinóquio tentou explicar sua dor
Pinocchio tried to explain his grief
"Devo dizer-lhe, ele era meu amigo!"
"I must tell you, he was my friend!"
"Seu amigo?", perguntou-se o jardineiro
"Your friend?" wondered the gardener
"Sim, um dos meus colegas de escola!"
"yes, one of my school-fellows!"
"Como?", gritou Giangio, rindo alto
"How?" shouted Giangio, laughing loudly
"Tinhas burros para os alunos?"
"Did you have donkeys for school-fellows?"
"Eu posso imaginar a escola maravilhosa que você foi!"
"I can imagine the wonderful school you went to!"
O fantoche sentiu-se mortificado com estas palavras
The puppet felt mortified at these words
mas Pinóquio não respondeu ao jardineiro
but Pinocchio did not answer the gardener
Ele tomou seu copo quente de leite
he took his warm tumbler of milk
e voltou para a cabana
and he returned back to the hut
Durante mais de cinco meses, levantou-se ao amanhecer
for more than five months he got up at daybreak
Todas as manhãs ele ligava a máquina de bombeamento
every morning he turned the pumping machine
e todos os dias ganhava um copo de leite
and each day he earned a tumbler of milk
o leite era de grande benefício para seu pai
the milk was of great benefit to his father
porque o pai estava em mau estado de saúde
because his father was in a bad state of health

mas Pinóquio estava agora satisfeito em trabalhar
but Pinocchio was now satisfied with working
durante o dia ainda tinha tempo
during the daytime he still had time
assim aprendeu a fazer cestos de correria
so he learned to make baskets of rushes
e vendia as cestas no mercado
and he sold the baskets in the market
e o dinheiro cobriu todas as suas despesas
and the money covered all their expenses
Ele também construiu uma pequena cadeira de rodas elegante
he also constructed an elegant little wheel-chair
e levou o pai na cadeira de rodas
and he took his father out in the wheel-chair
e o pai respirava ar puro
and his father got to breathe fresh air
Pinóquio era um menino trabalhador
Pinocchio was a hard working boy
e era engenhoso em encontrar trabalho
and he was ingenious at finding work
não só conseguiu ajudar o pai
he not only succeeded in helping his father
Mas também conseguiu poupar cinco dólares
but he also managed to save five dollars
Certa manhã, disse ao pai:
One morning he said to his father:
"Vou ao mercado vizinho"
"I am going to the neighbouring market"
"Vou comprar um casaco novo"
"I will buy myself a new jacket"
"e vou comprar um boné e um par de sapatos"
"and I will buy a cap and pair of shoes"
e Pinóquio estava de bom humor
and Pinocchio was in jolly spirits
"quando eu voltar, você vai pensar que eu sou um cavalheiro"

"when I return you'll think I'm a gentleman"
E começou a correr alegre e alegremente
And he began to run merrily and happily along
De repente, ouviu-se chamado pelo nome
All at once he heard himself called by name
Ele se virou e o que viu?
he turned around and what did he see?
viu um caracol rastejando para fora da sebe;
he saw a Snail crawling out from the hedge
"Você não me conhece?", perguntou o Caracol
"Do you not know me?" asked the Snail
"Tenho certeza que te conheço", pensou Pinóquio
"I'm sure I know you," thought Pinocchio
"e, no entanto, não sei de onde te conheço"
"and yet I don't know from where I know you"
"Não te lembras do Caracol?"
"Do you not remember the Snail?"
"o caracol que era empregada de senhora"
"the Snail who was a lady's-maid"
"uma empregada para a Fada com cabelos azuis"
"a maid to the Fairy with blue hair"
"Não te lembras de quando bateste à porta?"
"Do you not remember when you knocked on the door?"
"e eu desci para deixá-lo entrar"
"and I came downstairs to let you in"
"e você teve o pé preso na porta"
"and you had your foot caught in the door"
"Lembro-me de tudo", gritou Pinóquio
"I remember it all," shouted Pinocchio
"Diga-me depressa, meu lindo caracolzinho"
"Tell me quickly, my beautiful little Snail"
"Onde deixaste a minha boa Fada?"
"where have you left my good Fairy?"
"O que ela está fazendo?"
"What is she doing?"
"Ela me perdoou?"
"Has she forgiven me?"

"Será que ela ainda se lembra de mim?"
"Does she still remember me?"
"Será que ela ainda me deseja bem?"
"Does she still wish me well?"
"Ela está longe daqui?"
"Is she far from here?"
"Posso ir vê-la?"
"Can I go and see her?"
Estas eram muitas perguntas para um caracol
these were a lot of questions for a snail
mas ela respondeu à sua maneira fleumática habitual
but she replied in her usual phlegmatic manner
— Meu querido Pinóquio — disse o caracol
"My dear Pinocchio," said the snail
"a pobre Fada está deitada na cama do hospital!"
"the poor Fairy is lying in bed at the hospital!"
"No hospital?", gritou Pinóquio
"At the hospital?" cried Pinocchio
"É verdade demais", confirmou o caracol
"It is only too true," confirmed the snail
"foi ultrapassada por mil infortúnios"
"she has been overtaken by a thousand misfortunes"
"Ficou gravemente doente"
"she has fallen seriously ill"
"ela não tem nem o suficiente para comprar um pão de boca"
"she has not even enough to buy herself a mouthful of bread"
"Será mesmo assim?", preocupou-se Pinóquio
"Is it really so?" worried Pinocchio
"Oh, que tristeza me deste!"
"Oh, what sorrow you have given me!"
"Oh, pobre Fada! Pobre Fada! Pobre Fada!"
"Oh, poor Fairy! Poor Fairy! Poor Fairy!"
"Se eu tivesse um milhão, corria e levava para ela"
"If I had a million I would run and carry it to her"
"mas só tenho cinco dólares"
"but I have only five dollars"
"Ia comprar um casaco novo"

"I was going to buy a new jacket"
"Pegue minhas moedas, lindo caracol"
"Take my coins, beautiful Snail"
"e levar as moedas de uma vez para a minha boa Fada"
"and carry the coins at once to my good Fairy"
"E o seu casaco novo?", perguntou o caracol
"And your new jacket?" asked the snail
"O que importa o meu casaco novo?"
"What matters my new jacket?"
"Eu venderia até esses trapos para ajudá-la"
"I would sell even these rags to help her"
"Vai, caracol, e sê rápido"
"Go, Snail, and be quick"
"Regresso a este lugar, em dois dias"
"return to this place, in two days"
"Espero poder dar-lhe mais algum dinheiro"
"I hope I can then give you some more money"
"Até agora trabalhei para ajudar o meu pai"
"Up to now I worked to help my papa"
"a partir de hoje vou trabalhar mais cinco horas"
"from today I will work five hours more"
"para que eu também possa ajudar a minha boa mamãe"
"so that I can also help my good mamma"
"Adeus, caracol", disse
"Good-bye, Snail," he said
"Vou esperar-te daqui a dois dias"
"I shall expect you in two days"
Neste ponto, o caracol fez algo incomum
at this point the snail did something unusual
Ela não se moveu no seu ritmo habitual
she didn't move at her usual pace
Ela correu como um lagarto através de pedras quentes
she ran like a lizard across hot stones
Naquela noite, Pinóquio sentou-se até a meia-noite
That evening Pinocchio sat up till midnight
e não fez oito cestos de correria
and he made not eight baskets of rushes

mas sejam feitos dezesseis cestos de correria naquela noite
but be made sixteen baskets of rushes that night
Depois deitou-se e adormeceu
Then he went to bed and fell asleep
E enquanto dormia, pensou na Fada
And whilst he slept he thought of the Fairy
viu a Fada, sorridente e bonita
he saw the Fairy, smiling and beautiful
e ele sonhou que ela lhe deu um beijo
and he dreamt she gave him a kiss
"Parabéns, Pinóquio!", disse a fada
"Well done, Pinocchio!" said the fairy
"Perdoar-te-ei por tudo o que passou"
"I will forgive you for all that is past"
"Para recompensá-lo pelo seu bom coração"
"To reward you for your good heart"
"Há rapazes que ministram com ternura aos pais"
"there are boys who minister tenderly to their parents"
"ajudam-nos nas suas misérias e enfermidades"
"they assist them in their misery and infirmities"
"esses meninos são merecedores de grandes elogios e carinho"
"such boys are deserving of great praise and affection"
"mesmo que não possam ser citados como exemplos de obediência"
"even if they cannot be cited as examples of obedience"
"mesmo que o seu bom comportamento nem sempre seja óbvio"
"even if their good behaviour is not always obvious"
"Tente fazer melhor no futuro e você será feliz"
"Try and do better in the future and you will be happy"
Neste momento o seu sonho acabou
At this moment his dream ended
e Pinóquio abriu os olhos e acordou
and Pinocchio opened his eyes and awoke
Você deveria ter estado lá para o que aconteceu em seguida
you should have been there for what happened next

Pinóquio descobriu que não era mais um boneco de madeira
Pinocchio discovered that he was no longer a wooden puppet
mas ele tinha se tornado um menino de verdade
but he had become a real boy instead
um menino de verdade, assim como todos os outros meninos
a real boy just like all other boys
Pinóquio olhou ao redor da sala
Pinocchio glanced around the room
mas as paredes de palha da cabana tinham desaparecido
but the straw walls of the hut had disappeared
Agora ele estava em uma pequena sala bonita
now he was in a pretty little room
Pinóquio saltou da cama
Pinocchio jumped out of bed
No guarda-roupa encontrou um fato novo de roupa
in the wardrobe he found a new suit of clothes
e havia um novo boné e um par de botas
and there was a new cap and pair of boots
e suas roupas novas se encaixavam lindamente nele
and his new clothes fitted him beautifully
Ele naturalmente colocou as mãos no bolso
he naturally put his hands in his pocket
e puxou uma pequena bolsa de marfim
and he pulled out a little ivory purse
Na bolsa estavam escritas estas palavras:
on on the purse were written these words:
"Da Fada de cabelos azuis"
"From the Fairy with blue hair"
"Devolvo os cinco dólares ao meu querido Pinóquio"
"I return the five dollars to my dear Pinocchio"
"e agradeço-lhe o seu bom coração"
"and I thank him for his good heart"
Ele abriu a bolsa para olhar para dentro
He opened the purse to look inside
mas não havia cinco dólares na bolsa
but there were not five dollars in the purse
em vez disso, havia cinquenta brilhantes peças de ouro

instead there were fifty shining pieces of gold
as moedas tinham vindo frescas da imprensa de cunhagem
the coins had come fresh from the minting press
Ele então foi e se olhou no espelho
he then went and looked at himself in the mirror
e pensava que era outra pessoa
and he thought he was someone else
porque já não via o seu reflexo habitual
because he no longer saw his usual reflection
Já não via uma marioneta de madeira ao espelho
he no longer saw a wooden puppet in the mirror
Em vez disso, foi recebido por uma imagem diferente
he was greeted instead by a different image
A imagem de um menino brilhante e inteligente
the image of a bright, intelligent boy
tinha cabelos castanhos e olhos azuis
he had chestnut hair and blue eyes
e ele parecia tão feliz quanto possível
and he looked as happy as can be
como se fossem as férias da Páscoa
as if it were the Easter holidays
Pinóquio sentiu-se bastante desnorteado com tudo isso
Pinocchio felt quite bewildered by it all
Ele não sabia dizer se estava realmente acordado
he could not tell if he was really awake
talvez estivesse sonhando de olhos abertos
maybe he was dreaming with his eyes open
"Onde pode estar o meu papa?", exclamou subitamente
"Where can my papa be?" he exclaimed suddenly
e ele foi para o quarto ao lado
and he went into the next room
lá ele encontrou o velho Gepeto muito bem
there he found old Geppetto quite well
era animado e de bom humor
he was lively, and in good humour
tal como tinha sido anteriormente
just as he had been formerly

Já tinha retomado o seu ofício de escultura em madeira
He had already resumed his trade of wood-carving
e ele estava projetando uma bela moldura
and he was designing a beautiful picture frame
havia folhas, flores e cabeças de animais;
there were leaves flowers and the heads of animals
— Satisfaça minha curiosidade, querido papai — disse Pinóquio
"Satisfy my curiosity, dear papa," said Pinocchio
e jogou os braços em volta do pescoço
and he threw his arms around his neck
e cobriu-o de beijos
and he covered him with kisses
"Como explicar esta mudança repentina?"
"how can this sudden change be accounted for?"
"vem de todo o seu bem", respondeu Gepeto
"it comes from all your good doing," answered Geppetto
"Como poderia vir do meu bem-fazer?"
"how could it come from my good doing?"
"algo acontece quando meninos entregam uma nova folha"
"something happens when naughty boys turn over a new leaf"
"Eles trazem contentamento e felicidade para suas famílias"
"they bring contentment and happiness to their families"
"E onde se escondeu o velho Pinóquio de madeira?"
"And where has the old wooden Pinocchio hidden himself?"
— Lá está ele — respondeu Geppetto
"There he is," answered Geppetto
e apontou para um grande boneco encostado a uma cadeira
and he pointed to a big puppet leaning against a chair
o fantoche tinha a cabeça de um lado
the Puppet had its head on one side
seus braços estavam pendurados em seus lados
its arms were dangling at its sides
e suas pernas estavam cruzadas e dobradas
and its legs were crossed and bent
Foi realmente um milagre que tenha permanecido de pé
it was really a miracle that it remained standing

Pinóquio virou-se e olhou para ele
Pinocchio turned and looked at it
e proclamou com grande complacência:
and he proclaimed with great complacency:
"Como eu era ridículo quando era um fantoche!"
"How ridiculous I was when I was a puppet!"
"E como estou feliz por me ter tornado um menino bem comportado!"
"And how glad I am that I have become a well-behaved little boy!"

www.ingramcontent.com/pod-product-compliance
Lightning Source LLC
Chambersburg PA
CBHW010019130526
44590CB00048B/3820